U1013554

跨文化研究论丛

总主编：孙有中

全球本土化视角下的跨文化研究

INTERCULTURAL COMMUNICATION IN THE AGE OF GLOCALIZATION

主　编：孙有中　吴东英
顾　问：胡文仲　贾玉新

外语教学与研究出版社
FOREIGN LANGUAGE TEACHING AND RESEARCH PRESS
北京 BEIJING

图书在版编目（CIP）数据

全球本土化视角下的跨文化研究 ：英文、中文 / 孙有中，吴东英主编. -- 北京 ：外语教学与研究出版社，2017.5（2021.12 重印）
（跨文化研究论丛 / 孙有中总主编）
ISBN 978-7-5135-8968-0

Ⅰ. ①全… Ⅱ. ①孙… ②吴… Ⅲ. ①文化交流－文集－英、汉 Ⅳ. ①G115-53

中国版本图书馆 CIP 数据核字（2017）第 116922 号

出 版 人　徐建忠
责任编辑　孔乃卓
封面设计　平　原
出版发行　外语教学与研究出版社
社　　址　北京市西三环北路 19 号（100089）
网　　址　http://www.fltrp.com
印　　刷　北京九州迅驰传媒文化有限公司
开　　本　730×980　1/16
印　　张　13.75
版　　次　2017 年 6 月第 1 版　2021 年 12 月第 5 次印刷
书　　号　ISBN 978-7-5135-8968-0
定　　价　49.90 元

购书咨询：（010）88819926　电子邮箱：club@fltrp.com
外研书店：https://waiyants.tmall.com
凡印刷、装订质量问题，请联系我社印制部
联系电话：（010）61207896　电子邮箱：zhijian@fltrp.com
凡侵权、盗版书籍线索，请联系我社法律事务部
举报电话：（010）88817519　电子邮箱：banquan@fltrp.com
物料号：289680001

记载人类文明
沟通世界文化
www.fltrp.com

顾问：胡文仲　贾玉新

主编：孙有中　吴东英

编委：

林大津　宋　莉　戴晓东　安　然

陈　凌　高一虹　刘长远　颜静兰

张红玲　高　蕊　任　勃

前 言

随着本世纪经济与政治全球化进程的加速推进，文化全球化成为跨文化学者的关注热点。学者们特别关切的问题之一是：全球化使各国家、种族变得更加相似、同质，还是更加相异、背离?

本书编者认为，全球化进程得以顺利进行和发展，必定是以“全球本土化”的形式呈现和发展。“全球本土化”的过程是指在文化实践、文化变革的过程中，全球性和本土性力量消长的辩证过程。“全球本土化”强调全球性和本土性的互动，强调全球性和本土性互相依存的关系。

以“全球本土化”的视角研究跨文化问题，我们的关注点不只是文化之间的相同性或相异性，而是“相同性暨变异性”。本书所收录的论文有多篇涉及跨文化活动中出现的变异问题，如探讨在文学作品的翻译过程以及跨文化言语交际过程中出现的变异问题。

全球性和本土性力量消长的辩证过程可以分两个不同的过程：1）话语实践的“调适转换”，2）话语实践的“整合创新”。前者指当某种话语形式越界在另一个社区或社会实践中践行时，其话语会产生改变，以适应新社区的需要和习惯，而后者是指对至少两个不同文化或社群中的话语元素进行不断的选择、再阐释及重组，使其在特定的社会文化语境中践行。本书所收录的文章可分为这两大类：其中关于跨文化教学的文章不少涉及的是“调适转换”的问题，而关于媒体话语及企业互动的研究更多的是涉及“整合创新”的问题。

专门研究组织管理全球本土化的学者德若里（Gili S. Drori）认为，我们需要从三个不同的维度探讨全球本土化和全球本土界限超越的问题。第一个维度是纵轴，涉及的是全球性和本土性力量此消彼长的关系，这个过程可以是全球、普世力量对本土力量的作用及影响，也可以是本土、本地力量对全球、普世力量的作用及影响，呈现“全球→本土→全球”的轨迹；第二个维度是横轴，涉及的是全球、本土文化元素在不同部门或领域的扩散、调适、超越与融合；第三个维度是时间轴，涉及的是全球、本土文化元素在不同年代的扩散、调适、超越与融合。

全球性和本土性力量消长的辨证过程及议题具有多维度和复杂性。本书编者希望，未来会有更多的学者投入全球本土化这个议题的探讨，为全球化时代的跨文化研究做出更多原创贡献。

孙有中　吴东英

2017年5月

目 录

全球化、本土化与跨文化传播

跨文化教学与跨文化能力的培养

文学作品的跨文化解析

媒体话语与文化

传统与现代：中国国家形象宣传片中的话语糅合

张乐金　吴东英
江苏师范大学　香港理工大学

摘要： 本文以全球本土化为视角，从语言特征、视觉吸引、音乐特征及价值观四个维度，分析中国国家形象宣传片中采用的话语糅合策略及其呈现的国家形象中全球本土化的交织状况。研究结果显示，全球化 / 现代性和本土化 / 传统性的融合可以确保形象片有效传达和谐、进取、包容、多元化的国家形象。形象片制作运用了从话语改适转换到话语整合创新的策略，显现出超越民族主义的趋势。随着国家间交往和依赖的加深，话语的整合创新将成为国家形象片主要的制作手法。
关键词： 国家形象宣传片；传统；现代；话语糅合；全球本土化

一、引言

国家形象的构建是当前全球化时代各国面临的共同议题。2010 年起，中国成为世界第二大经济体，在国际舞台上塑造一个既有国际视野又有本土特色的正面国家形象变得越来越重要。但是，目前中国在国际社会的话语权依然处于弱势地位，西方人对中国依然存着刻板的负面印象（沈捷，2012）。Barr（2012：83）认为，在国家品牌的塑造中，形象和声望至关重要，可通过使用人物、象征、颜色和标语来塑造独特的个性，依赖客户的信任和满意度，来定义国家的整体身份和声望。因此，中国发布形象宣传片来显示国家软实力，柔化其在海内外的形象正当其时。

形象宣传片也叫形象片。国家形象片由国务院新闻办公室于 2011 年推出，包括两部分：时长 60 秒的《人物篇》和时长 17 分钟的纪录片《角度篇》。《人物篇》最初在纽约时报广场上的六块大屏幕上播出，其后，与《角度篇》一起，开始在探索频道、美国有线电视新闻网、英国广播电视公司和光明网等海内外各大网站播出。自其首播至今，已四年有余，学者们从跨文化（沈捷，2012）、传播学（赵鑫、林茜，2011；李一凡，2013）和政治学（檀有志，2012；郑伟，2011）等角度对其制作和效果进行了大量的研究。中国在处理国际事务时，力图在全盘西化和极端的国家主义之间保持微妙的平衡（Wu, 2011）。依托于“全球化与本土化推拉往复的话语钟摆”（Wu, 2008a），中国的国家形象宣传片强调了中国如何在拥抱世界的同时保留其本土化特色。但是，对宣传片中全球本土化的呈现及片中语言和符号意义的话语糅合所做的研究却远远不够。在当前中国推行中国文化走出去这一国策的大背景下，探究如何在全球本土化的框架内构建中国国家形象具有重要意义。为考察中国国家形象宣传片中全球化与本土化的相互交织及话语糅合情况，本文具体探讨以下两个问题：

1. 在形象构建中，全球化 / 现代性与本土化 / 传统性的吸引力在片中的总体分布情况和特征如何？
2. 《角度篇》中话语糅合的过程和性质是如何体现的？

二、文献综述

（一）全球本土化的框架

中国的国家形象寓于《角度篇》（Weibo Official Channel, 2011）开头提出的六个核心问题之中："谁是中国人？""是什么成就了中国人？""文化的传承是太受到关注，还是太漫不经心？""我们对遗产是太严肃了还是不够严肃？""你看到的是冲突还是融合？""是回忆还是未来？"前两个问题是对中国人本性的总体探寻，其后的四个问题均为非此即彼的选择题：传统或现代、冲突或融合、过去或未来？这三对概念很容易纳入全球本土化的框架内，构成其核心矛盾：即"全球化 / 西方化 / 现代性"与"本土化 / 东方化 / 传统性"的融合与对立。全球本土化（glocalization）这一术语首先是由 Robertson（1995）提出的，旨在纠正全球化过程中一味趋同而忽视本土化的错误观念。Wu（2008a）进一步指出，全球本土化还常常表现为全球化与本土化的交融。它将全球化的同质性、普世性与本土化的异质性与特殊性糅合起来，成为一个有力的概念工具。本文将围绕全球本土化这一连续体中经常被讨论的传统性与现代性这一对概念展开。

（二）传统与现代

在理解传统与现代这一对概念时，学术界越来越体现出超出时间维度的倾向，更加意识到本土（local）和空间的重要意义，提出了本土—全球（Robertson, 1995）的问题。传统是将特定社区对行为控制的反省与时空组合融为一体的一种模式。在文化意义上，传统并非完全静止，而是由后辈人在继承前辈人的文化遗产的过程中再造出来的。虽然在传统文化中，过去受到尊崇，过去的符号得到尊重，但是在特定语境中，很少有孤立的时空标识能够以某种形式赋予"变化"以鲜明的意义，此时传统并不抵制变化（Giddens, 1990）。中国是个传统导向的社会，有成套的传统价值观，诸如集体认同、尊老爱幼及天人合一等（Cheng & Schweitzer, 1996: 27）。Giddens（1990）认为，现代性是指17世纪及其后发端于欧洲的一种社会生活和组织模式，它或多或少地在世界范围内产生影响。现代性本质上是全球化的，它与全球化紧密相连，并非中国传统话语中固有的。全球化 / 现代性的方法有很多问题，因为从效果上看，它是一种西方主义的理论（Pieterse, 1995）。

综上所述，传统文化是受制于旧有的习俗和惯例形成的文化视野，而现代性则孕含着文化活力以及变化与创新的趋势（Eisenstadt, 1973）。

三、研究方法

（一）样本采集

形象片是介于纪录片和广告之间的一种电视文化形式，因此，它是对现实的艺术呈现（尤浩，2012）。此次中国国家形象片的制作从最开始就是全球本土化的产物，它是中国的制作人及主创人员与中外合资企业上海灵狮广告公司共同制作的，且该片最初的目标受众主要是美国观众。《人物篇》（美丽中国官方频道，2013）中塑造的中国人集美丽、财富、智慧和勇敢于一身。但是，该片未能达到预期效果，因为美国民众对片中精英人物及其代表的行业缺乏基本认知。这表明用传统的民族主义的媒体话语模式及过多使用本土元素，无助于消解中西方的冲突和误解。《角度篇》意识到上述问题，采用了话语糅合的策略，一方面反映了中国风味，另一方面，也尊重了全球化的审美和全球化元素。此外，60秒的《人物篇》片长太短，不足以全面勾勒中国的国家形象，因此，本文将主要选取《角度篇》为样本。

《角度篇》片长17分16秒，力图更加深入、全面地展现《人物篇》中的精英人群背后所代表的中国社会。总创意朱幼光为片中画外音所写的底稿共1700个汉字，总导演高小龙强调，该片与商业片的拍摄不同，追求的是写实。片中总计800多个画面，涵盖了经济、政治、社会生活、文化、科技、教育及环保等各个话题。这些画面主要围绕八个主题展开，这八个主题由八对词语构成，即：开放而有自信、增长而能持续、发展而能共享、多元而能共荣、自由而有秩序、民主而有权威、贫富而能互尊、富裕而能节俭。

（二）数据分析

本文将围绕四个维度考察《角度篇》中传统与现代的融合：（1）语言维度；

（2）视觉维度；（3）音乐维度；（4）价值维度。因为形象片与广告片都具有吸引受众注意力，建立品牌形象这一相同之处，所以本文可以将前者主要作为广告片来分析。但是，形象片与普通广告片的不同之处在于国家不是普通消费品，而是重要的文化象征，因此，在采用 Pollay（1983）测量广告中的价值观的方法时，本文将结合 Zhang & Harwood（2004）的广告价值解码框架，重新定义传统与现代的价值观，而诸如实用、耐用、便宜等商业意义上的价值观，将省去不用。

（三）传统与现代的操作概念

为使下文的分析有切实的解码标准和分项指标，本文将从四个维度对传统与现代进行定义，详见表 1。在价值观维度上，本文进一步修改了 Pollay（1983）的解码框架，传统与现代的分项将从时间和空间意义上给出，见每一栏中的（1）和（2）。传统的中国孔子价值观代表了中国的价值体系，如重视“家庭”“健康”“传统”“爱国”“孝顺”和“教育”等。现代 / 全球化的价值观包括“个人主义”“美丽 / 年轻”“快乐”和“物质主义”等。

表 1：传统与现代的操作概念

全球本土化	本土 / 传统	全球 / 现代
语言维度	中文	英文
视觉维度	中国本土元素，如景点、中国红、国旗、国徽、中国字、中国古建筑、中国艺术、中国人、中餐等	西方与全球元素，如高速路、机场、高楼、大海、外国人、西餐等
音乐维度	中国音乐或乐器	西方音乐或乐器
价值维度	（1）经典、历史、古典、老旧、传奇、经久不衰、怀旧等 （2）家庭、爱国、孝顺等	（1）当代、崭新、改良、进步、先进等 （2）个人主义、美丽 / 年轻、快乐、成功与地位、物质主义等

四、全球化—本土化的辨证关系

（一）语言维度

在语言维度上，英语的使用被视为现代诉求的标签，而中文及其方言的使用则被视为传统诉求。中英文的使用将从三个方面来考察：（1）访谈对话；（2）画外音；(3) 字幕。在《角度篇》中，英文、中文的普通话及其不同方言均能听到。本片的画外音是英文，而字幕则是中文。在访谈、画外音和字幕中，中英文或交替出现，或同时出现，实现了无缝对接。每一种语码都为中国构建了全球化与本土化的诉求。

关于语言和意义的关系，并非所有的意义都可以通过语言表达，隐含意义和弦外之音需要从沉默、缄默和意象中解读。为帮助西方世界更好地理解这些语言外的含义，宣传片更多依赖视频和图片，而不仅仅是语言。对片中的符号和象征意义进行解读是理解话语糅合策略的关键。

(二) 视觉维度

视觉维度，主要从四个方面来审视传统与现代元素的应用：(1) 传统与现代的景点与背景地的选择（如长城与大海）；(2) 传统与现代名人的选用（如中国官员与外国商人）；(3) 本土 / 传统与西方 / 现代的道具（包括茶壶与咖啡；旗袍与短裙）；(4) 传统与现代的事件（如京剧表演与联合国论坛）。详见表 2：

表 2：视觉维度的传统与现代的糅合

视觉维度	传统	现代
景点与背景地	人民大会堂（9*）、古城墙、古董店、亭子、皇宫走廊、古城、少数民族聚居地等	机场、钢铁车间、银行、咖啡店等
名人	女性（16）：中国编辑、记者；男性（28）：总裁、学者、官员	阿拉伯国家某总统、奥组委主席
模特 / 受访者	白胡子的中国老人、和尚、中国学生、城乡居民	网民、外国商人 / 学生 / 游客
道具	国旗（21）、国徽（8）、荷花、旗袍、茶、少数民族服装、兵马俑、中国扇子、风筝等	手机（6）、相机（4）、电脑 / 网络（13）、汽车（8）、飞机、海中游轮、工业设备、股票大屏幕、霓虹灯等
事件	京剧（7）、太极、舞剑、泡茶	北京奥林匹克、上海世博会、村官选举

* 注：括号中的数字是指前者在片中出现的次数（仅对呈现次数大于或等于四次的视觉维度加以数字标注），下同。

在《角度篇》中，两种冲突的建筑风格出现在同样的地点，既有旧式的亭台楼阁、水榭石桥，又有现代的高速公路和摩天大楼。前者的古旧风格代表中国的文化遗产，后者的现代风格象征着中国的现代化和经济发展。中国人民强调经济发展、现代的生活方式和高科技，同时也尊重传统文化遗产。该形象片采用话语整合的策略，将目光从广大的汉族投向少数民族，最后又投向了国际性的都市居民。来自不同文化和亚文化的人们在银行、企业、学校、旅游景点等不同的场景交融。访谈的对象既包括中国人，也包括住在中国的外国人。这些个人代表的是其所在的群体，这也策略性地体现了中国人生活中的全球本土化特质。

从众多的画面中可以看出，象征传统的中国元素或道具随时可见，比如熊猫、京剧、微缩雕塑、长城、刺绣和武术等，这些是中国传统文化不可或缺的部分，但与此同时，先进的电子产品和最新的工业设备，闪着霓虹灯的城市夜景也交织在影片中，象征着中国的现代化。

全球性的事件经由改写，嵌入与本土观众相关的结构中，比如 2008 年北京奥运会庆典。这种转化反映了中国在与国内外人民的和平相处中，互相尊重，更加全球化。这种转化更明显的例证体现在以下的画面中：人们在星巴克咖啡馆门前唱京剧，外国学生学习京剧、汉语、使用筷子等中国文化，同时，中国青少年弹钢琴、跳街舞、举办音乐会、在地铁站路演、当调酒师调酒。所有这些事件和视觉呈现都代表了一种糅合，使传统与现代的界限难以划清。一方面，在过去及当下被视为传统和本土的东西在不远的将来会变成现代的和全球的，更加受到外国人的欢迎，比如喝茶或使用筷子。另一方面，当前的全球化时代，随着越来越多地引进西方的生活方式，代表现代性的元素会被逐步转化成基本的中国元素，比如钢琴、快餐、可口可乐和现代艺术。

（三）音乐维度

宣传片的背景音乐融合了编钟、笛子和古筝等民族乐器的演奏与钢琴、吉他和萨克斯等西洋乐器的演奏（见表 3）。虽然乐器很容易辨识，但是要有敏锐的听觉，才能区分出中国传统音乐和西方音乐，才能欣赏到糅合中西元素的乐曲之美。

表 3：传统与现代在音乐维度的融合

音乐维度	传统	现代
音乐	中国民乐	贝多芬交响乐、快节奏打击乐、摇滚
乐器	二胡、笛子、编钟、古筝、琵琶、锣鼓	钢琴、吉他、萨克斯、贝斯、小提琴、架子鼓、长号

（四）价值维度

价值观是从简单的购买行为到政治和宗教的意识形态等各种行为和态度的决定因素（Pollay, 1983）。学者们认为文化价值是广告信息的核心（Zhang & Harwood, 2004），对形象宣传片而言，更是如此。

为了简化编码和解码的程序，从传统价值观中抽取出六个标签，包括历史、古典、怀旧、爱国、家庭和孝道；从现代价值观中也抽取六个标签，即当代 / 改良、先进、个人主义、美丽 / 年轻、成功和物质主义。这些价值观将主要围绕片中总结出的政治、经济、文化艺术、科技、教育、环境和民族这七个主题来进行编码和解码。本文不精确统计这些价值标签在片中出现的次数，而是审查“价值—主题”的组合情况，统计其总体分布情况和特征。如果存在某类“价值—主题”组合，则标注为“有”，反之则标注为“无”。编码与解码的结果详见表 4 和表 5。

表 4：价值维度分布（本土 / 传统）的

主题	历史	古典	怀旧	爱国	家庭	孝道
政治	有	无	无	有	无	无
经济	无	无	无	有	无	有
文化艺术	有	有	有	有	有	有
科技	无	无	无	有	无	无
教育	无	无	无	有	有	有
环境	有	有	无	无	有	无
民族	有	有	无	有	有	有

表 5：价值维度分布（全球 / 现代）的

主题	当代 / 改良	先进	个人主义	美丽 / 年轻	成功	物质主义
政治	有	有	无	无	有	无
经济	有	有	有	有	有	有
文化艺术	有	有	有	有	有	无
科技	有	有	有	无	有	无
教育	有	无	有	有	有	无
环境	有	无	无	无	无	无
民族	有	无	无	有	无	无

价值维度的编码素材与视觉维度的编码素材有诸多重合之处。因为抽象的价值观需要通过外在的视觉呈现出来。比如物质主义是通过拍摄七名超富豪的执行总裁以及豪华汽车得到显著展示的；成功和地位是通过采访著名学者、记者、官员和艺术家而加以强调的；科技的突破是中国人梦想成功和受到尊重的例证；而反复出现的年轻执行总裁、美女记者和模特体现了“美丽 / 年轻”这一价值。

传统价值在环保、文化艺术和民族这类主题中出现得更多，而现代价值观则更多出现在经济、教育和科技主题下。但是另有很多情况，传统与现代并无明显分野。比如，在政治领域，传统的爱国和中央权威与现代民主和村干部选举都有体现。在环保和经济发展领域，文子的“不涸泽而渔，不焚林而猎”在全球关注环保的大语境下呈现，伴随着循环经济和可持续发展等现代环保理念。在此意义上，很难将可持续简单地归入传统或现代，因为这一现代的术语与中国古代“天人合一”的自然哲学是一脉相承的。

中国红、中国国旗和国徽在片中反复出现。这些无处不在的背景强有力地传递了中国人的爱国情怀。《角度篇》本质上是政治导向型的媒体语篇，一定程度上发挥着外交部的官方功能。因此，在片中发现爱国主义超越其他价值观也是不足为怪的，这与政府的整体理念是一致的。

五、从话语改适转换到话语整合创新

从以上分析中可以发现，多数情况下，全球化与本土化的元素并非简单地堆砌在一起。很难从话语糅合中区分出全球 / 现代和本土 / 传统的内容，因为二者在诸多层面上都是互相交织在一起的。它们彼此改变，创造了新的混合体。比如，村官选举中，现代民主制进入了过着传统生活的农村；通过播放农民们高兴地浏览互联网，以及牧民们在草地上飞快地驾驶摩托车，周围牛羊遍地的景象，传达了现代科技与农业社会中传统生活方式的高度融合；一位外国人与一位晨练的北京老人共同练习太极拳的画面也是全球与本土杂糅的一个例子。

Wu（2008a）认为，在文化中国的语言——象征形式的传播过程中，可以有两个重要的过程：话语改适转换与话语整合创新。前者指“当某话语形式越界在另一个社区或社会实践中践行时，其话语会产生改变，以适应新社区的需要和习惯”。而后者是指“对至少两个不同文化或社群中的话语元素进行不断的选择、再阐释及重组，使其在特定的社会文化语境中践行”。为进一步阐述这对概念，Wu 借用了一对比喻：物理性混合和化学性混合。物理性混合是指两种不同的文化特征或形式并存，而化学性混合则会生成一种新的合成文化，且无法分离出其中的复合元素，进行逆反的改变（Chan & Ma, 2002）。

通过以上分析可知，形象片在语言、视觉、音乐和价值四个维度上都采用了话语糅合的策略，其中既有话语改适转换，也有话语整合创新，但它们在国家形象的构建中并非是平均分布的。在四个维度中，在直接和具体的维度及维度分项中，如语言和视觉维度，道具、场景、模特、名人及乐器等维度分项，话语改适转换的现象较多。在这些维度和分项中，从本土 / 传统中区分出全球 / 现代相对容易。但是，在事件、乐曲和价值维度，传统与现代的界限较模糊。比如环保和可持续性，在中国传统文化天人合一的哲学中存在了两千多年，很难说它们是纯粹的全球化或本土化。这类概念，经过融合传统与现代哲学，已经成了一种话语整合创新。就事件而言，北京奥运会庆典中，画卷、书法、古代大鼓、着古装的人等传统的中国元素用来向世界展示北京奥林匹克，而事件本身是件国际盛事，传达着国际奥林匹克运动会“更快、更高、更强”的体育精神。

需要认识到两分法的归类应是暗示了两者之间一种辩证的、对话的关系，力图实现多元语境共存的状态（Chen, 2009）。中国的商业广告反映并建构了杂糅的文化空间，兼具本土化与外国化，模糊了当代中国的文化边界（Wu, 2008b）。同样的事实也体现在国家形象片中，印证了文化边界是在联系愈益紧密、愈益相互依赖的语境下，进行社会建构、定义和再定义的。曾经被视为异域文化的元素一旦成功地整合到本土文化中，便会被视为本土文化，而因此产生的合成文化便成为新的整合和改变的基础（Wu, 2008b）。随着“全球化 / 西方 / 现代”与“本土化 / 东方 / 传统”的辩证关系的发展，话语整合创新必将超越话语改适转换，成为媒体语篇中国家形象构建的趋势。这与超文化视角极为相似，它模糊了并重新定义着文化的边界。

六、结论

国家品牌的塑造是比公司品牌的打造更加复杂的系统工程。国家形象片的制作和传播在弥合中国的真实形象和西方人眼中的中国形象之间的巨大差距上起了关键的作用。基于对《角度篇》从语言、视觉、音乐和价值观四个维度进行的分析，本文发现形象片的全球本土化特征有效地表达了和谐、进取、包容和多元化的国家形象。形象片动用了所有可用的表征符号，融合了各种价值观和艺术阐释手法，勾画了赢得国际社会喜爱的、理想化的国家形象。在形象构建的过程中，采用了糅合全球 / 现代与本土 / 传统的话语改适转换与话语整合创新策略。话语改适转换更多用在直接的维度，如语言、静态的视觉画面及乐器等方面，而话语整合创新则更多出现在事件的叙述、音乐的播放和价值观的融合上。随着国家间交往和联系的日益密切，可以预测，话语整合创新将成为国家形象片的主要制作手法。

参考文献

Barr, M. (2012). Nation branding as nation building: China's image campaign. *East Asia* 29 (1): 81–94.

Chan, J. M. & Ma, E. (2002). Transculturating modernity: A reinterpretation of cultural globalization. In J. M. Chan & E. Ma (eds.). *In Search of Boundaries: Communication, Nation-states, and Cultural Identities*. Westport: Ablex Pub. 3–18.

Chen, G. M. (2009). Beyond the dichotomy of communication studies. *Asian Journal of Communication* 19 (4): 398–411.

Cheng, H. & Schweitzer, J. C. (1996). Cultural values reflected in Chinese and U.S. television commercials. *Journal of Advertising Research* 36 (3): 27–46.

Eisenstadt, S. N. (1973). *Tradition, Change, and Modernity*. New York: John Wiley & Sons, Inc.

Giddens, A. (1990). *The Consequences of Modernity*. Cambridge: Policy Press.

Matusitz, J. (2011). Disney's successful adaptation in Hong Kong: A glocalization perspective. *Asia Pacific Journal of Management* 28 (4): 667–681.

Pieterse, J. N. (1995). Globalization as hybridization. In M. Featherstone *et al.* (eds.). *Global Modernities*. London: Thousand Oaks: Sage Publications. 45–68.

Pollay, R. (1983). Measuring the cultural values manifest in advertising. *Current Issues and Research in Advertising* 6 (1): 71–92.

Robertson, R. (1995). Glocalization: time-space and homogeneity-heterogeneity. In M. Featherstone *et al.* (eds.). *Global Modernities*. London: Thousand Oaks: Sage Publications. 25–44.

Weibo Official Channel. [Sina Video] 国家形象宣传片——角度篇 . [EB/OL]. [2011-01-23] Retrieved from https://www.youtube.com/watch?v=GLq6F7BrgZw.

Wu, D. D (ed.). (2008a). *Discourses of Cultural China in the Globalizing Age*. Hong Kong: Hong Kong University Press.

Wu, D. D. (2008b). Between global and local: Hybridized appeals in China web auto ads. *Corporate Communications: An International Journal* (1): 68–79.

Wu, D. D. (2011). Becoming global, remaining local: The discourses of international news reporting by CCTV-4 and Phoenix TV Hong Kong. *Critical Arts* 25 (1): 73–87.

Zhang, Y. B. & Harwood, J. (2004). Modernization and tradition in an age of globalization: Cultural values in Chinese television commercials. *Journal of Communication* 54 (1): 156–172.

李一凡，(2013)，浅谈国家形象宣传片传播策略，《中国传媒科技》(4)：126–127.

美丽中国官方频道．国家形象宣传片——人物篇．[EB/OL]. [2013-06-25]. Retrieved from https://www.youtube.com/watch?v=VbTzRpjt_4g.

沈捷，(2012)，国家形象片的文化超越策略和效果研究，《编辑之友》(9)：82–85.

檀有志，(2012)，公共外交中的国家形象建构——以中国国家形象宣传片为例，《现代国际关系》(3)：54–60.

尤浩，(2012)，在创新与开放中展现中国——《中国国家形象片——角度篇》解析，《中国出版》(18)：53–55.

赵鑫、林茜，(2011)，探析新时期中国国家形象的影像化传播策略——以北京申奥片、上海申博片和国家形象宣传片为例，《电视研究》(6)：70–72.

郑伟，(2011)，中国国家形象宣传片探析——基于政治传播的视角，《中国电视（纪录)》(6)：17–19.

致谢

本文为国家社科基金重点项目“中国当代文艺实践中的国家形象构建研究”(12AZW003)及国家社科基金青年项目“中英主流媒体对中国形象的话语呈现及其叙事模式研究”（16CYY018）的阶段性成果。本文同时得到香港理工大学研究基金（#88BJ）的资助，特此致谢。

中澳企业跨文化互动的协同效应

梁森　吴东英
中山大学南方学院　香港理工大学

摘要： 现有的跨文化研究指出，中西方文化在价值观及交流方式上都存在着较大的差异。但在中外合资和外资企业的具体环境中是否存在着同样的差异，这些差异是如何解决的，现有的主位（emic）和客位（etic）研究，尤其是前者，在此领域略显不足。本研究以现有的客位研究理论框架为指导，使用阐释主义（interpretivist）的主位研究方法，对澳大利亚在华企业（包括合资和独资企业）这一特定的文化环境下中澳文化差异的体现及其解决方法进行了定性研究。作为澳大利亚在华企业这个特殊群体的成员，大多数中澳方受访人都认为双方的文化差异更多地表现在交流方式的不同而非价值观的迥异。更重要的是，由于全球经济一体化的迅猛发展以及人们对普世价值的向往，中澳文化差异正逐步走向趋同（convergence），在此过程中产生出跨文化的协同效应（synergy）。

关键词： 跨文化研究；跨文化交流；企业文化；协同效应

一、引言

企业内部沟通是企业管理工作中的重要一环。近年来，随着全球经济一体化的迅猛发展，企业内部的利益相关者（stakeholders）之间的沟通凸显重要（Argenti，2012）。在企业的层面，企业的远景、企业的使命和企业的价值观乃至品牌和经营策略，都要在企业内部进行有效的沟通。在个人的层面，上下级之间，同事之间的沟通也需要通过语言和非语言的互动来完成。与所有人际沟通一样，企业内的个人和组织沟通也包括了编码、传递、接收、解码、阐释和反馈等活动过程。在此过程中，交流的双方由于生长环境、教育、工作背景、个人经历等情况的不同，即使是处于同一文化的成员，在解码和阐释的过程中也可能会出现误读（潘一禾，2011）。当双方来自不同文化，而这些文化在语言、信仰、行为规范等方面都存在巨大差异时，沟通过程中出现的误传或误读的情况就更容易发生。在中外合资企业和外资企业中，这种沟通的失败不仅会影响中外双方人员的合作，在有些情况下甚至会为企业带来灾难性的后果（窦卫霖，2012）。McFarland（2006）在为美国 J. P. 摩根所作的研究显示，在其调查的海外企业中，83% 的企业有过外派人员失败的教训，而其中最主要的原因就是这些外派人员不能与当地人员进行有效的沟通（McFarland，2006: 31）。另一份由毕马威（KPMG）撰写的研究报告也指出，83% 的企业跨国兼并活动未能产生预期的效果，其主要原因是因为跨文化交流的失误或失败（Getelson，Bing & LaRoche，2003）。近年来随着全球经济一体化的迅猛发展，外企来华投资势头不减，中国企业对外投资和企业兼并的活动也在不断增加。除此之外，中国公司在本土的员工结构多元化方面也加快了步伐。在这些汇聚了东西方文化背景员工的企业中，中外方人员是如何看待和处理不同文化尤其是中西方文化的异同和冲突的，这一研究不仅可以对现有的跨文化理论作出补充，而且对于跨文化交流的教育和实践具有现实的意义。

本研究以符号互动理论（Symbolic Interactionism）为指导，参考现有的跨文化交流“客位”（etic）理论框架，运用定性研究的访谈方法，与 83 名澳大利亚在华企业的中澳方人员进行一对一的面谈，了解作为“局内人”对所在企业中澳双方文化异同和冲突的感受及看法，以求取得深入了解。访谈的两个主要问题是：

1. 作为澳大利亚在华企业的“局内人”，他们是怎么看待中澳文化异同的？
2. 他们在跨文化交流的过程中是如何解决文化差异和冲突的？

二、文献综述

跨文化交流的研究始于二战后的美国，以霍尔（Edward Hall）为代表的人类学家率先进入了这一领域（窦卫霖，2012）。自上世纪 70 年代起，该领域的研究取得了飞跃性的发展，涌现出了一大批优秀的研究成果，其中包括霍尔的“高语境交流”和“低语境交流”（high-context communication vs. low-context communication）（Hall，1976），“直言表达”和“含蓄表达”（explicit vs. implicit expression）（Ferraro，1998）以及“情感性”和“中立性”表达（effectiveness vs. neutrality）（Trompenaars & Hampden-Turner，1997）。这些研究都从客位的角度提出不同的文化有不同的交流方式，而这些差异通常源于不同的价值观（详见 Hofstede，1997；Trompenaars & Hampden-Turner，1997；He，Zhu & Peng，2002）。例如，Hofstede（1997）就以洋葱为喻，将价值观比作洋葱的核心，而其他的如仪式、偶像、符号等则为该核心外部不同层次的表现。Hall（1976）则将不同文化的交流方式分为“高语境交流”和“低语境交流”。根据他的解释，在高语境的文化中，人们要传达的信息寓意于交流者的社会文化环境之中，并已潜移默化地成为交流者不言而喻的一部分，所以他们之间的交流并不需要明确和直接的话语表达。而低语境的文化恰好相反，交流双方必须使用明确、直接的话语来表达他们的意思。美国语言哲学家 Grice（1975）在其“合作的原则”（Cooperative Principle）中提出了西方（低语境文化）语言交际的四个准则：

(1) 量的准则 (Maxim of Quantity); (2) 质的准则 (Maxim of Quality); (3) 相关准则 (Maxim of Relevance); (4) 方式准则 (Maxim of Manner)。根据他的原则，高文化语境与低文化语境在交流上的差异可见表 1：

表 1：低语境文化与高语境文化在交流上的差异

	低语境文化	高语境文化
量的准则	信息精确，话语恰到好处	信息含糊，话语最小化，非语言方式最大化
质的准则	公开，说真话，说话要有证据	说话有保留，轻描淡写
相关准则	说话应切题	说话绕圈子，拐弯抹角
方式准则	简练，有条理，避免歧义	模棱两可，自我克制

许多跨文化研究（如潘一禾，2011；He，Zhu & Peng，2002；Hsu，2004；Palich，Carini & Livingstone，2002；Triandis & Suh 2002）都认为低语境文化与个人主义密切相连，而高语境文化则与集体主义密切联系。Triandis & Suh (2002) 指出，在西方文化中（如美国、澳大利亚及北欧国家），由于竞争性很强，人们倾向于突出自己个人优秀的一面以表示“我是最好的”(Triandis & Suh，2002: 140)。Gundykunst & Kim（1984: 140）也认为，“在此（竞争性）环境中，一个人说话的首要作用是尽可能清晰地表达自己的主意和意思，并尽可能使自己的表达具有逻辑性和说服力。这样他影响别人的个性才能得到充分的承认。”

与美、澳、北欧等西方文化相比，话语修辞在东方文化（如中国、日本和韩国等国家）没有得到应有的重视和研究。但正如 Wu & Ng（2010）指出的，这并不等于说话语在东方文化中不重要，只不过这些话语必须与社会关系、政治、道德等因素不可分割地联系在一起才有意义。东方文化强调信息交流的整体性，交流的目的不是为了通过精确的话语去突出说话人的个性，而是为了促进社会的和谐与融合。

此外，Hofstede（1980）在其著名的全球 IBM 员工文化价值调查中发现，不同文化中的“权力距离”维度对于交流的方式有重大的影响。霍夫斯塔德的“权力距离”文化维度指的是“在一个国家内，组织或机构中缺少权力的成员对于权力分配不公的期望和接受程度”(Hofstede，1997: 28)。Oetzel 等人的研究也表明，集体主义文化一般权力距离较大，而个人主义文化则一般权力距离较小（Oetzel *et al.*, 2001: 240)。正如 Hofstede（1997）指出的，权力距离取决于下级对上级的依赖程度。在权力距离小的国家，这种依赖程度有限，所以上下级之间倾向于采用平等和直接的方式沟通和交流。反之，在权力距离大的国家，下级需要高度依赖他们的上司，所以不大可能会直接或正面与上司对抗或否定上司的意见。

三、研究方法和设计

Levin（1988: 33，51）将定量研究定义为“一种以通过数量来评估研究对象的性质、行为和相互关系的研究方法”，而定性研究则是“根据上下文（语言文字）而非数字来评估研究对象的性质、行为和相互关系的研究方法”。

在传统上，定量研究被广泛应用于跨文化研究。但根据 Henwood & Pidgeon（1995）的观点，定性研究有助于解决定量研究中出现的两个悬而未决的问题。一是定量研究往往侧重于证实现有理论的真实性和准确性，而忽视了可能产生的新理论。而这些新理论的萌芽往往“扎根”于调查中所收集的原始资料。定性研究则可以弥补这一不足。二是定量研究为了追求放之四海而皆准的“还原性”（positivist）解释，往往忽略了调查对象的丰富经历及其内心世界。而定性研究恰好相反，其重点是了解调查对象的亲身体验及其内心世界。

本研究在确定研究方法时还考虑到了此次调查要探索的问题。Whiteley（2004）在谈论研究方法时指出，在研究方法的选择上，研究的题目决定研究方法。由于本研究的主题是探讨调查对象在实际生活中是如何进行跨文化互动的，因此研究方法采取定性方法。Whiteley 等（2000）、Whiteley（2004）为在企业开展有关研究而设计的“扎根理论方法”为本研究提供了理论上和方法上的指导，并被应用到了数据（资料）收集和分析的全过程，其中包括：

- 编码
- 核心分类
- 比较
- 理论抽样
- 理论充实
- 加强理论敏感性
- 记录

在研究方法上，本研究采用了一对一的访谈方式，即访问人与被访问人在一种自然、无引导、无结构和无限制的气氛中进行交流，以了解被访问人的亲身经历和看法，这种方式更接近于同事之间的交流而不是一问一答的采访。考虑到西方人喜欢直截了当的特点，访谈前在澳大利亚前外派人员的帮助下用英语准备了一些基本的开放式问题以供澳大利亚受访人员参考，然后请中国专职翻译将这些问题译成中文供中方人员参考。

访谈分为两阶段进行：第一阶段在澳大利亚，访谈的是2名曾在中国工作过的澳大利亚外派人员，这一阶段主要是测试那些基本问题的有效性和决定第二阶段访谈人员的抽样标准和方法。在第一阶段的研究基础上，根据Strauss & Corbin（1990）关于“理论抽样”（theoretical sampling）的原则确定了第二阶段的访谈对象。参加第二阶段访谈的人员共有83人，其中包括在北京、上海和广州工作的45名外派澳大利亚人，13名华裔澳方外派人员和澳大利亚在华企业的中方管理人员。除1人外，所有外方人员已经在华工作2年以上，其中有的在华工作已超过10年。所有的中方人员已经在外资或合资企业工作超过1年，其中许多人超过5年。接受访谈是自愿的。在征求对方同意后对谈话进行了录音或记录，在整理后把结果寄回给受访人进行核对。在此基础上对取得的原始资料进行了分析和分类，其中许多类别的标题和概念直接使用了原始资料中受访人使用的词语以保持原有的活力。

四、研究结果

从主位的角度出发，大部分受访者都认为中澳文化之间在交流方式上存在着较大的差异（见表2）。

表2：中澳交流方式的差别

范畴	要素	澳方	中方
交流方式	信息	明示	暗示
	表达	直接	间接
	阐述	公开	有保留
	方式	一视同仁	因人而异
	接收	不耐心	耐心
	态度	平等	不平等

受访者对他们在企业中感受到的中澳方文化交流上的差异表述如下：

（一）明示和暗示

大多数中澳受访人都认为，中方人员在传递信息时通常使用内隐、含蓄的语言。如澳方受访者谈到，“中国人使用大量的肢体语言如大笑、微笑等表达某种意思甚至可以是否定，而西方人则会误认为是同意或接受。”另一位受访者表示，“西方人的表达一般比较直截了当，而中国人的表达则比较含蓄，他们经常用一些非常微妙的话语来表达他们的意见。”“我们现在明白了，当中国人说‘是’的时候，并不一定是表示他们已经同意了。在西方，如果谈判时对方对你说‘是’，这就表示‘我们同意了。我们将委托律师起草协议’。但在中国，你这样理解是绝对错的。”

（二）直接与间接

大多数中澳受访人都认为中澳双方在编码方面也存在着较大的差异。一位澳方受访者说，“澳大利亚人在交流时一般都有话直说，甚至有时冒犯了对方。而中国人由于他们的文化传统一般显得比较内敛，有礼貌，会更多地考虑他人的面子以至于有时候显得不那么直接。”另一位澳方受访者也表示，“澳大利亚人和美国人说话都非常直截了当。在中国，他们会给你讲一大堆故事，但你听完以后不知道他们要告诉你什么东西。”“他们会带你绕来绕去，绕了一大圈以后才最后告诉你‘所以我们想这么做’或者‘所以你要这么办’。”

（三）外露和不外露

大多数受访者都同意，与澳大利亚人相反，中方人员一般不愿意公开表达自己的观点和意见。一位澳方受访者表示，“在开会时，中方人员可能有不同的意见，但他们不公开说，而只是给你一些暗示，让你猜他们是什么意思。”一位澳方管理人员在谈到他的中国下属时说，“对我们这些在中国工作的西方人来说，最令人沮丧的是中国员工在会议上一言不发，我们不明白为什么会是这样。”另一位澳方管理人员则表示，“我们在企业里遇到的最大问题是中国员工通常会说他们认为你愿意听的话，而不是他们想说的真心话，这种情况常常为我们带来很大的麻烦。”

（四）一视同仁和因人而异

大多数澳方受访者认为，西方人在企业里对同事和上下级说话都一视同仁，而他们的中国同事则会因人而异。一位澳方受访者说，“其实我发现中国人说话有时候也会直截了当，但当他们跟你说话时，他们却使用拐弯抹角的方法，这种方式使我们澳大利亚人非常沮丧。在我们看来，他们好像是在使用‘孙子兵法’！”另一位澳方受访者则说，“中国人喜欢先了解对方，然后才决定采取如何向你表达他们的意思。”“如果你看到中国人在自己的圈子里说话，他们会非常直接。在澳大利亚，如果我要借用一下我朋友的笔，我会对他说，‘我能用一下你的笔吗？’而在中国，他会更直接地说，‘把笔给我。’但如果大家是上下级关系，中国人的表达方式又会比澳大利亚人婉转、间接得多。”

（五）耐心和不耐心

大多数受访者普遍认为在倾听别人意见时，中国人比澳大利亚人有耐心。一位澳方受访者表示，“中国人比西方人要耐心得多。”“澳大利亚人在中国工作要耐心听取对方的意见。”另一位澳方受访者也表示，“中国人一般不会马上回答你的问题，他们会用迂回的方式慢慢地告诉你。但在大多数情况下，澳大利亚人都不是耐心的听众，所以很容易把事情搞砸。”

（六）平等和不平等

大多数受访者都认为，在两种不同文化的沟通中，澳大利亚人与对方交流时一般都平等待人，而中国人则显得等级分明。一位澳方受访者说，“澳大利亚人在感到受委屈或被冤枉的时侯，他们会认为自己有权利提出来。他们会说，‘喂，这显然是不对的。如果你不纠正，我会一直向上反映，直到最高层。如果我是对的，那么我会赢的。’而这种情况在这里很难看到。”另一位澳方受访者则指出，“中国人对权威、对上司或某些权威人士的态度跟我们很不一样。对他们来说，上司和权威人士是最有智慧的，所以他们的话都是对的。例如，我对我的助手说什么，他都认为是对的，因为我是他的上司。所以他不会对我的意见提出任何异议。”

尽管存在上述的种种差异，大多数中澳受访者都认为中澳双方人员在价值观方面存在许多相似之处，这与目前很多跨文化研究，尤其是客位研究的结果迥异。本研究中的大多数受访者提出的共同点如下：

（一）公开和直率

中澳双方受访者都认为，虽然中国人在表达自己的意思时比较含蓄，但他们欣赏澳大利亚人的公开和率直。一位澳方受访者说，“我知道中国人喜欢我们这种公开和直率的方式，他们非常敬佩我们这种直率。实际上，他们也在工作中逐步适应并使用我们的这种表达方式。”另一位澳方受访人也说，“澳大利亚人的一个优点就是直率、诚实和友好，中国人很欣赏这些，所以这有助于澳大利亚人在中国开展业务。”一位澳方管理人员说，“到目前为止，我对跟我打交道的所有中国人都非常直率、诚实。我想什么就直说。我认为他们见我这样都松了一口气。他们可能在想，‘起码我知道这个老外要干什么，是什么原因，他说的是什么和他要我们干什么。’”

（二）直截了当

中澳双方受访者都表示，虽然在表面上中国人说话经常拐弯抹角，但其实他们的内心还是喜欢直来直去的。一位中方受访者说，“我认为中国人和澳洲人都喜欢直来直去，尤其是在企业里。”一位澳方受访人则说，“当我接到通知要来中国工作的时候，我的许多同事都对我说，‘你一定要小心，因为你说话很直。’我在澳大利亚工作的时候，想到什么就说什么，一般不会考虑怎么说得婉转一点。所以他们警告我说，我的这种方式在中国可能会得罪很多人。但我来中国已经两年多了，我的亲身体会是，我的澳大利亚同事给我的劝告是错的。”另一位澳方受访人说，“在某些方面，中国人的哲学崇尚直截了当。如果你跟他们熟了，他们跟你说话的时候就不会拐弯抹角了。”

（三）平等

尽管中澳受访人都承认双方文化在此方面的差别较大，但许多人同时又指出，西方人人平等的价值观其实在中国也获得赞同。一位澳方受访人说，“澳大利亚人与美国人相比显得非常平易近人，思想更加开放，没有那种‘我是世界老大，我就是要这么干’的思想，所以在中国比较受欢迎。”“我和中国同事一起出差的时候，吃的、住的都一样。他们坐经济舱，我就不会坐商务舱。他们住在三星级的酒店，我也会住三星级的酒店。我认为他们很欣赏我这样做。”一位中方受访人也说，“澳大利亚人是非常随便的，他们不会摆架子。如果你称呼他们为‘某某先生’，他们会不高兴的，认为你把他们当外人。这是我们中国人应该向他们学习的。”

在整个访谈过程中，中方受访人普遍对澳大利亚管理人员的直爽和平等待人表示了由衷的敬佩。

五、讨论总结

本研究的结果可大致分为两部分：一是从“主位”（emic）的角度对中澳两种不同文化在澳大利亚在华企业这一特定环境中表现出来的异同进行了探讨；二是在此基础上探索了在两种不同文化的互动中可能产生的协同效应。

首先，本研究从“主位”的角度进一步证实了在此之前许多“客位”研究关于东西方文化差异的理论，即东方文化和西方文化在许多方面存在着较大的差异，这些差异由于在各自的文化中根深蒂固，所以在短期内难以“融合”（陈雪飞，2010；潘一禾，2011；Hall，2002；Triandis & Suh，2002）。正如一位澳方受访人所说，“这些差异不可能在不远的将来消失得无影无踪。”但同时本研究也否定了不同文化会背道而驰（divergence）的论断（见 Shaw *et al.*, 1991），揭示了过分强调某一文化的“主体”而忽视了“客位”研究成果可能会产生的失误。

Hall（2002: 17）在其《跨越文化障碍——交流的挑战》一书中指出，研究跨文化交流中的一种错误倾向是片面强调差异性而忽视共同性。本研究所揭示的中澳文化在某些方面的同一性尤为重要。许多研究跨文化交流的学者，尤其是后现代派的学者，出于对现代派“人类同一性”观点的矫枉过正（Wilkin，1999），完全否定了人类某些价值观的同一性。在本研究过程，中澳双方受访人中甚至连那些最具有文化优越感的受访人也承认在中西方文化中具有不少的共同点，如前面提到的西方的公开、公平、直率和平等价值观念，在绝大多数的中方受访人中得到认同。有些价值观与实际行动的脱节可以从以下方面来解释：

（一）诚实和平等的价值观，虽然西方学者通常认为是西方文化独有的内涵，但在中国的儒家思想中也能找到根源（Bond & Hwang，1987；Leong & Whiteley，2003；Redding，1984，1990；Whiteley，2004；Whiteley *et al*., 2000）。孔子倡导的“仁”和“信”即包含着真诚、坦率和诚实的要素。在管理（管治）方面，虽然孔子的“礼”倡导组织上的等级制度，平等的思想却体现在孔子在实践中所推行的“有教无类”，即不问学生的出身一视同仁。因为孔子认为，不论贫富、贵贱、智愚，人人都应有学习和受教育的机会（Mote，1993）。孟子也持有同样的观点，他认为任何人只要肯接受教育，善于学习，就可以把先天的善端得以充分发挥，达到“圣人”的境界，“人皆可以为尧舜”。所以，在根植于孔孟之道的中国文化中，公平、平等这些价值观念对中国人并不陌生，尤其在他们的“圈子”内更是如此（Beamer，2003）。在访谈中，有的澳方受访人也提到，他们有时甚至对他们的中国同事在自己的圈子里表现出来的坦诚和直率感到吃惊，如“喂，你看上去很胖。”“你的鼻子太大了。”，等等，这种情况在直率的澳大利亚人当中也不多见。因此，中国人的交流方式是否真的与他们的价值观脱节，这要因人、因事和视环境而定，不能一概而论。

（二）公开和直接的交流方式是与时间的紧迫性密切相连的。在西方社会，时间一直被视作稀缺的资源。与其他有形的资源一样，是“有限的”，可以被“使用”“保存”和“浪费”的。所以“时间就是金钱”（Ferraro，1998）。在中国文化中也可以找到类似的说法，如“一寸光阴一寸金”。但中国人的时间观念与西方人相比还是存在很大的距离。应该指出的是，在跨文化商务和跨文化企业组织这个特殊的环境中，公开和直接的交流方式历来屡见不鲜。Beamer（2003）研究了19世纪中国人（主要是中国商人）写给英国怡和公司（Jardine，Matheson & Company Ltd.）的115封信函，其中93封的意思表达都非常直接，而只有22封使用了间接的表达方式。这与当前被普遍接受的“固化”了的中国人交流方式——即中国集体主义文化的价值取向决定了其保守、含蓄的交流方式相去甚远。

值得注意的是，中国的对外开放和当今世界的全球化进程已经并继续在缩小国家之间在地理上的距离，进一步推动了不同文化的融合。文化是与经济和生态环境紧密相连的。中国过去的文化传统，在很大程度上是与当时中国人赖以生存的农业经济、自然灾害和饥荒联系在一起的。对故土的依赖，人口流动性的不足，使当时的中国人很少接触外界，所以形成了青年人对老年人，晚辈对前辈，女性对男性的依赖，这使他们的交流方式也受到了限制，生怕出言不慎会得罪了他们要依赖的人。但是，改革开放后几十年的工业化、现代化进程已经极大地推动了中国和外界尤其是与西方的交流。全球化进程和迅猛发展的信息产业和运输业对这些传统文化的经济基础造成了前所未有的冲击，这种冲击对在外资企业和中外合资企业工作的中国人尤为明显。同时，越来越多的“海归”人员在国外亲身体验了西方文化的价值观和交流方式，他们在中西方文化的交流和融合中也发挥了催化剂的作用。

那么，为什么许多中方人员在外企或合资企业中仍然保留他们那种含蓄和间接的交流方式呢？一个可能的解释就是高语境文化在中国仍然根深蒂固，而且受到集体主义和高权力距离的影响，因而尚未能与西方的低语境文化有机地结合。在与中澳方受访人的谈话中，不难发现相互“自我构念”的现象在中国依然十分普遍。许多中国人在决定他们的言谈举止时，依然着重考虑他人会怎么想和会如何反应。“和”在工作场所依然是大多数人考虑的主要因素。因为“离经叛道”的行为会引起其他成员的反感和抵制。正如一位澳方受访人所说的，“在中国人眼里，‘木秀于林，风必摧之’仍然是真理。”

从另一方面看，中国文化的高权力距离也是一个重要的因素。在企业内部，员工要高度依赖他们的上司，这种情况也存在于外资和中外合资企业。这便对中国员工形成了一种压力，所以他们不愿意冒险去得罪他们的上司。在访谈中，有的中方受访人坦率地说，“我们在这里只是打工挣钱，所以没有必要得罪上司。”用 Maslow（1954，1998）的说法，中国员工现阶段的工作目的只是为了满足他们基本的物质需求。按照他的理论，当人的需求中的两个不同层次发生冲突的时候，相对不那么重要的需求层次会让位于相对重要的需求层次。如果他是对的话，那么高度依赖上司的人是不会冒着丢掉工作的危险去得罪上司以求“实现自我”的。

除了权力距离大的因素外，中国传统上的“礼”字也使中国人的表达方式受到约束。“礼”是孔子倡导的中国传统核心价值观之一。孔子主张的“克己复礼”就是要人们言行举止不要超越自己在社会等级制度中的位置。孔子认为，如果社会上的每一个人都能根据“仁”和“礼”来规范自己的言行举止，社会就不需要

“法”和“罚”也能实现大治。根据“礼”的要求，说话如果不合其身份，不仅丢自己的脸，也丢别人的脸，这在中国是最不乐见的。不过，许多中方受访人都认为，“礼”的观念在外资和合资企业中已经明显削弱，越来越多的中国员工在企业工作中开始敢于发表意见，对企业的运作提出建议和意见，这是一个良好的开端。

He, Zhu & Peng（2002）提出，在 Hofstede 提出的文化维度中，刚性和柔性的文化维度可能是跨文化研究中最为薄弱的环节。在本研究中，一位中方受访人表示，西方文化是一种“硬”（hard）的文化，其解决问题使用的办法是直接甚至冲突的方式。而中国文化是一种“软”（soft）的文化，其特点是使用各种非冲突的方式和策略解决问题，最突出的例子是“孙子兵法”。这位受访人主张将两者的长处结合起来以产生协同效应。在访谈中，还有不少中澳受访人也提出了类似的想法。综合他们的意见，这一新的文化模式可以用中国的阴阳概念来描述：“阴”代表中国文化的“软”或“柔性”，而“阳”则代表西方文化的“硬”或“刚性”。在这里，中国的“阴阳”与西方黑格尔哲学中的“辩证法”有异曲同工之处——两者都认为世间的一切事物都包含着对立和统一，而对立双方的互动会产生一种新的形态而不是单纯的合二为一。

根据 Hofstede 的阳性与阴性文化维度，刚柔双方的长处如下（见图 1）：

阴（柔）性文化

• 关心他人
• 以人为本
• 和谐
• 团结
• 关系
• 谦虚
• 同情弱者
• 重质量
• 以协商妥协解决争端

阳（刚）性文化

• 追求个人卓越
• 以成功为准
• 竞争
• 果断
• 重事实、轻感情
• 敬佩强者
• 重效率
• 以争论冲突的方式解决争端

图 1：阴性文化与阳性文化各自的优势

从图 1 可见，柔性文化着重于人与人之间的关系，而刚性文化着重于人的理性和经验。对此不少受访人都认为应该把两者有效地结合起来，“柔”“刚”互补可以产生协同效应。他们的意见反映了中澳双方人员都开始认识到自身文化的长处和缺点，所以认真地考虑结合两种文化的长处以克服自身文化的短处。

“协同效应”即双方优势结合起来后产生的效应将大于两者的优势之和。跨文化协同效应着眼于合作伙伴两种不同文化及技术、实践相结合产生的 1+1=3 的新形态（Whiteley *et al.*，2000），这一模式“一方面是进化性的模式，另一方面也是革命性的模式”。在中澳跨文化协同效应的模式中，澳方人员需要进一步向“以人为本”靠拢，而中方人员则应进一步向“以结果为重”靠拢，由此产生的新模式将是集中西方文化优点为一体的新形态（见图 2）。

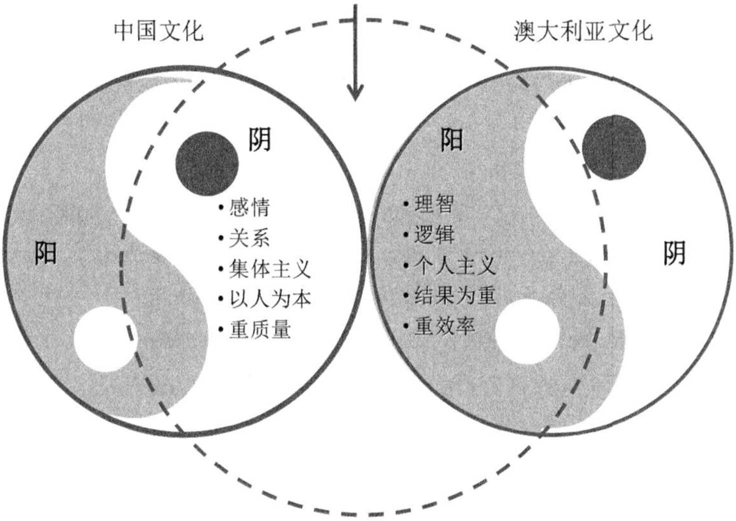

图 2：中澳文化的协同效应

本研究所收集的资料表明，尽管这一协同效应的模式只是处于探索阶段，但中澳双方文化的“局内人”都清楚地了解自己文化的长处和短处，愿意将自身文化与对方文化中的精华相结合，以产生一个新的模式，这个新模式既包括了西方文化中讲求效益，以结果为中心的“硬”优点，又包含了中国文化从他人和全局考虑，说话办事“留有余地”的中国文化“软”元素。新模式使方法与效益完美结合，达到一种更高境界的统一。

参考文献

Argenti, P. A. (2012). *Corporate Communication* (6th ed.). New York: McGraw-Hill Education.

Beamer, L. (2003). Directness in Chinese business correspondence of the nineteenth century, *Journal of Business and Technological Communication* (17): 201–238.

Bond, M. H. & Hwang, K. (1987). The social psychology of Chinese people. In M. Bond (ed.). *The Psychology of the Chinese People*. London: Oxford University Press.

Getelson, G., Bing, J., & LaRoche, L. (2003). Culture shock. *CMA Management* 75 (1): 40–44.

Grice, H. (1975). Logic and conversation. In P. Cole & J. Morgan (eds.). *Syntax and Semantics*, v. 3. New York: Academic Press. 107–142.

Gundykunst, W. B. & Kim, Y. Y. (1984). *Communicating with Strangers: An Approach to Intercultural Communication*. Massachusetts: Addusib-Wesley.

Hall, B. J. (2002). *Among Cultures: The Challenge of Communication*. Belmont: Thomson Wadsworth.

Hall, E. T. (1976). *Beyond Culture*. New York: Anchor Books.

He, Z., Zhu, J., & Peng, S. (2002). Cultural values and conflict resolution in enterprises in diverse cultural settings in China. In G. Chen & R. Ma (eds.). *Chinese Conflict Management and Resolution*. Hong Kong: Ablex Publishing.

Henwood, K. & Pidgeon, N. (1995). Grounded theory and psychological research. *The Psychologist: Bulletin of the British Psychological Society* 8 (3). 115–118.

Hofstede, G. (1980). *Culture's Consequences: International Differences in Work Related Values*. New York: Sage Publication.

Hofstede, G. (1997). *Cultures and Organizations: Software of the Mind*. New York: McGraw-Hill.

Leong, S. & Whiteley, A. (2003). Australian Business in China: Searching for Synergy. *Asia Pacific Business Review* (9): 41–60.

Levin, W. C. (1988). *Sociological Ideas: Concepts and Applications*. Belmont: Wadsworth Publishing.

Maslow, A. (1954). *Motivation and Personality*. New York: Harper & Bros.

Maslow, A. (1998). *Toward a Psychology of Being*. New York: John Wiley & Sons, Inc.

McFarland, J. (2006). Culture shock. *Benefits Canada* 30 (1): 31.

Mote, F. (1993). *Intellectual Foundations of China*. New York: McGraw-Hill Education.

Oetzel, J., et al., (2001). Face and facework in conflict: A cross-cultural comparison of China, Germany, Japan, and the United States. *Communication Monographs* 68 (3): 235–258.

Palich, L. E., Carini, G. R., & Livingstone, L. P. (2002). Comparing American and Chinese negotiating styles: The influence of logic paradigms. *Thunderbird International*

Business Review 44 (6): 777–798.

Redding, G. (1984). Varieties of Iron Ricebowl. *The Hong Kong Manager* (30)

Redding, G. (1990). *The Spirit of Chinese Capitalism*. New York: De Gruyter.

Shaw, J. B., Fisher, C. P., & Randolph, W. A. (1991). From materialism to accountability: The changing cultures of Ma Bell and Mother Russia. *Academy of the Management Executive* 5 (1): 7–20.

Strauss, A. & Corbin, J. (1990). *Basics of Qualitative Research: Grounded Theory Procedures and Techniques*. New York: Sage, Newbury Park.

Triandis, H. C. & Suh, E. M. (2002). Cultural influences on personality. *Annual Review of Psychology* (53): 133–161.

Trompenaars, F. & Hampden-Turner, C. (1997). *Riding the Waves of Culture: Understanding Diversity in Global Business*. New York: McGraw-Hill.

Whiteley, A. (2004). Grounded Research: A Modified Grounded Theory for the Business Setting. *Qualitative Research Journal* (4): 27–45.

Whiteley, A., Cheung, S., & Zhang, S. Q. (2000). *Human Resources Strategies in China*. Singapore: World Scientific Press.

Wilkin, P. (1999). Chomsky and Foucault on human nature and politics: An essential difference? *Social Theory and Practice* (25): 177–211.

Woods, P. (1992). Symbolic interactionism: Theory and method. In M. D. LeCompte, W. L. Millroy, & J. Preissie (eds.). *The Handbook of Qualitative Research*. San Diego: Academic Press Inc., 337–391.

Wu, D. & Ng, P. 2010. Becoming global, remaining local: The discourses of international news reporting by CCTV-4 and Phoenix TV Hong Kong. *Critical Arts* 25 (1): 73–87.

陈雪飞，(2010)，《跨文化交流论》. 北京：时事出版社.

窦卫霖，(2012)，《跨文化交际导论》(英文版). 北京：对外经济贸易大学出版社.

潘一禾，(2011)，《超越文化差异：跨文化交流的案例与探讨》. 杭州：浙江大学出版社.

跨文化视角下的中外企业使命声明的对比性研究

邓 谊
湖南财政经济学院

摘要：随着各国企业国际化战略的不断拓展和深入，文化差异对国际商务交流的影响越来越明显。本文以中美两国跨国公司使命声明的平行文本作为实证研究的样本，采用跨文化交际研究中的交际适应理论作为研究框架，考察了使命声明中第一人称的使用。研究结果表明，中美两国跨国公司在商务交流中会针对不同国家和文化的交流对象转换语言风格，呈现全球本土化的趋势。

关键词：国际商务交流；交际适应理论；平行文本；第一人称

一、引言

经济全球化是当代世界经济发展的重要趋势，是资源在全球范围内流动的必然结果。当今商业社会的竞争不再局限于国内市场，大型跨国公司不断地在全球范围内拓展业务。这些跨国公司需要与全球投资者和消费者进行对话，成为跨文化交流的主力军。这个对话过程并不是单纯的不同语码间转换，而是根据既定受众的文化背景重新构建语篇，呈现出了全球本土化的特点，并促进了全球多元文化社会的形成（Baraldi，2006）。各大企业的商业文本不再一味追求全面国际化或本土化，开始注重有效结合国际元素和本土偏好，使国际化和本土化两者不再对立，而是相辅相成达到交流目的（Liu & Wu，2015；Wu，2008）。

使命声明（Mission Statement）作为传递企业文化的重要商业文本，承载着企业的精神和理念（Swales & Rogers，1995），对企业积极形象的构建发挥了重要作用（Williams，2008）。它被定位为企业一种交际语篇和交流工具，即公司通过使命声明来推广公司的指导方针、价值和理念，从而博得其目标受众的好感（Bartkus，Glassman & McAfee，2000），其传播质量及效果甚至可能与公司的财务业绩相关（Desmidt，Prinzie & Decramer，2011）。使命声明的直接目标读者群主要为公司的利益相关者（stakeholders）。例如，当目标读者群为公司员工时，公司一般会在使命声明里明确该公司的商业活动范畴以及其战略目标，能有效指导新任命的管理层员工及从长远上激励员工（Klemm，Sanderson & Luffman，1991）。同时，一份针对顾客撰写的出色的使命声明亦可有效提高顾客的满意度（David，David & David，

2014)。如今许多公司都将其使命声明印刷或发布在如小册子、年报和网站等各种宣传媒介上，因此由于各种利益或兴趣驱动而获得这些材料的人都可能是直接读者群。本文通过对比中美两国六家大型跨国公司的使命声明中英文版本，探讨跨文化商务交流中企业如何针对不同文化背景的利益相关者进行双语文本的重新构建。

二、文献综述

在跨文化商务交流中，不同语言、背景和经历的人在相互交流时可能会根据对方的交流行为来调整甚至改变自己的语言风格（Rogerson-Revell，2010）。这种调整或改变被美国学者 Giles（1973）称为“交际适应理论”（Communication Accommodation Theory，简称 CAT）。总而言之，即交流者为了实现某种交流目的，调整自己交流行为的过程就叫做“适应”（Accommodation）。调整后的行为如果与交流对象更加相似，就叫做趋同（Convergence）；反之则叫做趋异（Divergence）。这种语言风格趋同或趋异的转换可见于交流的各个层面。例如，从口语交流的口音、用词和附和语（backchannel）的使用（Heinz，2003），到语言种类的选择（Giles & Smith，1979）。例如，当中国商人与美国商人进行谈判时，为了博得对方的好感从而取得谈判的成功，双方都可能会尝试直接使用对方的语言来进行交流。再例如与外国人交流时，即使对方的中文能力相当不错，我们也会无意识地放慢语速并可能加上适当的肢体动作来帮助对方理解。该理论被广泛应用到包括大众传媒、二语习得以及国际商务交流等许多领域的研究中。

然而对于跨文化商务交流研究来说，平行文本（Parallel texts）是十分理想的研究材料。平行文本指的是两个或两个以上的文本所表达的意思相同，却使用了不同语言来表达，且同时可能针对不同目标读者群。这样的现象在现代国际商务中十分普遍，例如投放同一产品的广告到不同国家时，公司通常会针对目的市场投放不同语言的版本。这些不同版本就互称为平行文本。Grundy（1998）认为，平行文本虽然内容相似，但其语言的差异却可激发出不同的文化身份认同感。基于平行文本的以上特点，Cheng 和 Grundy（2007）提出了平行文本的对比性研究对跨文化研究的优势：首先，书面文本是公共表述的一种形式，而文化也是一种集体抽象的概念，因此书面语言对于文化有更直接而稳定的投射作用；其次，相对于口语而言，书面文本与内部文化联系更紧密，因此受直接语境的影响相对较小。因此，书面文本可以被看作是文化的典型代表形式，比其他形式的文本更加拥有稳定的机构文本。由此看来，将使命声明的平行文本作为跨文化对比研究的对象确实是个合适的选择。

关于使命声明的语言特征，许多研究显示第一人称视角在使命声明中被普遍采用，旨在推广企业的个性和特色（Williams，2008）。在这一点上，文本分析显示，含“我们（主语）”“我们的”和“我们（宾语）”在内的第一人称复数指代被广泛应用于使命声明中（Swales & Rogers，1995）。这些词作为经典的修辞手段用于语言交流中可培养信息发出者和接受者之间的归属感和认同感。在企业内部文本中，“我们（we）”这个词同样被当成一种微妙的语言策略，该词通过将企业成员认定为自己人从而为双方确立了共同的立场（Rounds，1987）。此外，此前的研究显示，使用的人称代词的数量及种类与文化维度上的不同定位相关。Kashima & Kashima（1998）发现，代词的省略在不看重个人主义文化的语言中更为显著，而孕育了倾向不省略代词语言的文化，其集体主义倾向则更强。因此，虽然使命声明拥有各种不同的语言特点，但本文选择将焦点放在研究第一人称指代这一具有代表性的语言要素的使用上。

基于上述的背景和研究结果，作者对本研究提出以下假设：

1）同一公司的使命声明中，英汉对应文本使用第一人称的情况不同，即认为发生了交际趋异现象；

2）双方为了适应目的市场国家（即对方）的读者而改变第一人称指代的使用，即认为发生了交际趋同现象。

三、研究样本及方法

为验证以上假设，作者通过互联网收集了12份使命声明的英汉平行文本作为本研究的原始数据。这些使命声明分别出自六家大型跨国公司，其中包括三家美国公司（百事、苹果及宝洁）和三家中国公司（阿里巴巴、华为和联想）。所有这些公司均将使命声明发布在了其美国及中国大陆的官方网站上，作为其企业介绍的一部分。这些使命声明不一定使用了“使命”这个词；其中一些使用了“价值观（values）”“目的（purpose、goals）”“愿景（vision）”或者“责任（responsibility）”等表述。而这些表述也常被视为使命声明文体的关键词（Swales & Rogers，1995）。作者从苹果和宝洁在中国大陆子公司工作的员工处得到确认，这两家公司的新入职员工培训材料亦涵盖了其使命声明。

这些使命声明的文本分析的关注对象集中在一个主要的语言特征：第一人称的指代，研究其使用频率和搭配。虽然这些使命声明的篇幅长短不一，但本文通过比较第一人称指代在每份使命声明中占总字数的比例来分析其使用频率，对比结果依然可靠。为了更精确地计算频率，本文将所有被研究的第一人称指代划分为以下几类：名词在句中作主语（英文：we；中文：我们），定语性形容词充当所有格（英文：our；中文：我们的或我们）以及名词作宾语（英文：us；中文：我们）。

四、平行文本的定量研究和定性讨论

（一）中美跨国公司使命声明第一人称使用的趋异性

总的来说，针对收集来的文本所作的文本分析显示，所有的被选公司在其使命声明中均采用了第一人称视角，使用了如“我们（主语）”“我们的”以及“我们（宾语）”这样的第一人称指代来自指。这些词的使用比例见表 1 和表 2。相比之下，每个公司使命声明的英文文本均比其对应的中文文本使用更多的第一人称指代。其中，中英文使命声明中第一人称指代的频率差别最大的公司是华为。其英文文本中第一人称指代的使用频率为 9.91%，而在对应的中文文本中仅为 3.91%（见表 1）。美国公司的英文文本和中国公司的中文文本的对比体现了第一人称指代使用频率的最大反差。苹果的英文使命声明中的第一人称指代的使用频率为 16.19%，而华为的中文使命声明中第一人称指代的使用频率仅为 3.91%。该分析结果证实了作者的第一个假设，即美国和中国公司在第一人称指代的使用上存在交际趋异的现象。

表 1：中国公司使命声明中第一人称指代的使用频率

	英文文本			中文文本		
		频率（次）	占总比（%）		频率（次）	占总比（%）
阿里巴巴	we	10		我们（主语）	4	
	our	11		我们（的）	3	
	us	1		我们（宾语）	1	
	总数	22	9.95	**总数**	8	5.97
华为	we	11		我们（主语）	6	
	our	9		我们（的）	2	
	us	2		我们（宾语）	1	
	总数	22	9.91	**总数**	9	3.91

（待续）

（续表）

		英文文本		中文文本		
		频率（次）	占总比（%）		频率（次）	占总比（%）
联想	we	10		我们（主语）	4	
	our	12		我们（的）	2	
	us	3		我们（宾语）	0	
	总数	25	7.20	总数	6	5.20
所有公司	平均		8.54	平均		5.03

趋异现象背后的原因可以用第一人称指代在语篇中的功能以及中美两国的文化差异来解释。Jensen（2009）认为，使用第一人称代词的自我呈现方式是很有力量的。然而在中国的传统文化中，谦逊作为一种核心价值观被社会和公众高度推崇（Fan，2000），因此，中国人在提到自己时也会避免采用直接、明显的方式。同时，作为一种语言，汉语有较强的省略人称代词的倾向，且省略的频率大大超过了那些个人主义为文化主导的国家所使用的语言。例如，相对于汉语而言，英文省略人称代词的频率相对较低（Kashima & Kashima，1998）。因此，第一人称指代的使用在中英文使命声明的趋异现象，可能是由这些公司以及它们目标读者群的不同文化定位造成的。

表 2：第一人称指代在美国公司使命声明中的使用频率

		英文文本		中文文本		
		频率（次）	占总比（%）		频率（次）	占总比（%）
百事公司	we	23		我们（主语）	15	
	our	29		我们（的）	7	
	us	0		我们（宾语）	0	
	总数	52	9.51	总数	22	4.20
苹果	we	8		我们（主语）	8	
	our	9		我们（的）	5	
	us	0		我们（宾语）	0	
	总数	17	16.19	总数	13	13.3

（待续）

（续表）

	英文文本			中文文本		
		频率（次）	占总比（%）		频率（次）	占总比（%）
宝洁	we	54		我们（主语）	51	
	our	22		我们（的）	10	
	us	2		我们（宾语）	1	
	总数	78	10.55	总数	62	8.11
所有公司	平均		12.08%	平均		9.02

（二）中美跨国公司使命声明第一人称使用的趋同性

有趣的是，对比其另一语言的对应平行文本，美国公司的中文文本和中国公司的英文文本所使用第一人称指代的比例相似（见表 1、表 2），存在交际趋同的现象，这证实了作者的第二个假设。根据交际适应理论，交流者会根据交流对象来调整他们的语言风格。人们为博得交流对象的好感，尝试寻找与交流对象的共同点的情况下，就会发生语言风格的趋同（Gallois & Giles，2015）。随着这些跨国企业的业务在全球扩展，这些公司十分注重在国际范围内吸引人才、投资者以及消费者。以宝洁为例，该公司多年来一直视中国为其除美国外的第二大市场。截至 2014 年，宝洁已经在中国开设了 10 家工厂。因此，使命声明中语言风格的趋同是这些大公司为在中国赢取更大市场份额的商业目标和战略的必然结果。

然而，中美两国的公司在语言风格趋同的程度上仍然存在细微的差别。美国公司使命声明的中英文文本使用第一人称指代百分比的平均变动范围是 3.54%；而中国公司使命声明中此项数据的变动范围为 3.99%。样本中，中国公司比美国公司在语言风格这点上趋同的现象更加明显。

（三）中美跨国公司使命声明中第一人称使用的文化差异

定量的数据分析可以反映出总体的趋势，而进一步的定性分析可以使我们对于使命声明中第一人称指代的使用有更深刻的认识。对样本的仔细分析我们可以发现，这些样本中不同自指表达的使用是导致其比例差异的主要原因。例如，中文文本中的“我们（的）”这个词（与英文文本中的“our”对应）在与“公司”这个词搭配时缺失最为明显。例如，“我们的业务（our business）”“我们的制度（our system）”对应的中文分别是“公司业务”以及“公司制度”。因此，中文样本中第一人称的使用数量少于英文样本这一现象不难理解。又如，在英文版本的使命声明样本中，有三份使用了“our people（我们的人）”来表达“员工（employee）”的概念，但在其对应的中文文本中，有好几处都保留了“员工”这个表达。英文文本中还使用了包括“个体（individual）”和“与我们工作的每一个人（everyone we work with）”在内的其他的表达来表述“员工（employee）”这个概念。在这点上，宝洁的使命声明就是一个很好的例子。该公司中文使命声明中的“员工（employee）”这个表达，在英文文本全都使用“个体（individual）”以及“人们（people）”，例如以下表述：

中文：

我们尊重每一位员工。

我们相信每一位员工都能够，并且愿意发挥其最大潜力。

我们珍视每个员工的不同之处。

我们激发和帮助员工去实现更高的期望、标准和具有挑战性的目标。

我们如实反映个人的工作表现。

英文：

We show respect for all individuals.

We believe that all individuals can and want to contribute to their fullest potential. We value differences. We inspire and enable people to achieve high expectations, standards and challenging goals. We are honest with people about their performance.

(英文文本中文刻板直译：

我们尊重所有个体。

我们相信所有个体都能并愿意贡献他们的最大潜能。我们珍视差异。我们启发并使人们有能力实现高期待、标准以及有挑战性的目标。我们对人们坦诚他们的表现。)

这种指代员工时用词的趋异现象在本次研究的样本中很普遍。进一步观察这些表达的语义场，我们会发现“员工”或英文中的“employee”隐含着一种在机构等级架构中地位的意味，其对应的更高等级职位的角色是“雇主（employer）”；而其英文声明中的各个表达则不涉及具体的机构角色，从而避免了引起等级差异的联想。此处再次体现了前文所讨论的中英文本在第一人称指代使用上的趋异现象。

五、结论

使命声明在本研究中被视为公司向有关利益相关者宣传其核心价值观、目标以及企业形象构建的交流工具。研究表明，平行文本可以作为一个有效的研究对象，考察跨文化商务交流中交际趋异和交际趋同的现象。此次研究的结果证实了作者的假设，即对于第一人称指代的使用，在被选用的平行文本中，同一家公司的中英文使命声明以及美国公司的英文文本和中国公司的中文文本均存在趋异现象；而两国公司以对方语言撰写的使命声明文本则可见交际趋同的现象。同时，该研究结果进一步证明了“全球本土化”对双语平行文本构建的影响：单纯的翻译过程已不能满足跨文化交际的需求，应该综合考虑国际沟通的习惯和本土文化的影响。

基于本次实证研究，笔者建议，我国企业在对外商务交流的过程中应该考虑到跨文化交际的影响因素，尊重并善于利用各国文化的差异。此外，在未来的研究中，我们可以加大样本数量，搜集更多的英文和中文的公司使命声明甚至其他商务交流文本，并且考察除第一人称外的其他语言要素的使用情况，为跨文化企业传播的实践和研究做出更多有意义的贡献。

参考文献

Bartkus, B., Glassman, M., & McAfee, R. B. (2000). Mission statements: Are they smoke and mirrors? *Business Horizons* 43 (6): 23–28.

Baraldi, C. (2006). New forms of intercultural communication in a globalized world. *International Communication Gazette* 68 (1): 53–69.

Cheng, W. & Grundy, P. (2007). Thinking for writing. In P. G. Blitvich, et al. (eds.). *Studies in Intercultural, Cognitive and Social Pragmatics*. Newcastle: Cambridge Scholars Publishing. 1–37.

David, M. E., David, F. R., & David, F. R. (2014). Mission statement theory and practice: A content analysis and new direction. *International Journal of Business, Marketing, & Decision Science* 7 (1): 95–110.

Desmidt, S., Prinzie, A., & Decramer, A. (2011). Looking for the value of mission statements: A meta-analysis of 20 years of research. *Management Decision* 49 (3): 468–483.

Fan, Y. (2000). A classification of Chinese culture. *Cross Cultural Management: An International Journal* 7 (2): 3–10.

Giles, H. (1973). Accent mobility: A model and some data. *Anthropological Linguistics* (15): 87–105.

Giles, H. & Smith, P. (1979). Accommodation theory. In H. Giles & R. St. Clair (eds.). *Language and Social Psychology*. Oxford: Bail Blackwell. 45–65.

Grundy, P. (1998). Parallel texts and diverging cultures in Hong Kong: Implications for intercultural communication. In S. Niemeier, C.P. Campbell, & R. Dirven (eds.). *The Cultural Context in Business Communication*. Amsterdam/Philadelphia: John Benjamins. 167–183.

Heinz, B. (2003). Backchannel responses as strategic responses in bilingual speakers' conversations. *Journal of Pragmatics* 35 (7): 1113–1142.

Jensen, A. (2009). Discourse strategies in professional e-mail negotiation: A case study. *English for Specific Purposes* 28 (1): 4–18.

Kashima, E. S. & Kashima, Y. (1998). Culture and language: The case of cultural dimensions and personal pronoun use. *Journal of Cross-Cultural Psychology* 29 (3): 461–486.

Klemm, M., Sanderson, S., & Luffman, G. (1991). Mission statements: Selling corporate values to employees. *Long Range Planning* 24 (3): 73–78.

Liu, M. & Wu, D. (2015). Discursive construction of corporate identity on the web: A glocalization perspective. *Intercultural Communication Studies* 24 (1): 50–65.

Rogerson-Revell, P. (2010). "Can you spell that for us nonnative speakers?" Accommodation strategies in international business meetings. *Journal of Business Communication* 47 (4): 432–454.

Rounds, P. L. (1987). Multifunctional personal pronoun use in an educational setting. *English for Specific Purposes* 6 (1): 13–29.

Swales, J. M. & Rogers, P. S. (1995). Discourse and the projection of corporate culture: The mission statement. *Discourse & Society* 6 (2): 223–242.

Williams, L. S. (2008). The mission statement. *Journal of Business Communication* 45 (2): 94–119.

Wu, D. D. (2008). Between global and local: Hybridized appeals in China web auto ads. *Corporate Communications: An International Journal* (1): 68–79.

文化定势在跨文化广告中的应用
——以德国《明镜》周刊广告中关于中国的文化定势为例

梁珊珊
北京理工大学

摘要： 在现今市场越发国际化的时代，商品早已跨越国门成为一个跨国界的事物，而随之而来的产品宣传也成为一项跨文化活动，跨文化广告因此应运而生。在跨文化广告的传播过程中，国家文化定势作为一种对异文化简化了的认知方式非常适于运用其中。跨文化广告通过国家文化定势所承载的异文化信息来满足消费者对异文化特质的感性诉求，与此同时，国家文化定势也成为认知异文化的重要途径之一。本文选取近年来德国著名新闻周刊《明镜》中包含关于中国文化定势的广告作为研究语料，以此为例探讨跨文化广告是如何运用国家文化定势的。
关键词： 跨文化广告；国家文化定势；德国新闻周刊《明镜》

1. 理论基础

1.1 关于文化定势

文化定势（stereotype）的概念最初源于印刷领域，直至20世纪初，才由美国人 Walter Lippmann 首次运用在社会学领域。他认为，人们头脑中存在着一种简单模式来重塑错综复杂的外部世界。这种简化后的模式被 Lippmann 称之为“我们头脑中的图像”或者叫做文化定势，又译为定型看法或刻板印象（Weis，2009：25）。文化定势是社会上较为普遍地存在着的对于某一类事物产生的比较固定的看法，是一种对交际对象类型化的判断。

文化定势经常包括积极和消极两方面的内容，尽管文化定势可以反映对现实的认知，但由于它简化现实，易忽视群体内部的个体差异，因此文化定势有时是一些笼统而模糊的看法，会影响对事物正确的客观认知（钱凤莲、唐德根，2004：111）。作为集体记忆的一种，文化定势一般比较稳定。不过，在文化定势的产生和缓慢的发展过程中，它也会受到外部环境的影响，如经济社会情况、国际争端等等，从而发生变化（Prinz，1970：199）。

Prokop（1995）将文化定势分成国家文化定势和社会文化定势。国家文化定势是指对一个国家的看法；而社会文化定势则是指对某个社会群体，即对同一阶层、社会身份一致或者相近人群的看法。Prokop 对文化定势的第一种分类构成了本研究的分析对象，具体而言即德国媒体广告中关于中国的文化定势。

1.2 关于广告及跨文化广告

本文研究的主要是商业广告，是商品经营者或服务提供者承担费用，通过一定的媒介和形式直接或间接地介绍所推销的商品或提供的服务的广告（蔚佳颖，2016：49）。就广告的组成而言，包括广告发出者、接受者、发送的信息和媒介四个部分。广告的目的是为了影响受众对所宣传产品或者服务的态度和行为，通过为受众所理解的广义上的视觉、听觉言语符号，以文本、图片等方式由报刊杂志等广告载体传播开来。广告归根结底是一种符号的交际（Rentel，2005：68）。

跨文化广告是广告的一种。除包含广告的特征之外，跨文化广告的独特之处在于，其跨文化性体现在广告内容里含有与广告受众文化背景不同的异文化信息。相对广告内容和受众同属一种文化背景的单一文化广告而言，跨文化广告体现出了明显的文化特性，突出强调了本文化或者异文化的文化特征。跨文化广告不仅仅是一种经济现象，更是一种文化载体。

1.3 文化定势在广告及跨文化广告中的使用

广告作为大众传媒的重要组成部分不断通过自身的特点去影响和使用文化定势。一方面广告可以借助文化定势来宣传产品，另一方面在宣传的过程中，广告也在展示并进一步加深广告受众对这些文化定势的认知情况。

文化定势在广告中的作用主要体现在，它可以很好地契合和调动存在于人们潜意识中的愿望和看法（Klooth，2005：29），利用影响广告受众感性诉求的方法，在消费者无意识的情况下，借助媒体激活消费者头脑中已有的文化定势将产品信息注入消费者的意识之中，潜移默化地改变消费者对产品的态度，激发他们的购物欲望。合适的国家文化定势可以在广告有限的篇幅内，有效激活广告受众对异文化的感知；将国家文化定势中的异文化特性和广告宣传的产品联系在一起，从而使产品获得相应的文化定势特质。因此，国家文化定势是跨文化广告最适宜采用的文化内容。

2. 研究方法及方案

本研究采用的研究方法是批评性话语分析法。和其他基本局限于单纯语言层面的话语分析方法相比，批评性话语分析认为语言是一种社会实践。批评性话语分析关注的是作为社会现实建构工具的话语和作为权力和控制工具的话语（纪玉华、李锡纯，2011：218）。因此，在本质上，批评性话语分析就是从语言学角度进行社会分析，并把语言分析和社会分析融为一体（王占斌、苑春鸣，2007：61）。

就具体的研究方案而言，由于任何单一的分析模式都不能体现批评性话语分析的特征，所以它从来没有也从来不会尝试提供一个单一的理论和分析模式，它仅仅是研究者在进行语言、符号和话语分析时共同使用的一种研究视角（魏欣欣，2010：164）。因此，本研究将根据研究目的，以 Siegfried Jäger 的批评性话语分析方案为基础，对其内容分析和语言分析部分进行整合，形成包含文本、图片以及对二者统一性分析的新的广告分析部分，从而得到本文的研究方案。

首先，前期的研究准备过程需要对研究语料进行收集和整理，并明确文化定势的相关理论及研究方案。在实证研究部分，从内容和形式层面，分别对广告中关于中国的文化定势在广告文本、图片信息以及文本和图片整体性中的表现进行详细阐述。最后，将这些质性分析的结果和当时的语境和意识形态分析相结合，得出广告中关于德国文化定势的篇章阐释结果，从而得出本文的研究结论。

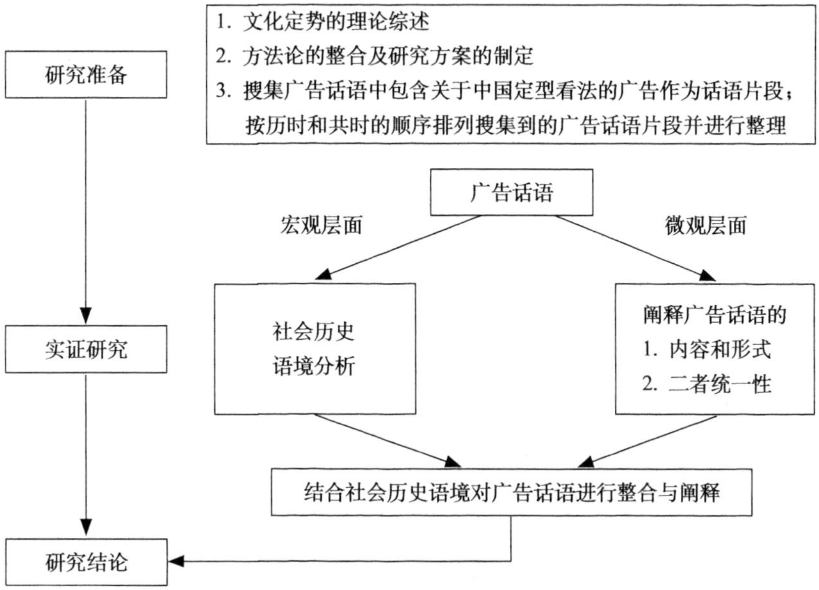

图 1：研究方案

3. 实证研究

3.1 关于研究语料《明镜》周刊

德国的《明镜》(*Der Spiegel*) 周刊是德国最具影响力的新闻周刊之一，每周约 87 万册的销售量使其成为德国甚至欧洲目前销售量最高的新闻周刊。《明镜》周刊对大众舆论有着非常巨大的影响力，因此常被誉为领导性的媒体 (Weischenberg，Malik & Scholl，2006：346)。

本研究收集了 2010 年以来《明镜》周刊上刊载的关于中国文化定势的广告 80 余则，其中广告涉猎的产品类型包括汽车、软件、银行、电子电器、钟表、航空、物流、旅游、保险、投资、杂志、媒体行业、电子设备信息等。《明镜》广告所宣传的产品出产国主要是德国，但也涵盖美国、法国、奥地利、土耳其、阿联酋、韩国等国家。

3.2《明镜》周刊广告中关于中国的文化定势

根据所收集到的广告语料中体现出的关于中国文化定势的不同内容，可以将其分成三大类：中国作为世界强国的文化定势，中国日常生活的文化定势，以及中国作为连接世界重要一环的文化定势。下文将按照这个顺序逐一对关于中国的文化定势进行详细分析。

3.2.1 中国作为世界强国的文化定势

中国作为世界强国的文化定势主要是从政治和经济两个角度体现出来的，其中经济视角下的文化定势占据了绝对多数。在所收集到的 20 则体现中国作为世界强国的文化定势中，90% 的广告都是从经济视角反映这一文化定势的。

3.2.1.1 经济视角

从经济视角体现关于中国作为世界强国的文化定势，主要是从中国在世界经济中以及中国作为巨大市场的影响力两个层面展开的。

世界经济中的影响力

以《明镜》2012 年第 17 期这则关于《经济周刊》杂志的广告为例：从内容层面看，广告文本以“危险还是同伴？”为题迅速聚焦了读者的注意力。广告正文“中国将进军何方——您如何才能获得利润？现在您可以从《经济周刊》全球系列报道的特别周刊中得到这个问题的答案”，为产品《经济周刊》作了宣传。在正文下方罗列出了《经济周刊》特刊将会报道中国的具体内容——“背景：中国如何在发展和研究中后来居上；报道：中国的精英在哪里接受培训；预测：未来的挑战和机遇在哪里；知识：在和中方伙伴谈判中您需要注意的问题”。这些内容分别从不同视角对中国的经济发展进行了介绍。广告图片选择了《经济周刊》针对中国经济发展所发特刊的中德文封面。图片上特刊的主题“巨龙的崛起：从模仿到创新——中国的挑战”和广告文本的内容遥相呼应。封面正中是一个中国的太极图示，代表德国的鹰和寓意中国的龙正围绕着这个太极相互遥望。

图 2：《明镜》2012 年第 17 期

从形式层面来看，广告文本中用来描述中国经济发展所使用的一系列单词如“中（间的帝）国”(Reich der Mitte)、“精英”(Elite)、“进军”(marschieren)”和“危险”(Gefahr)、“后来居上(nachholen)”分别从正面和侧面反映出德国眼中一个在经济上逐渐强大起来的中国的形象。图2中围绕太极图标和德国鹰平起平坐的中国龙，以及占据封面一半寓意中国的红色，都展示出了德国对经济崛起的中国亦敌亦友的态度。这说明在世界经济中，中国已经成为能和发达资本主义国家德国一较高下的世界强国。

除了这则广告之外，2012 年第 24 期《经济周刊》广告标题“新的世界秩序”下广告图片中魔方里的中国国旗，2010 年第 47 期《管理者》杂志广告的标题“中国——并发症，北京是这样瓦解世界经济的”，以及 2012 年第 22 期的广告内容“中国：青岛成为世界第五大啤酒制造商”等，都从不同角度展示出中国对世界经济举足轻重的影响力。

巨大的市场

于世界经济而言，中国作为一个巨大的市场有着非常大的影响力和吸引力。2012 年第 17 期《明镜》刊登的一则关于奥迪（Audi）汽车的广告就体现出了这一点。广告正文如下：“我开启了电动发动机，它没有一点儿噪音。我知道，我们重新定义了可移动性。我的博士论文遵循这样的主旨：每一个未来都起始于一个幻想。6 个月之后我的未来出现在面前：来自中国和德国的 30 位同事一起协助我完成了第一辆为中国设计的纯电力驱动的奥迪 A6。这辆车将永远是我的一部分。”它突出了该款奥迪汽车所针对的销售市场是中国。画面背景是文中提到的汽车工程专业的

图 3：《明镜》2012 年第 17 期

博士生 Zhi Till。

从形式层面而言，广告正文里两次提到了“中国”，同时画面背景所展示的博士生照片 Zhi Till，其典型的亚洲面孔容易让人推测这是一位中国留学生。

广告文本中展示出的专门为中国制造的第一辆电动汽车的内容，足以体现出奥迪对中国市场的重视程度。同时奥迪选择亚洲留学生作为广告宣传者并从广告文本中两度提到中国，说明即便是针对德国消费者宣传电动汽车，奥迪也愿意借助中国市场的影响力，这也间接体现出中国这个巨大市场的重要程度。

除了这则广告之外，2012 年第 40 期 SAP 公司的广告中，配合广告标题“新的市场不再等待”的是一幅人潮拥挤的中国机场候机大厅的图片。相较于 2012 年的同款广告，2014 年德国顶级奢侈表 WEMPE GLASHÜTTE S/A 的广告文本中除了“伦敦、巴黎、马德里、维也纳和纽约”之外首次将“北京”（Peking）也列为其销售地。2011 年第 36 期 Metro 集团的广告中提到“在中国和德国停留之后，她成为了 Metro Cash & Carry 意大利区的主管”。这些都从不同侧面体现出了中国市场举足轻重的影响力。除此之外，一些广告更是突出了中国市场的巨大购买潜力，尤其是奢侈品的购买力，如《明镜》2011 年第 50 期“数据明镜”的广告文本“来自北京的 Prada——中国的购物中心，佛罗伦萨小镇”，同年第 9 期“数据明镜”的广告文本“奢华的远东——关于中国超级富豪的视频介绍”等等。

3.2.1.2 政治视角

相对于大量体现中国强大经济实力的广告之外，表现出中国政治强国的广告的数量很少，在所收集的语料中，只有两期宣传媒体的广告中体现了这一点：《明镜》2011 年第 49 期“网络明镜”的广告中出现了“美国和中国会放弃他们的阻碍政策吗？或者环保行为最终还是会失败的？”以及 2014 年第 2 期针对《未来全球的玩家》这本书的广告“重大的转折——2013 年巴西、中国和印度已经从经济上超越了美国和欧洲这些老的经济体……他们未来将如何统治世界？”，这些广告词直接或间接地体现了中国在世界范围内重大的政治影响力和号召力。

3.2.2 关于中国日常生活的文化定势

关于中国日常生活的文化定势，德国《明镜》周刊的广告主要是从遥远陌生的国度、标志性的建筑及其他三个角度展示出来的。

3.2.2.1 遥远陌生的国度

中国是一个遥远的东方国家，“遥远、陌生”这样一个关于中国的文化定势也被运用在杂志广告中。《明镜》2011 年第 15 期 ERGO 保险公司的广告正体现出了这个文化定势。

从内容层面来看，广告标题“任何一个人都不需要这样一种保险业的中文”

将中文和保险业术语带给人的陌生感和不可认知度相提并论。广告正文“ERGO公司现在提倡易懂的保险内容。我们倡议反对保险业的中文，愿意向您提供简单、易懂的信函和条款。请跟随我们来到德国最好的保险公司”，广告的背景是一位农田中的德国农夫。

图4：《明镜》2011年第15期

从形式层面来看，广告文本两次出现了“保险业的中文”这样的表达方式，利用德国消费者对中国以及中文非常陌生的文化定势来类比保险专业术语的难度，简单明了地突出了ERGO公司做广告的初衷。广告图片是一位以农场为背景的典型农夫装扮的人物形象，借助农夫形象来凸显ERGO公司推行的保险术语简单化的创意。这则广告本身和中国没有任何联系，但ERGO公司的广告利用了中国这个遥远的东方国度带给人的陌生感，进而借助这种关于中国的文化定势对自己的产品进行了有效的宣传。

除了这则广告之外，《明镜》2011年第12期和2012年第49期中，ERGO保险公司采用了同样的广告创意，利用遥远的东方国度这个关于中国的文化定势来做广告。另外，《明镜》2014年第11期关于《一次禁行》这本书的广告文本“1987年，一对年轻的情侣从东德出逃，经过莫斯科、蒙古和中国。这是一次真正的超级大冒险。”中使用了“冒险”一词，利用这样透露出不确定性和陌生感的措辞，来反映德国读者对途径地之一的中国的评价。

3.2.2.2 标志性的建筑

《明镜》周刊广告中出现频率最高的关于中国的标志性建筑是上海电视塔及外滩和北京的天坛。这里以2012年《明镜》第38期土耳其航空公司的一则广告为例，来说明这则关于中国的文化定势。从内容层面来看，广告文本“您可以乘坐土耳其航空的航班从德国11个机场起飞，飞往全世界超过200个地区。如果您飞往中东、非洲或者亚洲，乘坐我们的航班将节省您更多的时间。”提到了航空公司覆盖的旅行目的地。图片背景是亚洲的标志性建筑物，其中包含代表中国

图5：《明镜》2012年第38期

的上海电视塔和北京的天坛。

此广告选择了这样两个标志性建筑物代表中国，一则体现出了德国对中国的认知程度，二则也再次加深了德国消费者将这两个建筑物作为典型中国文化定势的倾向。

除了这则广告之外，2010 年第 37 期大韩航空的广告也选择了上海外滩代表中国；2010 年第 11 期土耳其航空公司的广告中也出现了上海电视塔和北京天坛；2012 年第 36 期 SAP 公司的广告背景选择了夜色中的上海外滩；2012 年第 42 期慕尼黑展会的广告背景是上海的外滩；2014 年第 7 期 GEO 杂志的广告也再次选择了上海外滩的夜景和北京的故宫作为宣传图片。

3.2.2.3 其他文化定势

关于中国日常生活的其他文化定势的内容相对于之前两个文化定势就显得比较分散，比如 2014 年第 19 期阿联酋航空公司广告中配合广告词“结识远东那些陌生的面孔”所采用的京剧脸谱背景；2010 年第 27 期《网络明镜》广告中关于中国学生的图片；2010 年第 7 期《明镜文化》广告中关于中国工厂、蹬着三轮车的农民工的图片等。

3.2.3 中国作为连接世界重要一环的文化定势

除了中国作为世界强国以及日常生活中的文化定势之外，《明镜》广告中还体现了中国作为连接世界重要一环的文化定势。

在 2011 年第 7 期《明镜》的一则德意志银行的广告中，从内容层面来看，广告标题将德语版的上海和海德堡两个地名巧妙地联系在了一起（Shangheidelberg）。广告副标题：“Shangheidelberg：中小企业；虚拟的地点；象征着企业在全球的共同成长，银行可以在全球各地为这些企业提供支持。”广告图片是海德堡（Heidelberg）、米兰（Milano）和上海（Shanghai）的地名标牌以及德意志银行的图标。

图 6：《明镜》2011 年第 7 期

从形式层面来看，广告巧妙地利用了文字游戏，借助发音相近的关系将上海和海德堡两个城市联系在了一起，体现了中国上海作为德意志银行实施全球战略重要一环的意义。

除了该则广告之外，《明镜》2011 年第 19 期和第 44 期 DHL 物流公司的广告，2011 年第 50 期 GEO 杂志的广告，2012 年第 20 期 FedEx 物流公司的广告等都通过选择世界地图上几个连接点的方式，将世界各地联系在了一起，这其中就包括中国这重要的一环。

3.3 社会历史语境分析

《明镜》周刊之所以呈现出上述关于中国的文化定势，是和社会历史语境紧密相关的。

在过去的几十年中，中国的发展为全球所共睹，尤其是中国经济的迅速崛起无疑让世界各国侧目。从 20 世纪 70 年代末改革开放起，中国经济便开始迅速发展。伴随 2001 年中国加入世界贸易组织，中国的经济环境发生了根本的改变，形成了全方位、宽领域、多层次的开放格局（朱伟革，2012），中国大力发展对外贸易和积极促进双向投资，综合国力不断增强。根据国家统计局网站数据显示，中国国内生产总值从 1995 年的 60793.73 亿元增至 2012 年的 519,470.00 亿元人民币。2000 年中国经济总量居世界第 6 位，2008 年超过德国跃居第 3 位，2010 年仅次于美国居于第 2 位。伴随着综合国力的增强，中国在世界经济中的地位也进一步提升，中国经济已经成为世界经济增长的重要驱动力之一。在过去的 30 年中，中国凭借年均 10% 的增长速度成为全球第二大经济体和第一大经济增长贡献国，“成为世界经济不可或缺的一极”（史世伟，2013：142）。

与此同时，中国和德国的贸易交往一直运行良好，从 1990 年两德统一以来，中德贸易都有大幅度的增长，双方的双向投资也发展迅速。德国一直保持中国在欧洲最大贸易伙伴的地位，并于 2011 年成为中国全球第五大贸易伙伴。中国则于 2002 年成为德国在亚洲的最大贸易伙伴，并于 2010 年首次成为德国在欧盟以外最大的贸易伙伴。2009 年，中国出口总额超过 1.2 万亿美元，超越德国成为全球最大的出口国（朱伟革，2012）。

3.4 综合阐释

伴随着中国逐渐崛起，尤其是经济的快速发展，中国也逐渐成为德国最重要的新闻周刊《明镜》广告中经常出现的内容。一方面，经济贸易往来成为中德两国之间最主要的关联方式。中国是德国产品的主要销售市场之一，这使得大部分和中国有关的文化定势都涉足经贸领域。再加上近年来中国经济的迅速增长，世界地位的不断提高，使得德国广告中关于中国的文化定势逐渐呈现出以潜力巨大的市场和经济强国为主的内容，例如上文提到的《经济周刊》、奥迪汽车、SAP、WEMPE GLASHÜTTE S/A 的广告等。这些广告试图借助关于中国的文化定势来展示自身产品的国际定位，并从侧面反映出中国市场于德国而言的重要程度。同时还应当注意到，由于中国经济的强势崛起，中国取代德国占据世界出口第一的位置，这样一来德国眼中的中国不再是一个简单的销售市场，而是一个逐渐强大的竞争对手，这样的认知变化也从《经济周刊》广告词“危险还是伙伴”中体现了出来。

另一方面，遥远的德中地理间距也导致了德国对中国以及中国日常生活的认知贫乏，不论是 ERGO 广告将中文等同于陌生、难以理解的内容，还是频繁出现在各种广告中的中国标志性建筑物上海外滩和北京天坛，关于中国的文化定势总是集中在少数几个内容上。这也反映出德国对中国的认知程度相对狭窄和单一，缺乏全面、广泛和深层次的认知。

4. 结束语

本研究以 2010 年至 2014 年德国《明镜》新闻周刊中所使用的关于中国文化定势的广告作为研究语料，从世界强国、关于中国日常生活的文化定势和中国作为连接世界重要一环三个角度，对广告中关于中国的文化定势进行了归纳和总结。同时结合中国以及中德发展的社会历史语境，对产生这些文化定势的原因进行了阐释和分析。

以本研究所选广告为例，可以看出跨文化广告是使用国家文化定势最适宜的平台之一，同时也是认知异文化的重要途径：一方面跨文化广告可以通过所使用的文化定势反映出一国对另一国的认知情况；另一方面，承载国家文化定势的跨文化广告在满足消费者感性诉求的同时，也无形中进一步加深和传播了这样的文化定势。

参考文献

Klooth, A. (2005). *„Auto"- Stereotypen? Deutsche, britische und französische Fahrzeugwerbung im Vergleich*. Duisburg-Essen.

Prinz, G. (1970). Hetereostereotype durch Massenkommunikation. In *Publizistik*, 1970, Nr.15. S.199.

Prokop, I. Stereotype, Fremdbilder und Vorurteile. (1995). In Czyzewski, Marek (Hrsg.): *Nationale Selbst- und Fremdbilder im Gespräch*. Opladen. S. 180–202.

Rentel, N. (2005). *Bild und Sprache in der Werbung*. Frankfurt am Main.

Rosenstiel, L. (1973). *Psychologie der Werbung*. Rosenheim.

Weischenberg, S., Malik, M., & Scholl, A. (2006). Journalismus in Deutschland 2005. In *media perspektiven*, 2006, Nr. 7. S. 346.

Weis, M. (2009). *Stereotyp, et alors? Das Frankreichbild bayerischer Schüler im Kontext von Lehrplan, Schulbuch und individueller Frankreicherfahrung*. Tönning/Lübeck/Marburg.

纪玉华、李锡纯，(2011)，论“批评性话语分析”中的“批评性”，《外国语言文学》(4)：217–221.

钱凤莲、唐德根，(2004)，跨文化交际中的刻板印象与大众传播，《湘潭师范学院学报》(4)：111–113.

史世伟，(2013)，《中德经贸关系研究》. 北京：对外经济贸易大学出版社 .

王占斌、苑春鸣，(2007)，关于批评话语分析研究的梳理和评述，《天津商学院学报》(5)：60–64.

魏欣欣，(2010)，批评性话语的理论基础与分析方法，《东南学术》(1)：162–168.

蔚佳颖，(2016)，以批评话语分析为视角的广告概念隐喻分析，《教育教学论坛》(38)：49–50.

朱伟革，(2012)，中德经贸合作 40 年成就与展望，载顾俊礼、杨解朴（主编)，《中德建交 40 周年回顾与展望》. 北京：社会科学文献出版社，247–266.

跨文化交际能力培养

——核心通识课“跨文化沟通”之“伙伴计划”个案研究①

虞怡达
上海大学

摘要：本文以上海大学核心通识课“跨文化沟通”为载体，选取 Michael Byram 跨文化能力框架，通过课外联动中外学生结对的“伙伴计划”，鼓励学生以英语作为通用语交流并构建自己的跨文化沟通能力。通过分析学生的反思小结，试图总结归纳课程目标学生的跨文化能力要素，构建该课程的跨文化交际能力培养目标、途径和框架，为动态评价学生跨文化能力的发展提供可能性。

关键词：跨文化交际能力；伙伴计划；一年级大学生

1. 研究背景和目的

在全球化的竞争环境中，人们越来越需要在跨文化的环境中学习和工作。大学生是社会的未来，他们的跨文化交际能力将会决定自身的未来发展，也将影响国家的形象。许多国内外高校提出了国际化的目标，跨文化校园也将越来越普遍，因此提高大学生的跨文化交际能力已经成为共识。

胡文仲（2013）以跨文化交际能力为主题进行查询，统计得出 1998—2007 这十年的论文中外国语言文学类论文占总论文数的 80% 以上，这说明跨文化交际能力讨论主要在外语界展开：如构建跨文化交际能力交互培养模式（许力生，2013），建构外语教学中跨文化交际能力的理论框架（杨盈、庄恩平，2007），跨文化交际中语言使用方面的研究，如语用误差（朱晓姝，2007），关于跨文化交际能力的量表工具建构（吴卫平等，2013；钟华等，2013），对学生跨文化适应性的民族志研究（Jackson, 2004）等。胡文仲（2013）认为，针对跨文化交际能力包含什么要素，培养的途径，以及在什么阶段解决什么跨文化交际能力的问题处理得比较含糊，缺乏针对性和连贯性。

张红玲（2007：121）指出：“外语教学不是培养跨文化交际能力的唯一途径……跨文化交际能力培养仅靠外语教学远远不够，它不仅需要社会和学校大环

① 本文获上海大学国际交流学院院级项目“来华留学生跨文化适应策略研究——以‘伙伴计划’为例”的资助；获上海大学外语学院院级教改项目“跨文化体验式外语教学模式研究”的资助。

境的支持，而且也有待其他学科的密切配合。”国外关于跨文化交际能力培养的研究已经跳出外语课程的框架，更为强调实际操作和可行性的研究。近期两个研究的关注重点是中外学生结对“peer model”（Holme & O'Neill, 2012）和“buddy project”（Campbell, 2012）。研究显示，通过选修跨文化交际相关课程，中外学生结对是非常有成效的。

许力生（2011）指出，与西方的视角和关注点都明显不同的东方传统理念，对跨文化能力构建应该有很重要的启示。本研究以核心通识课“跨文化沟通”为载体，通过课外联动“伙伴计划”的实际交流，鼓励学生理论联系实际，反思和推进自己的跨文化交际过程，为自身个体今后更为广阔和深入的发展打下基础：

（1）利用外语界的研究成果，跳出外语课堂的框架，针对一年级大学新生，无专业背景，通过课程的学习和老师的引导，学生具备一定的跨文化交际理论知识和跨文化交流经验，进而逐步归纳、总结针对一年级新生的跨文化交际能力要素，并构建针对一年级新生的跨文化交际能力培养目标、途径和框架。

（2）本文选取 Michael Byram 的跨文化能力框架，通过问卷调查、小结分析，试图在非外语教学的课堂中验证其普适性，动态评价学生在跨文化交际能力上的发展情况，也从东方思维的角度补充跨文化交际能力构建。

2. 项目背景和流程

Byram（2014：73）指出三个跨文化交际能力发展的场所：教室课堂、实地体验和独立学习。胡文仲（2013）指出，我国中小学教师和学生的教学环境与欧洲有很大差异，欧洲学生接触外国文化的机会比我们的学生多。我们发现，大多数大一新生是没有跨文化沟通经历的，有的也仅限于出国旅游或者是外国笔友。研究显示，各种形式的同龄人的支持和帮助，包括学生结对，对初来乍到的新生是很有裨益的（Campbell，2012）。因此，跨文化沟通课程的课外联动“伙伴项目”旨在帮助留学生项目中的外国学生尽快适应在这座城市和大学的生活，同时也为选择“跨文化沟通”课程的中国学生提供理论联系实际的体验。本研究得到了国际交流学院的大力支持。以下是对项目参与对象、推进流程等的介绍：

参与对象：

国际交流学院 DBIC（Doing Business in China）留学生项目（多数为德国学生，少数来自哥伦比亚、墨西哥等国）56 人；

上海大学核心通识课程“跨文化沟通”[1]大一新生 70 人。

项目推进流程：

2014 年暑期，和国际交流学院相关负责人进行意向沟通，定制“伙伴计划”的流程。

9 月 12 日“伙伴计划”开启，中外学生汇聚一堂，自愿结对（结对对性别和人数没有严格要求，目的是鼓励大一新生积极参与，不愿意或者没有时间参与的学生以阅读两篇相关英文论文[2]作为平时成绩，而参与结对的学生需要在学期末上交一份反思小结），教师介绍“伙伴计划”，中方学生代表发言。

9 月 12 日—10 月 23 日，结对好的中外学生根据自身需求进行会面活动。在这期间，跨文化沟通课程正常进行，教师会对学生进行跨文化沟通理论的指导，通过课堂小测试发现学生结对中出现的问题，课上及时反馈和分析，学生还学习了社会文化适应量表，基本了解社会文化适应中可能出现的问题，并且教师对学生在撰写日记小结时资料搜集的民族志方法进行了介绍。

10 月中旬，设计中英文问卷调查。

10 月 23 日，中方学生上交“伙伴计划”日记（小结的内容：记录和反思对外交流中出现的问题，自己的改变以及课内沟通知识如何对实际接触有帮助）。

10 月 30 日，中方学生进行“伙伴计划”问卷调查。

11 月 1 日—11 月 2 日，外方学生进行“伙伴计划”问卷调查。

11 月中下旬，问卷分析和小结分析。

我们发现，最后结对结果并不是一对一，大多数是抱团结对，比如两个中国学生对两个外国学生。最后上交日记的中方学生人数为 50，读后感为 20（有些学生虽然当日结了对，但由于个人原因，如健康或者时间安排等，之后并没有和伙伴接触，因此改为写读后感），外方收到的问卷为 29 份，中方收到的问卷为 70 份，其中参与伙伴计划的 54 份，16 份来自此次未参加伙伴计划的同学，他们没有回答问卷，但是解释了未能参加的原因以及提出了一些意见和建议。

---

① 课内教材：庄恩平、Nan M. Sussman 著的《跨文化沟通》，外语教学与研究出版社，2014 年出版。
课外阅读教材：庄恩平主编的《跨文化视角英语阅读教程》2、3，上海外语教育出版社，2009 年出版。

② 即参考文献 2 和 5。

3. 理论框架和分析

3.1 总体概况

这次伙伴计划让我对跨文化沟通有了更加深刻的了解和体验，同时也意识到其中许多来自于文化方面的沟通障碍和误解，体会到了跨文化培训的重要性。相信以后我依然会去了解一些跨文化技能，相信对不同的文化理解会从一个新的角度看待。①

通过问卷，调查参与的同学在语言和非语言技能、文化适应能力以及人际交往能力上都有所得，并且在生存技能、成见和偏见改变这些开始被忽略的方面上，有意想不到的收获。参与的中外学生对此项目的反馈如下：

表 1：中外学生对伙伴计划的反馈情况

	很满意	满意	一般
中方	37%	52%	11%
外方	4%	58%	38%

可见“伙伴计划”得到了双方大部分学生的认可。56% 的中方学生认为课上所学内容对交流有帮助，44% 的认为很有帮助。外方学生觉得中方学生太小（原因分析中将说明）。

3.2 重点分析反思小结

Dervin（2011：41）认为，在分析跨文化语篇时，研究者的重心应该是“学生是如何构建自己的文化、身份、跨文化能力和文化适应的”。Byram（2014：103）也指出，知识的考察和行为的观察是远远不够的。学习者的文化批评意识只有在他们自己的回顾和分析中才能体现。分析反思小结就是去发现这个“压力—调试—成长的动态过程”（Young Yun Kim，引自严明，2009：92），发现学生是如何建构相互顺应和双向调节的（许力生，2011）。

3.3 跨文化交际能力的构成

许力生（2011）指出，过往的研究试图将所有对跨文化交往有用、有利的因素和条件都包括到跨文化能力之中，早期研究中比较有代表性的 Ruben 就认为跨文化能力至少包括七项。讨论的几乎是绝对理想的交际者和理想的交际，甚至是

① 楷体部分摘自学生小结，下同。

理想的人。以至于跨文化能力范畴无限扩大，与现实脱节，很多人根本无法达到这些要求。跨文化学者的共识是“跨文化交际能力包含认知层面、感情或态度层面，还有行为层面”（胡文仲，2013：4）；目前大多数国外跨文化研究专家也有一个普遍认同的观点，即“知识、技能、意识和态度等能力维度在跨文化能力维度中必不可少”（吴卫平等，2013：583）。

在如今全球化的形势下，欧盟国家的学者对跨文化交际能力加强了研究，其主要原因是出于欧盟一体化的需要。Deardorff 通过专家调查法研究发现，Byram 的跨文化能力定义专家认可度最高，他提出的跨文化能力维度，即欧盟模式，分为态度、知识、技能和意识四个能力维度的影响力最大（引自吴卫平等，2013：582）。因此本研究选取 Byram 的跨文化能力框架，分四个维度来分析一年级学生的反思小结。

3.3.1 态度

根据 Byram（2014: 34），态度包括积极、平等、好奇、开放、对文化差异性的宽容性，愿意悬置民族主义判断，愿意质疑自己的成见和价值观，寻找机会进行跨文化交际活动，能从他人角度来思考问题。在分析学生的小结中，我们发现学生在态度上有了很大改观，消除了一定的文化定势。我们还发现学生普遍缺乏和外国人交往的经验，因此虽然态度积极、好奇，但是不知如何把自己放在一个平等的位置上去交流，还停留在服务对方、有求必应的基础上。

学习后心态有了改观：

学习之后，对接纳不同文化有着更强大的知识和心理准备。学校内部便有很多各个国家的留学生。每次碰见之后，能够以平常心态去认识他们，观察、学习他们。

我在和一个外国友人交流时从原来的盲目对话到现在有意识地去注意对方国家的文化背景，去发现交流中的障碍，进行积极的跨文化交流。

消除文化定势：

我的伙伴是一个墨西哥人，他对中国人有一定的刻板印象，甚至可以说文化偏见，他看到中国行人乱穿马路时告诉我，他认为中国人都是这样不守规章制度的，我就及时纠正了他的观点。

对于墨西哥人，百度百科说墨西哥人很懒，而且不守时，这让我产生了偏见。上完课我知道这是一种跨文化交流的障碍。实际接触他们后我发现情况并非如此。

摆正了态度：

我开始只是一味去提供帮助并尽可能适应他们的文化习惯，我想自己应该做的是在适应对方的同时也引导对方适应和了解我们的文化，不能只是迁就对方。

3.3.2 知识

Byram（2014: 35）指出，知识包括对本国文化知识和他国文化知识有所了解，还包括对个人和社会层面上的交流互动过程的认识。

分析发现，学生对本国和他国文化的知识储备甚少，但是对于成功的交往，知识并不都是事先储备好的，而是在交往过程之后意识到缺失而增长、补充的。通过跨文化沟通课程的学习，储备了一些文化理论和交际理论，了解了发生误解和冲突的原因（这在之后的技能部分也会提到）。

知识匮乏：

第一次见面时不了解墨西哥文化，都找不到话题。

当我向 Maria 介绍中国文化时，我才知道自己的文化知识是那样缺乏，不由地对自己有了新的审视，至少现在我乐意学习一些有关文化的知识。

通过接触新获得的知识：

我回家后查阅了资料，发现德国人对工人休息权非常重视。德国法律规定，人们可以根据自己的实际情况分拆安排休假日期，但至少有一次休假必须达到连续 12 天。德国政府积极鼓励员工休假，对不休假的个人不给予任何经济补偿。

3.3.3 技能

Byram（2014: 37）指出技能包括两方面：解释与关联的技能以及发现和互动的技能。我们分析后发现，学生通过课堂跨文化沟通理论的学习，能够理论联系实际，解释交往过程中出现误解的原因；同时能够在交流中总结经验，不断学习新的知识，并用于处理实际交际中碰到的问题。除此之外，语言问题凸显出来，也说明了在非外语课堂中，语言能力应该也归为一项技能。而 Byram 在制定框架时是为外语教学考虑，因此并没有把语言能力单独列出。同时，我们发现中国学生在自我管理等独立、成熟的特质上明显缺乏，对一年级新生来说这个问题尤其突出，因此我们认为也应该归入技能维度。

解释与关联的技能：

通过这样一次活动，我感到书上很多理论都在我们身上上演了，这使我对课本内容更加印象深刻，而这一次的实践机会让我重新发现一些我之前没有意识到的一些障碍。

在和小伙伴的交流中，我发现对方没有过多的客套话，总是在简单问候后直入主题，说话内容直截明了。

在和伙伴聊天中，我发现她总在讲之后的人生规划，包括她有意来上海发展，但是我大多在回顾高中，着眼过去。这是两个文化不同时间取向的缘故。

发现和互动的技能：

我们应该在微信沟通的时候就问好对方的喜好，而不是在临吃饭前才了解，这样会有一些措手不及。

她网购了一条裙子，但尺码对她来说有点小，她想让我试一下，送给我。我想虽然每次我都毫不犹豫地帮助她，但是也不好意思接受这个礼物，希望不要伤到她的心。后来我想了想，可以先接受，然后回送她一个小礼物，礼尚往来，效果可能更好。

语言能力：我们分析后发现，语言能力虽然重要，但对一年级学生来说是跨文化能力培养中的充分条件，而非必要条件。从问卷调查中显示，有 87% 的学生表示在见到小伙伴前最担心的问题就是语言，但这并不影响他们在其他方面如人际交往、跨文化适应性、个人生存能力等方面获得新的认识和提高。

因为英语不是太好，学习的过程还是有点艰难的，但是现在想想，收获还是很多的。以前一直以为只要把英语学好了出国就不怕了，语言障碍是最大的障碍，但是学习以后才发现远非这么简单，语言也没有想象中的重要。跨文化沟通需要涉及很多方面，需要我们不断地积累，而不断学习以后才能更好地应对。

自我管理的技能：高中生活和大学生活的矛盾，依赖父母和独立生活的矛盾。很多中国学生都遇到了帮助外国学生购买电话卡，办理信用卡，购买国内火车票，搜索便宜国际机票的问题，还有托福考试网上报名的问题，甚至是收到诈骗短讯的处理问题，其中很多事情中国学生自己从来没有做过，很多问题他们也从来没有碰到过，这样的做事和学习机会对他们个人的成熟和独立是非常重要的。而这份成熟和独立似乎对于外国来的学生并不是太大的问题。从问卷调查结果来看，外方学生很多反映中国学生太小，其实双方的实际年龄差异不过两三岁，可见中国学生的成熟度是低于外方学生期待值的。

3.3.4 文化批评意识

Byram（2014: 101）指出，文化批评意识包括对自我和他人文化的重新审视，包括能够进行评价性分析，能够发现和解释不同的价值理念。他认为跨文化交际的过程不是为了改变学习者的价值观，而是要让他们形成自己的文化立场。我们认为这也是跨文化能力培养的最终目标。如 Miike 提出（引自许力生，2011），以东方的眼光来看，交际远不只是传递信息，重要的不是结果而是过程。通过交际过程，人们可以意识到自己与他人以及周围环境的相互关联和依赖。

小伙伴的直接沟通虽然提高了办事效率，但对于我们所处的高语境环境以及多元时间制取向的文化来说，就显得没那么有人情味，少了点亲切感。

在 Federico 一行人来中国前，他们已经对即将到来的在中国学习的生活做好了规划和准备，在我们这些中国学生和他们见面的第一天，他们已经规划好和我们见面后要干什么，而我们绝大多数人在见面结束后还在纠结到底要在市区逛逛还是回学校。

通过与德国小伙伴的交流，发现了各自对隐私的重要性有不同的看法。在以后的交流中我会给他们的隐私以充分的尊重。

我们似乎是为学分而学，而他们更注重兴趣。突出表现是选课上，我们大多会为了学分而选一些不太喜欢的课，而 Sanja 跟我说有一门课她认为太枯燥刻板没有亲和力，打算退课去选 Chinese Culture，这令我有些惊讶也给我一点小触动。

4. 总结和不足

通过此次研究，我们发现态度、知识、技能和意识这四个维度是紧密相连的，知识可以锻炼技能，技能可以增长知识，同时知识和技能的进步又会促进态度的改变，进而产生文化批评意识，而文化批评意识又会进一步改变态度、知识和技能的结构。在 Byram 框架的基础上，我们将“跨文化沟通”课程的培养目标框架以下图表示：

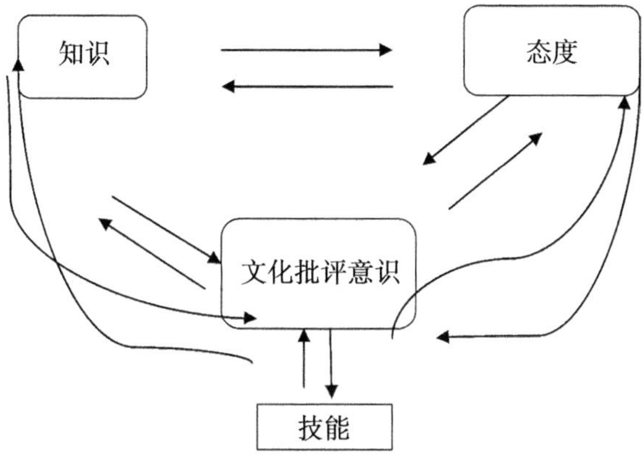

图 1：“跨文化沟通”课的培养目标框架

框架内的各个组成部分解释如下：

态度：消除一定的文化定势，更加包容、积极、好奇；端正和外国人交往的心态。

知识：了解自己和其他文化社会群体、个人中的事物和行为，理解误解产生的原因和过程；知识并不都是事先储备好的，而是在交往过程中增长的。

技能：语言能力是充分条件，而非必要条件；自我管理的能力；学会解释和关联现象和原理；能够发现新的知识和问题；学习和总结经验、技巧。

文化批评意识：对自身文化和其他文化重新认识，构建自己的文化观。

此次个案研究还存在诸多不足和跟进空间：前期准备不足，和外国学生在他们来到中国前就联系为宜，不然对方安排已满，中国学生发挥的余地就不太多了；结对过于自由化，一对一为宜；交流时间短，毕竟沟通不只是信息的交换，更是人际关系的建立和保持，这需要一定时间的积淀；对表现优秀的学生如何跟踪今后的跨文化能力发展，为高级阶段的跨文化能力构建准备；如何调动那些由于各种原因没有参加伙伴计划的学生等。

跨文化交际能力的培养是复杂且长期的过程，并非只通过讲课就可以实现，还需要课外的配合，包括国外学习或工作。此次研究证明“伙伴计划”对大学生的跨文化能力培养是非常有益的，它为暂时无太多跨文化经验的普通大学生提供了一种提高跨文化交际能力可操作的途径，并为其评价提供了一种可操作的方法。在全球化的今天，我们不能对已经摆在面前的挑战无所谓，无所为。

参考文献

Byram, M. (2014). *Teaching and Assessing Intercultural Communicative Competence*. Shanghai: Shanghai Foreign Language Education Press.

Campbell, N. (2012). Promoting intercultural contact on campus: A project to connect and engage international and host students. *Journal of Studies in International Education* 16 (3): 205–227.

Dervin, F. (2011). A plea for change in research on intercultural discourses: A “liquid” approach to the study of the acculturation of Chinese students. *Journal of Multicultural Discourses* 6 (1): 37–52.

Holme, P. & O’Neill, G. (2012). Developing and evaluating intercultural competence: Ethnographies of intercultural encounters. *International Journal of Intercultural Relations* (36): 701–718.

Jackson, J. (2004). Language and culture immersion: An ethnographic case study. *Regional Language Centre Journal* 35 (3): 261–279.

Spencer-Oatey, H. & Franklin, P. (2010). *Intercultural Interaction: A Multidisciplinary Approach to Intercultural Communication*. Beijing: Foreign Language Teaching and Research Press.

Ward, C. & Kennedy, A. (1999). The measurement of sociocultural adaptation. *Intercultural Journal of Intercultural Relations* 23: 659–677.

胡文仲，(2013)，跨文化交际能力在外语教学中如何定位，《外语界》(6)：2–8.

吴卫平、樊葳葳、彭仁忠，(2013)，中国大学生跨文化能力维度及评价量表分析，《外语教学与研究》(4)：581–592.

许力生，(2011)，跨文化能力构建再认识，《浙江大学学报（人文社会科学版)》(3)：132–139.

许力生，(2013)，跨文化能力递进——交互培养模式构建，《浙江大学学报（人文社会科学版)》(6)：96–103.

严明，(2009)，《跨文化交际理论研究》. 哈尔滨：黑龙江大学出版社.

杨盈、庄恩平，(2007)，构建外语教学跨文化交际能力框架，《外语界》(4)：13–21.

张红玲，(2007)，《跨文化外语教学》. 上海：上海外语教育出版社.

钟华、白谦慧、樊葳葳，(2013)，中国大学生跨文化交际能力自测量表构建的先导研究，《外语界》(3)：47–56.

朱晓姝，(2007)，《跨文化成功交际研究》. 北京：对外经济贸易大学出版社.

英汉对比视角下的大学英语翻译教学

岳 豪

郑州航空工业管理学院

摘要：随着社会对非英语专业翻译人才需求的增加，段落翻译成为CET测试项目并占15%比重，但目前大学英语教学在学生翻译能力培养方面严重不足，面临诸多问题。文章从英汉对比的视角，结合2014年12月CET-4/6翻译试题，从综合语与分析语、形合与意合、抽象与具象三个方面分析了英汉语言的差异，指出了解这些差异对汉英翻译的重要作用。文章认为，把英汉对比理论融入大学英语教学，有助于提高学生翻译能力，解决当前大学英语翻译教学中的问题。

关键词：大学英语四六级考试；翻译；英汉对比；教学

1. 问题

目前，我国的大学英语教学主要还是以大学英语四六级考试（CET-4/6）为导向。大学英语教学大纲的变化和CET-4/6的题型改革对于大学英语的教学有着重要的影响，从2004年试行到2007年教育部最终修订发行的《大学英语课程教学要求》，再到即将颁布的《大学英语教学指南》是目前全国高校开展非英语专业本科生大学英语教学的主要依据。1996年1月翻译测试首次进入CET-4题型中，2006年12月将翻译作为常态题型进入CET-4/6考试，但也只是没有上下文的句子的部分汉译英补充翻译，且仅占5%的比例，直到2013年12月段落的汉译英翻译才真正成为一项测试翻译能力的内容，分值也提高到了和写作同等重要的15%的比例。现在新的题型对考生的翻译能力提出了更高的要求。新的CET-4/6翻译题型要求学生在30分钟内完成一段汉译英，翻译内容涉及中国的历史、文化、经济、社会发展等。四级长度为140–160个汉字，六级长度为180–200个汉字。学生有充沛的时间阅读理解原文，不必拘泥于特定的句型和句式，考生有了更大的灵活性。如果学生没有一定的翻译技巧和常识、中英文的理解能力以及语言的基础知识，是很难完成好这部分的测试的。这次改革对于大学英语教学应该提出了挑战。目前的大学英语翻译教学正面临着以下几个问题（陈玢，2014）：

（1）大学英语教材中缺乏中国历史、文化、经济和社会发展等方面的输入内容，造成大学英语教学中师生对中国文化的英语表达输入不足，甚至空白。因为现有教材上的教学内容较多，且有一定的难度，教材以外的内容往往无暇顾及；

（2）教材上的翻译练习缺乏对翻译技巧和翻译理论的应用，目前教材设计的练习主要以练习课文中的重点词汇、短语和句型为主，题型单一；

（3）大学英语翻译教学的任意性和盲目性，大学英语教师的研究兴趣和方向不同，再加上课时间有限，研究方向与翻译无关的教师也会弱化大学英语翻译教学，即使偶尔涉及、补充一些翻译理论和技巧，也是十分肤浅，难成体系；

（4）由于教学目标和教学理念的变化，传统的翻译教学法在大学英语教学中的运用十分有限，大学英语教学目标特别重视英语听说能力的培养，传统的翻译教学法也仅仅在理解课文难句时派上用场，且多为英译汉。

教育部《大学英语课程教学要求》（2007）对翻译能力的要求分为三个层次。（1）一般要求：能借助词典对题材熟悉的文章进行英汉互译，英汉译速为每小时约 300 个英语单词，汉英译速为每小时约 250 个汉字。译文基本准确，无重大的理解和语言表达错误。（2）较高要求：能摘译所学专业的英语文献资料，能借助词典翻译英语国家大众性报刊上题材熟悉的文章，英汉译速为每小时约 350 个英语单词，汉英译速为每小时约 300 个汉字。译文通顺达意，理解和语言表达错误较少。能使用适当的翻译技巧。（3）更高要求：能借助词典翻译所学专业的文献资料和英语国家报刊上有一定难度的文章，能翻译介绍中国国情或文化的文章。英汉译速为每小时约 400 个英语单词，汉英译速为每小时约 350 个汉字。译文内容准确，基本无错译、漏译，文字通顺达意，语言表达错误较少。

CET-4/6 翻译部分评分标准是满分为 15 分，成绩划分为六个档次：13–15 分、10–12 分、7–9 分、4–6 分、1–3 分和 0 分。各档次有具体的评分标准，如 13–15 分档次要求：译文准确表达了原文的意思。用词贴切，行文流畅，基本上无语言错误，仅有个别小错。比较 CET 评分标准和《大学英语课程教学要求》中对翻译能力的要求来看，CET-4 基本符合课程要求的一般要求，CET-6 比较接近较高要求。《大学英语课程教学要求》虽然对学生翻译能力有三个层次的要求，但却没有统一的翻译教学目标和教学指导。所以，教学过程中，对翻译的重视与否，完全取决于授课教师个人的喜好与重视程度，这应该也是问题的原因之一。

大学英语教学是我国高等教育的一个有机组成部分，大学英语课程是大学生的一门必修基础课，大学英语教学的重要性不言而喻。随着国家和社会的发展进步以及我国高等教育的发展，我们对英语人才的培养和需要也一直在发生着变革，可以说大学英语教学改革自始至终在不断地深入，大学英语教材不断地推陈出新，大学英语教学方法日新月异，大学英语师资和教学水平也在改善和进步。但是大学英语教学中的问题一直存在，特别是大学英语翻译教学仍旧十分薄弱，尤其是对中国的历史、文化、经济和社会发展等方面的英文表达和汉译英素材的涉猎严重不足。而随着我国经济的发展和国际交流的增加，对翻译人才的需要在数量和质量上都对我国的外语教学提出了新的要求，仅仅依靠高等院校的英语专业和翻译专业远远不能满足社会的需求，非英语专业的学生如果有扎实的外语水平，又具有本身的专业知识，就拥有外语专业学生无法比拟的优势（罗选民，2002；王金波，2009）。

就如何来解决我国大学英语翻译教学中的问题，除了教育部门相应的接续改革和细则的出台，以及出版社编出更适合我国当前需求的更好的教材之外，当下更需要的是我们大学英语教师对教学作出一些新的尝试和调整。本文以2014年12月的CET-4/6翻译试题为例，运用汉英对比的理论来指导、分析大学英语翻译实践，一来验证英汉对比理论引入大学英语翻译教学的必要性和实效性，二来尝试解决大学英语翻译教学中的迫切问题。

2. 文献综述

比较是人类认识世界的方法，语言对比是语言研究的一种基本方法。对比分析语言学家认为，外语学习过程中，前期母语的学习会对后来的外语学习产生迁移现象，Osgood（1949）详细研究了外语学习中的迁移现象，提出了正迁移、负迁移和零迁移三种范式。基于语言学习中的迁移现象，语言学家提出了对比分析假设，对比分析可以预测和解释外语学习中的难点。

论及汉外对比研究的意义，吕叔湘先生曾指出，“要认识汉语的特点，就要跟非汉语比较”；英汉对比的目的和使用价值包括促进英汉两种语言教学、促进翻译理论的建设与实践和机器翻译的应用等（张维友，2006）。王力先生也指出，外语教学最有效的方法就是中外语言的比较教学（许余龙，2002）。英汉对比的目的在于将两种语言的异同运用在二语教学和双语转换即翻译上。根据对比分析假说，我们相信，在大学英语翻译教学中加大英汉对比的内容，一定能够提高学生的翻译水平。翻译的目的是考查学生能否把一种语言的内涵用另一种语言忠实、准确地表达出来，尤其汉译英着重考查学生的英语表达能力，即如何运用所学的英语知识将汉语的意思准确、通顺地表达出来。“倘能让学生了解英汉两种语言的内在差异，而非形式差异，以及产生这些差异的文化历史原因，翻译实践中，他们就会不但知其然，而且知其所以然，自觉培养译语意识、遵循译语表达习惯、排除源语干扰，选用译语中最优化的表现形式，传递源语信息，提高译文质量”（魏令查，2001：64）。非英语专业学生在翻译实践中，误认为英汉两种语言是平行对等的，往往将语言之间的“转换”关系变成“代替”关系，生搬硬套，结果翻译出来的东西可想而知（潘荣成，2011：58）。如果在整个大学英语教学过程中能将英汉对比的意识一以贯之，培养并鼓励学生发现两种语言在形态、语义、句法和文化上的差异，强化学生对英汉语言差异的认识，翻译教学效果一定能得到很大提升。

连淑能（1993）将英汉两种语言之间的区别总结为十个方面：综合语与分析语、聚集与流散、形合与意合、繁复与简短、物称与人称、被动与主动、静态与动态、抽象与具体、间接与直接、替换与重复，这十个方面具有普遍意义，涉及英汉两种语言的语法特征、表现手法、修辞手段、思维习惯、语体风格、翻译技巧以及文化因素，学术性与实用性相结合。当然，英汉对比的研究远远不止这些内容，但这十个方面却能比较具体又形象地供英语学习者和大学英语教师作为学习和教学参考之用，可以快速系统地对英汉两种语言的差异有一个清楚的认识，并且能更容易把这种语言对比意识贯穿于大学英语教学之中，简单易操作。邵志洪（2005）的英汉对比翻译研究的思路和方法，对于我们大学英语翻译教学具有很大的启发性，把翻译理论、方法论和实践问题很好地结合起来，建立从翻译理论到翻译实践，再从翻译实践到翻译理论，即“翻译理论←→翻译实践”的双向教学模式。本文拟以 2014 年 12 月 CET-4/6 级考试的翻译题为例，借鉴“翻译理论←→翻译实践”的双向教学模式，谈谈英汉对比理论如何在大学英语翻译教学中使用。

3. 英汉语言对比与翻译

3.1 综合语与分析语

综合语是指，这种语言主要通过词本身的形态（morphology）变化来表达语法关系。英语的形态变化即屈折变化（inflection），分为词缀变化和词的语法形态的屈折变化。英语词缀有前缀、中缀和后缀，灵活多变，通过词缀的变化使词形、词类和词义发生改变；英语词的语法结构形态的屈折变化，包括名词的数、动词的时态及语态等。英语的屈折变化还应该包括代词、形容词和副词的各种变化，但从造成翻译障碍的角度看，主要体现在名词和动词的屈折变化，而名词和动词之间，又以动词更为重要。

所谓分析语，是指某种语言中的语法关系主要不是通过词本身的形态变化来表达，而是通过使用相对多的功能词如虚词、情态词或词序等手段来表达。汉语是分析语，相对于英语中介词普遍的现象是汉语里有许多虚助词。可分为动态助词，如：着、了、过；结构助词，如：的、地、得；语气助词，如：吗、嘛、吧、呢等等。

了解了英汉两种语言在形态学分类中的区别及各自的特征之后，在翻译实践中就要遵循英汉两种语言表示“时”的手段的转换。汉语主要通过词汇和句法手段来表示“时”的变化，如用“着”“了”“过”“已经”“现在”“将来”“就要”“过去”等词汇表示。而英语主要通过屈折变化来表达“时”，如：“go, going, goes, went, gone”等。因此，英语里的时态必须在动词的屈折变化上体现出来。例如：

（1）2010年，中国约有4.2亿网民，且人数还在迅速增长。互联网的日渐流行带来了重大的社会变化。（CET-4，2014.12）

原文第一句很明显是一个“there be”句型，但有一个时间“2010”，表达的是过去的一个状况，所以也要在“be”动词上体现出来，“还在”应该是“正在”“现在”的意思，表示了上述状况目前的态势，用现在进行时。“日渐”应该做一个更好的处理，充分考虑到英语语言的特点：屈折变化的普遍性，把它和后面的意思结合起来翻译，汉语动词“流行”转换为英语名词，前面用一个现在分词表“正在变化”来修饰。

参考译文：

There *were* nearly 420 million netizens in China in 2010, and the number *is still getting* larger and larger. The *increasing popularity* of the Internet *has brought about* a significant social change.

（2）联合国的“千年发展目标”在中国均已达到或即将达到。（CET-6，2014.12）

在这个句子里，如果我们不用现在完成时和“be about to”表“即将……”的动词屈折变化来表达，就无法准确传达原文的意义，特别是在做“英译汉”的翻译实践中，一定要用汉语的词汇手段把英语的动词屈折变化传达准确。汉语虽然是主要通过词汇和句法结构表达“时”，但并非如此，有时“时”是隐含在上下文而未明确，需要一个时态的前后过渡。例如：

（3）自1961年该基金会成立以来，大熊猫就一直是它的徽标。（CET-4，2014.12）

参考译文：

Panda *has been* the logo of WWF since it *was* founded in 1961.

这句话有一个时态的过渡，从过去时到现在时，语态为被动也是英语词的语法结构形态的屈折变化的一类，同时名词数的细微变化也应引起我们注意。例如：

（4）因此产品结构应作相应调整，来适应社会的发展。另一方面，服务质量要改善，以满足人们提高生活质量的要求。（CET-4，2014.12）

参考译文：

Therefore, the structure of products *should be adjusted* accordingly to adapt to the social development. On the other hand, services *should be bettered* to meet people's demand for an improved quality of life.

(5) 传统中国画中有两个最受青睐的主题，一是家庭生活的各种幸福场景……另一个则是乡村生活的种种乐趣……（CET-6，2014.12）

这句话的前半部分由于量词“两个”表达了复数，翻译“主题”时用复数形式不会有问题。可是句子后半部分里的“各种”“种种”可以译为“various”或“all kinds of”等等，其实完全可以省略掉这些词而直接简化为后面名词的复数形式，因为英语是综合语，名词本身有数的变化。我们不妨把这两个词簇分别翻译成英文“scenes of happy family life”和“pleasures of rural life”。

汉英翻译，就是要使综合型目的语得以运用形态手段表达分析型源语的语法意义，从而构筑目的语的语义结构，使意义的转换得到最大可能的实现。在汉英转换时，尤其应注意到如何选择英语动词的适当形态来表达汉语词汇的意义。

3.2 形合与意合

形合与意合作为英汉语之间一个最重要的特征，也是英汉对比研究和翻译理论研究的重要课题之一。形合指词语或语句间的连接主要依靠连接词或语言形态手段来实现，而意合是指词语或语句之间的连接主要依仗语义或语句间的逻辑关系来实现。也就是说，形合是借助语言形式手段来实现词语和分句的连接，意合则不借助语言形式，只求语义上搭配合乎情理，句子意思就可以意会出来。英语重形合，注重语言形式的衔接或显性衔接（overt cohesion）；汉语重意合，注重行文意义上的连贯，也称隐性连贯（covert coherence）或“零形式连接”。英语以形制意而汉语则以意驭形。

英语的形合表现在词语连接成句、短语连接成句、分句连接成句时，都离不开连接词（如 and, but, however, or, so, therefore, if, as, since, until, unless, while 等）、关系词（如 who, whom, whose, that, which, how, when, where, why 等）、介词（如 in, to, with, of, about, between, through, along with, apart from, with regard to 等）和状语功能的分词结构（-ed 及 -ing）等，还有上述英语的形态变化形式及其保持前后一致的关系，广泛使用代词以保持前后呼应的关系，以及用替补词（如 it, there）起连接作用等等。

汉语里，句子与句子之间的关系，往往让人意会，而不用连词。汉语的意合注重的是隐性连贯，注重事情的先后顺序和因果逻辑关系，注重句子功能和意义，注重以神统形。汉语的意合手段包括语序、反复、排比和对偶、紧缩句、四字格等。例如：

(6) 反映在艺术和文学中的乡村生活理想是中国文明的重要特征。这在很大程度上归功于道家对自然的感情。传统中国画有两个最受青睐的主题，一是家庭生活的各种幸福场景，画中往往有老人在下棋饮茶，男人在耕耘收割，妇女在织布缝衣，小孩在户外玩耍。另一个则是乡村生活的种种乐趣，画有渔夫在湖上打渔，农夫在山上砍柴采药，或是书生坐在松树下吟诗作画。(CET-6，2014.12)

参考译文：

The ideal rural lifestyle *reflected* in art and literature is a significant feature of Chinese civilization, *which* is, to a great extent, attributed to the Taoism affection to nature. There are two most preferred topics *in* traditional Chinese painting. *One* is *about* scenes of happy family life, *in which* the elderly often play chess *and* drink tea, men farm *and* harvest in field, women weave *or* sew clothes, *and* kids play out of doors. *The other* depicts pleasures of rural life, *in which* there are fishermen *fishing* on the lake, farmers *cutting* wood *or collecting* herbs on the hills, *and* scholars *chanting* poems *or composing* paintings under pine trees.

上面这个英语例子依靠连接词、关系词、介词和分词结构把各个语意一层一层地架构在句子中，特别是原文中众多有动词意义的"四字格"给化解成两个并列复合句，分词结构和连接词的运用使得整个句子致密紧凑。这种转换化解的关键是要吃透汉语原文中各个短句之间的逻辑关系，而后运用英语的形合手段组织成句。

(7) 中国正在努力最佳地利用教育资源，这样农村和欠发达地区将获得更多的支持。教育部还决定改善欠发达地区学生的营养。(CET-6，2014.12)

参考译文：

China is trying to optimize the use of educational resources *and*, *accordingly*, the rural *as well as* the underdeveloped areas will get more support. *In addition*, the Ministry of Education decides to provide proper nourishment for students in underdeveloped areas.

这个译文更巧妙地使用了连接词"and""accordingly"和"in addition"搭建起形合的句子，使得前句和后句有着更为紧密的逻辑关系，译文如不能把这种逻辑关系用文字表现出来，以"形"制意，前后句之间便有些松散、疏离。

英语重形合，具有实际意义的连接成分不能省略，句与句之间讲求环环相扣，严密紧凑。汉语重意合，连接成分"尽在不言中"。因此，英译汉时，往往要先分析句子的结构、形式，才能确定句子的功能、意义；汉译英时，往往要先分析句子的功能、意义，才能确定句子的结构、形式。

3.3 抽象与具象

抽象与具象是英汉对比与翻译中的另一对重要的概念。一般认为，英语用词倾向于抽象，常常使用大量的抽象名词表达复杂的思想和微妙的情绪，往往有一种“虚”“泛”“模糊”的感觉。与英语比较，汉语显得具体一些，常常以实的形式表达虚的概念，以具体的形象表达抽象的内容。

英语中的抽象表达手段主要是使用大量抽象名词。这些抽象名词一般是从动词或形容词派生或转化来的，即名物化（nominalization）；这些抽象名词一般是 NP 结构，即名词短语结构，其典型结构是“N+of+N”，因此英语介词丰富，当然还有很多介词短语或习语。相反，汉语很少有介词和抽象名词，汉语中的抽象名词我们称之为范畴词（category words），如：问题、态度、局势、情况、状态等等，这些词本身没有实质的意义。所以，在汉英实践中范畴词是可以省去不译的，汉英翻译主要涉及汉语动词或形容词的名物化和介词两种表达方式。例如：

（8）自从 1978 年启动改革以来，中国已从计划经济转为以市场为基础的经济，经历了经济和社会的快速发展。平均 10% 的 GDP（年）增长（率）已使五亿多人脱贫。（CET-6，2014.12）

参考译文 1：

Since the reform policy was launched in 1978, China has transformed from planned economy into market-based economy, experiencing rapid economic and social development. An average 10% of the GDP growth has made more than 500 million people get rid of poverty.

参考译文 2：

Since the reform in 1978, *with* the rapid development *of* economy and society, China has transformed from a planned economy into a market-based economy. And an average 10% of the GDP growth rate has helped to lead more than 500 million people *out of poverty*.

（9）目前，中国的第十二个五年规划<u>强调发展</u>服务业和<u>解决</u>环境及社会不平衡的<u>问题</u>。（CET-6，2014.12）

参考译文：

At present, the 12th Five-year Plan of China lays *emphasis* on the *development* of service industry and the *solutions* to environmental problems and social imbalance.

（10）大熊猫是一种温顺的动物，<u>长着</u>独特的黑白皮毛。（CET-4，2014.12）

参考译文：

The giant panda is a kind of docile animal, *with* a unique black-and-white coat.

根据以上对英汉两种语言抽象与具象表达法的对比分析可知，汉译英时，“化实为虚”的方法可以提高转换的可译性；英译汉时，“化虚为实”往往可以使汉语增添文采，增加译文的可读性。从中我们也可以看出，两种语言思维的差异，汉语思维是一种具象思维，即使对抽象的意义也往往用形象性的词语给具化，所以汉语中的比喻、谚语、成语就很丰富；而西方语言包含一种理性的东西，表达倾向于抽象。

4. 小结

从以上英语和汉语的对比可以看出，英语是综合语，汉语是分析语；英语重形合，汉语偏意合；英语介词丰富，用法灵活，汉语介词使用少；西方语言偏于知性、理性，而中国人习惯于用具象的表达方式使概念生动可感。其实，无论是汉译英还是英译汉，要做到大纲和考试标准规定的“准确无误、通顺达意”的基本要求，译文均应充分照顾到目的语自身的特点。只有对比分析，了解了两种语言的特征、语性之后，才有可能冲破源语形式的束缚，提高源语和目的语转换的可译性，这样也就减少了欧化汉语或汉式英语的情况。

大学英语教学的目标是培养学生的英语综合应用能力，包括听说读写译的能力，唯独翻译教学在课时分配中没有得以重视。通过以上对 CET 翻译题例的英汉对比分析，当前我们不妨把英汉对比的理论引入我们的读写课上，因为它的系统性、兼容性和可操作性，并不会占用我们额外的课时，只会起到相得益彰的作用。如果能将英汉对比的意识贯穿于大学英语读写教学中，鼓励并培养学生了解英汉语言类型、语义、句法、语篇衔接、修辞、文化等方面的差异，翻译教学薄弱的现状一定能得到很大改善。

参考文献

Osgood, C. E. (1949). The similarity paradox in human learning: A resolution. *Psychological Review* (3): 132–134.

陈玢，(2014)，最新 CET-4 考试中的段落翻译对大学英语翻译教学的启示，《英语广场·学术研究》(8)：101–102.

教育部高等教育司，(2007)，《大学英语课程教学要求》. 上海：上海外语教育出版社.

连淑能，(1993)，《英汉对比研究》. 北京：高等教育出版社.

罗选民，(2002)，中国的翻译教学：问题与前景，《中国翻译》(4)：56–58.

潘荣成，(2011)，论译者在跨文化交流过程中的干扰角色，《四川理工学院学报（社会科学版)》(2)：57–60.

邵志洪，(2005)，《汉英对比翻译导论》. 上海：华东理工大学出版社 .

王金波，(2009)，非英语专业本科生翻译教学需求调查，《外语界》(5)：72–82，96.

魏令查，(2001)，翻译理论和翻译教学，《外语教学》(3)：63–66.

许余龙，(2002)，《对比语言学》. 上海：上海外语教育出版社 .

张维友，(2006)，英汉语言对比研究综论，《华东师范大学学报（人文社会科学版)》(1)：133–137.

2014 年 12 月 CET-4/6 真题 [OL]. http://edu.sina.com.cn/cet/201412cet/.

香港语文教育政策的适时调整

李 卉
香港理工大学

摘要： 现今的中国香港地区，作为国际贸易中心，在跨文化交际中已经取得了先机，并且初步构筑了多元文化语境下的教育模式，尤其在双语教学方面，取得了不少成功的经验。由于回归后与国际国内经济上的联系日趋紧密，同时又地处信息时代多元文化交融的要冲，因此，面对新的形势，在语文政策方面，香港必须跳出"本土意识"和"香港认同"的桎梏，把认识提高到国家和全球的层面，才能不断进取，有所作为。本文以全球视野和发展眼光，指出了中文教学语言规范化、标准化的必然性；并以社会学、比较学的方法厘清了国家标准语与方言、生活语言与教学语言、母语与普通话的关系；在此基础上，提出了以普通话为中文教学语言，建构以中英双语教学为基本框架的多元文化教育体系及其政策设计原则。

关键词： 中国香港地区；语文政策；调整

21 世纪是信息化的时代，信息科技全球化必将带来经济上的一体化、文化上的多元化；而要掌握全球化的信息，语言就自然成为个人乃至整个社会不可或缺的资源。香港回归祖国以来，特别是在经历了金融风暴以后，社会机制面临调整，其经济结构已步入转型期。香港经济社会的转型及未来的发展，必然对人力资源的储备、对人力资源的水平提出更高的要求，也就必然对教育，尤其对语文教育的水平提出更高的要求。因此，现阶段语文教育政策的发展与走向，当以发展的眼光，全球的视野，从本土、国家、国际三个层面来通盘考虑，以系统化、规范化、标准化的科学态度来建构。

1. 对香港语文教育政策现状的反思

重新审视以往教育政策，有两个方面已不适应香港新的外向型经济体系发展的需要。

一是"母语教学"。香港回归后，推行"母语教学"，这对消除殖民地色彩，确立中文在香港的地位，起到了积极的作用。但随着香港同祖国内地经济关系越来越密切，人员接触交流越来越频繁，要进一步提高中文水平，就必须从规范化做起，学好普通话。这一方面因为母语是方言，自然能在日常生活中学到，不需要由学校来完成；另一方面，随着中国在国际事务中的地位越来越高，学习汉语已经成为许多外国人的需要，而他们学的却恰恰是规范汉语，即普通话。

目前，随着中国经济的崛起和在国际上政治地位的提升，汉语国际传播持续升温。据《中国语言生活状况报告（2011）》统计，截至2011年底，“中国已在105个国家和地区建立孔子学院350多所和500多个孔子课堂，海外学汉语的人数超过了4000万，有8000多名教师和志愿者奔赴100多个国家和地区教授汉语，有118个国家和地区的5000多名学生接受奖学金来华学习研修”。①

可见，在经济全球化的大趋势下，随着汉语的影响力越来越大，对汉语的应用水平也必将提出更高的要求；而要提高汉语的应用水平，更有效地扩大汉语的影响力，使用规范的普通话则是最好的也是唯一的途径。香港作为中国的特区和国际金融贸易中心，其地位所处，既是汉语对外的窗口，又是汉语与外语交汇的要冲，应该更快地提高普通话的应用能力；而要更快地提高普通话的应用能力，其语文教育政策则应向国家标准靠拢，逐步实现以普通话为教学语言的条件。

二是“中英分流”。“中英分流”的标签效应引起了持久的争论，已经不适应“全人发展”的教育目标。应该从双语教育的角度出发，回归到中英两种教学语言在不同学科的教学中分别使用的环境中来，在双语教学之间的比例、科目分布和教学时间的安排上分别给予更有序的设计，而不是人为划分为“英中”或“中中”。这方面自香港中文大学首倡中英文双语教学以来，已经积累了不少可资借鉴的经验。

“两文三语”政策推行后，中大在维持其双语教育传统的基础上，为优化其双语教育政策，于2005年2月成立了“双语教育委员会”。委员会认为，授课语言应配合学科性质，专业需要，学生和教师的语言习惯、能力和文化背景以及实际运作，作灵活处理，以达到教学最佳效果为目的。为此，香港中文大学对授课语言有如下几点建议：

（1）课堂外的，包括导修讨论、阅读材料、参考资料、专题研究、课堂报告、实验、实习、临床、习作、考试及个别指导等所用语言，各学系采用粤语、普通话及英语作为授课语言的比例可以不同。

（2）课堂上的授课语言，应根据各学科性质而定：即自然科学、生命科学及工程科学等课程，原则上用英语讲课；涉及中国文化、社会及历史的科目，以及通识教育课程，原则上用中文（粤语及普通话）讲课，并按实际需要适当增加

① “中国语言生活状况报告2011”，《人民日报（海外版）》2011年12月15日第4版。

普通话讲课的比例；带本地文化色彩和涉及本地社会政治的科目，原则上用粤语讲课。[①]

笔者认为中大这种按学科三语分流的模式比较灵活，也符合香港目前包括中小学教学现状的实际，是可以借鉴的。

2. 香港语文教育政策的法据思考

香港语文教育政策的法律依据主要是《中华人民共和国香港特别行政区基本法》(以下简称《基本法》)。《基本法》的第六章规定："香港特别行政区政府在原有教育制度的基础上，自行制定有关教育的发展和改进的政策，包括教育体制和管理、教学语言、经费分配、考试制度、学位制度和承认学历等政策。"[②] 因此，回归以来，香港的语文教育政策是由香港特区政府决定的，中央在这方面没有对香港的普通话提出具体要求或做出具体规定，完全是香港特区政府根据情况决定的。

2000 年 10 月 31 日第九届全国人民代表大会常务委员会第十八次会议通过，从 2001 年 1 月 1 日起施行的《中华人民共和国国家通用语言文字法》(以下简称《通用语言文字法》) 第十条规定："学校及其他教育机构以普通话和规范汉字为基本的教育教学用语用字。法律另有规定的除外。"[③]《通用语言文字法》首次确立了普通话和规范汉字的"国家通用语言文字"的法定地位，实际上将普通话和规范汉字提升到了国家主权的高度。

《基本法》和《通用语言文字法》一前一后，虽然在内容上并不抵触，都给香港政府留下了自主的空间，但笔者认为这个空间不应是自主"不为"的空间，而应是自主"可为"的空间。这种可为有两个方向：

向内，在一个跨语境的国家，语文教育政策的设立和实施，应该满足于国家统一和民族团结的需要，有助于族群、社群的和睦与凝聚，有助于民族文化核心价值的传承与光大，有助于区域经济、文化的交流与发展。

向外，在一个多元文化的时代，语文教育政策的设立和实施，应该满足于国家主权和民族复兴的需要，有助于与世界各国的交往与沟通，有助于科技、文化的学习与传播，有助于国家政治经济地位的稳定与提升。

因此，在法律层面的"为"或"不为"的空间中，政策制定主体应跳出空间

---

① 香港中文大学《双语政策委员会报告书咨询稿》第 14 至 18 条，香港中文大学网站 2007 年 9 月 7 日。

②《中华人民共和国香港特别行政区基本法》第六章第 136 条，1990 年。

③《中华人民共和国国家通用语言文字法》第 10 条，2001 年。

的局限，站在高屋建瓴的层面上，采取积极的态度，在实事求是、科学、公平和高效的基础上，通过自主作为来缩小这个空间，而不是扩大这个空间；在求同存异的前提下，通过自主作为来趋同，而不是离异。香港作为特区，以《基本法》为依据来制定语文教育政策是合法的；作为中华人民共和国主权的地区，以《通用语言文字法》来制定语文教育政策也同样是合法的。

3. 香港语文教育政策的价值取向

价值取向的本质是利益选择。政策的价值取向是政策制定主体基于社会价值主体利益的轻、重、缓、急的主观选择。一项教育政策的价值取向，实际上是表现一个国家或一个地区的教育目标定位，它直接关系到一个国家或一个地区个人受教育的机会、教育活动的质量以及教育事业的发展水平等，从而影响到一个国家或一个地区经济发展和社会进步的进程。语文教育本身具有“工具性”和“人文性”的双重功能，是基础教育又是教育基础；因此，语文教育政策是教育政策体系的基础，语文教育政策的价值取向是教育政策价值取向的关键。

笔者认为，语文教育政策的价值取向要解决两个基本的问题：

首先，满足哪个价值主体的利益？

教育政策的价值表现为政治价值、社会价值、教育价值、人的价值等多种形式。沈阳师范大学教育经济与管理研究所的祁型雨先生依价值取向的不同，将教育政策的价值分为内在价值和外在价值[①]。其中教育的内在价值是指教育政策通过协调教育内部关系，解决教育生存和发展的应然目的与实然状况之间的矛盾，最终使受教育者全面自由和谐发展；教育政策的外在价值是指合乎教育外部的社会目的所体现出来的价值关系。

教育生存和发展的“应然目的”当然是培养人。人的价值才是核心，是教育价值的内在性需求，合乎外部的“社会目的”。这个外在性需求，当然只能通过人的培养来实现，也就是说，外在性需求只能在满足内在性需求的基础上才能实现。因此，在教育政策价值指向的内在性和外在性之间，合理的选择应该指向内在的价值主体。

教育政策的内在价值主体包括受教育者（学生），教育者（教师）、教育管理者（教育行政官员）等，其中受教育者直接关联到家长、社会，直接关联到“合乎社会目的”的外在价值。因此，满足受教育者的需求才是各层次教育政策的最终价值指向。

① 祁型雨，“论教育政策的价值及其评价标准”，《教育科学》，2003（19）。

其次，满足价值主体的什么利益？

语文教育政策的价值主体中，受教育者的需要是第一位的需要。那么，应该满足他们的什么需要呢？按照马斯洛（Abraham H. Maslow）的需要层次论，人的最高需要是"自我实现的需要"，这个最高需要不止是会沟通、能就业、会交际、能获利，而应是人的全面的自由和谐的发展；不止是思维能力、交际能力、操作能力的发展，还应是包括个人心理素质、道德情操和学习创新能力的全面发展。这是语文教育的最基本定位，也是语文教育政策价值选择的第一出发点和最终落脚点。

总结前述香港语文教育政策的特点，最基本的一点是实用主义，从"重英轻中"到"母语教学"，其实都带着浓厚的"唯工具性"或"重工具性"的色彩。回归以后，特区政府提出了"全人教育"的目标，就是要促进香港的教育回归到使受教育者全面、充分、协调、和谐发展的根本轨道上来。但受历史的影响，语文教育政策的制定主体囿于外在的、社会层面的利益或责任之争，没有处理好教育的有序发展和受教育者的终极需要与社会目标之间的关系，导致其价值取向呈模糊状态，政策目标缺乏科学性，政策架构缺乏系统性。

4. 香港语文教育政策的体系架构

教育活动作为公共行为，是社会系统的一个独立的子系统，同时又是一个开放的系统。教育事业的发展，一方面受政治、经济、文化、人口等社会子系统的制约，一方面又受系统内各资源要素整合水平的影响，并以其培养人的功能反作用于其他子系统。教育政策就是协调和处理教育系统内外各种要素之间的关系，促进教育事业有效发展，从而以较高的水平促进社会发展进步的教育行为准则。

沈阳师范大学教育经济与管理研究所所长孙绵涛先生，将教育政策要协调和处理的教育系统内外各种要素之间的关系，归结为解决"为什么"和"怎么办"的问题。他认为"一个完整的国家教育政策的逻辑结构在纵向上可分为教育的总政策和具体政策两个层次，横向上可分成教育目标政策、教育途径政策和教育条件政策三个方面"。①

在这个结构的范畴中，其中教育总政策是对一个国家或地区各方面的教育行为在教育目标、教育途径和教育条件上都起指导作用的宏观政策；教育具体政策是对一个国家或地区某一层次、某一方面的教育活动在教育目标、教育途径和教育条件上起具体作用的政策规范，包括教育质量、教育体制、教育经费、师资建

① 孙绵涛，"关于国家教育政策体系的探讨"，《教育研究》2001（3）。

设和各学科体系建设等基本政策。这些基本政策，对教育体系外来说，是要协调和处理教育制度与政治制度、教育投入与经济发展、教育规模与人口结构、教育质量与人力资源需求等等关系；对教育体系内，则是要协调和处理受教育者与教育者、教育者与教育管理者、学校与生源、教学评价与升学、就业等等关系；同时，以上政策又是执行层面制定具体措施、实施教育教学活动的基本依据。

语文教育政策在宏观层面以教育目标总政策和语言政策为导向，在基本层面受教育质量政策指导，受教育途径和教育条件政策制约。因此，语文教育的核心是培养什么样的人，在体系外与政治、经济、文化政策紧密相关，在体系内要求得到经费、师资和教材建设等方面的政策支持。

5. 语文政策应该适时调整

依据以上对香港不同时期语文教育政策的梳理和分析，笔者认为，香港语文教育政策应围绕“全人教育”的总目标，在“两文三语”基本政策指导下，以优化整合为主要手段，以中英“双语教学”为骨干框架，构筑既有民族本色，又有地区特点，还能与国际教育接轨的多元化语文教育体系。

“全人教育”是为满足香港社会的未来发展培育人力资源和人才资本的总目标，也是语文教育政策的最终价值取向。这个总目标要求基本的语文教育政策设计至少应满足受教育者以下需要：(1) 掌握并能运用两种以上语言，有较高的国际交际能力；(2) 获得系统的基础知识，并能晋升至更高的教育阶段；(3) 获得系统的专业知识，并具备拓展学习、创业就业及晋职晋级的基本资格；(4) 获得多元文化的浸染，达成个人文化素质、心理素质、道德情操的全面发展。

围绕这个总的目标政策，优化“两文三语”的基本政策在教育体系内的具体政策及操作措施上，应从以下两个方面思考：

第一，教学语言规范化。

信息时代的特征之一是全球信息共享，参与多元文化的交流必然要求民族语言的规范化，而教学语言作为完成教学任务、提高教学水平的工具，应率先规范化。就目前香港教学语言多语混杂的现状而言，重点是中文教学语言的规范。在区分开生活语言与教学语言的认识基础上，中文教学语言应积极向国家标准靠拢，推行普通话教学。为此，特区政府及特区政府教育行政部门做为政策制定主体，应在以下方面给予政策支持：

一是指导建立科学的“中英分流”模式，按语言接受规律和语言教学效果，应考虑以学习阶段和学习内容分流；

二是强化教师普通话教学能力，对教师由建立以普通话培训、轮训、交流为主的学习制度，逐步过渡到完善以普通话做为资质之一的教师任职制度；

三是鼓励对汉语共同语的研究，在国家语言规范的基础上，从现代化、国际化的发展角度，开发适合多元文化语境的、有香港特色的汉语工具书；

四是规范各级各类普通话培训机构良性竞争，有序发展，建立完善的评价、考核制度；

五是倡导公务语言、交际传媒语言积极向普通话方向发展，积极营造良好的普通话学习和使用环境。

第二，教学内容多元化。

语文学科具有“工具性”和“人文性”的双重特征，而汉语做为一种非形态语言，其隐性的语法、意念及其组合，与民族文化更是紧密相联。香港作为国际大都会，处在多元文化的交汇地，既要坚守并提纯本土文化，更要认同并弘扬民族文化，还要学习各种先进的外来文化。应从“本土”“国家”“国际”三个层面来构筑具有香港特色的语文教学内容体系。为此，需要政策制定主体在以下方面给予支持：

一是促进语文教材建设创新，加强语文学科的人文功能，处理好语言训练与文化传承的关系，处理好知识拓展与品德培养的关系，处理好本土文化与民族文化的关系，处理好民族文化与外国文化的关系，处理好历史传统与现代文明的关系，通过合理配比和体系勾联，使之成为一个有机的整体。

二是促进语文课程设置改革，强调行知统一，解决好专业课程与拓展课程、理论课程与实践课程、必修课程与选修课程的统筹安排，处理好学生生理与心理、智商与情商、知识与能力的和谐发展关系，在满足社会目标和社会需求的同时，重视学生的个性需要和自我完善。

三是促进语文考评机制进一步完善，在原有考试制度和评价体系基础上，增加对比指标，强化素质指标，把对教育主体的评估与对受教育者的评估结合起来，将纵向的升学考试评价制度与横向的素质测试评价结合起来，构建一个更趋公平、合理的语文教育评价体系。

综上所述，香港回归以来，在教育体系内，关于“中英分流”的争论和“母语教学”的质疑，既反映了香港语文教育制度亟需改革的强烈需求，也为构筑以“双语教育”骨架的语文教育体系提供了广泛的政策建议资源；同时，特区政府的行政立法咨询制度，以及对学校实行的校本管理问责制度，也正好为基本层面的语文教育政策设计提供了有效的操作基础；加上近年来与内地的教育合作、交流更加广泛，更加密切，都为香港语文教育释放自己的资源优势，并获得更多的优势资源创造了条件。

因此，只要跳出“本土意识”的桎梏，跳出底层利益的争议框架，以国际视野统观“本土”“国家”和“国际”层面未来发展的教育需求，以包容的态度整合国际、国内优秀的教育资源，以规范化、标准化的原则优化、整合、重构以“双语教学”和“普通话教中文”的语文教育体系，则香港的语文教育必将以其独特的区位优势成为多元文化语境下的语文教育典范。

参考文献

陈时见，(2007)，《比较教育导论》. 北京：商务印书馆 .

顾明远，(1991)，《教育大辞典》. 上海：上海教育出版社 .

何文胜主编，(2003)，《语文课程革新与教学实践》. 香港：香港中文教育学会 .

黄伯荣、廖序东主编，(2004)，《现代汉语》. 北京：高等教育出版社 .

李学铭，(1997)，《中国语文教学的现状与发展》. 香港：学思出版社 .

李学铭，(2004)，《中国语文教学的实践与改革》. 香港：香港大学出版社 .

李怡，(1999)，香港语文教育环境对语文学习与教学影响暨有关语文学科教学浅谈，香港中文大学研究院教育学部（12）.

刘振发，(2004)，《香港两百年来语言生活的改变》. 香港：香港霞明出版社 .

骆峰、郭熙，2011 年 12 月 15 日，中国语言生活状况报告 2011，《人民日报（海外版)》第 4 版 .

吕叔湘主编，(2011)，《现代汉语词典（第 6 版)》. 北京：商务印书馆 .

祁型雨，(2003)，论教育政策的价值及其评价标准，《教育科学》(3) .

石定栩、邵敬敏、朱志瑜，(2006)，《港式中文与标准中文的比较》. 香港：香港教育图书公司 .

孙绵涛，(2001)，关于国家教育政策体系的探讨，《教育研究》(3).

田小琳，(2011)，香港中文教育面临的重要抉择，《第六届海峡两岸现代汉语问题学士研讨会论文集》. 澳门：澳门理工大学 .

谢锡金，(1995)，《中文教育论文集》(第二辑）. 香港：香港中文大学 .

谢锡金，(1998)，《优质教育：中文教育新趋势》，香港大学课程学系 .

许宝强，1999 年 5 月 27 日，语文教育的盲点，《香港苹果日报》.

也斯，(1995)，《香港文化》. 香港：香港艺术中心出版社 .

曾荣光，(2000)，《香港特区教育政策分析》. 香港：三联书店 .

其他参考资料：

香港教育统筹委员会《检讨中一派位机制及中学教学语言》2005

香港教育统筹委员会《廿一世纪教育蓝图》2005
香港教育统筹委员会《香港教育制度改革建议》2009
《中华人民共和国香港特别行政区基本法》1990
香港政府《法定语文条例》（修订版）1997
香港政府《教育政策白皮书》1996
《香港政府教育统筹局第六号报告书》1996
香港政府施政报告《教育制度检讨：教育目标》2005
《中华人民共和国国家通用语言文字法 》2001

英语专业大学生学术英语写作中抄袭意识及态度调查

刘春燕　程佳玲
江西师范大学

摘要：本研究调查英语专业学生发现抄袭现象的能力及对抄袭的态度。被试分别来自某大学英语专业大一新生、大三学生和研究生各30名。我们通过一个抄袭检测测试来调查被试发现不同抄袭现象的能力，并通过访谈进一步调查学生对抄袭的态度。研究发现：(1) 被试对抄袭现象意识较薄弱。其中，被试对隐性抄袭现象的意识比明显抄袭的意识更弱。(2) 被试对于抄袭持否定的态度。被试发现抄袭后，对原文的评判分数下降及访谈数据，反映了他们不能接受抄袭行为。(3) 学生的英语水平与发现明显抄袭现象的能力呈显著的正相关。但学生的语言水平与发现隐性抄袭现象的能力无明显相关。该结果表明学习者的语言发展水平有助于发现抄袭现象，即发展因素在发现抄袭现象过程中起重要作用。
关键词：抄袭意识；英语学术写作；语言水平；态度

1. 引言

网络的蓬勃发展对学术写作影响日益扩大，也为学术论文抄袭提供了便利，人们很容易就能在网页上复制粘贴，为此学术不端问题在中国引起了很大的关注。另一方面，中国学生在学习用英语写作学术论文时，因为语言水平的局限而往往借用英语原文，在不经意间构成了抄袭行为。而且，在中国的教育文化中，教师鼓励学生记忆范文和模仿作文模板，重视引用原文的优美词句。那么，中国学生是否缺少版权意识？学习者对待抄袭的态度如何？对中国学生版权意识和抄袭态度的研究在国内二语习得中的研究还不多，本文重点探讨英语专业的大学生和研究生如何看待学术写作中的抄袭现象。

2. 文献综述

不同的学者用不同的方式对抄袭下定义。Jaime（1996）认为，抄袭是一种窃取他人的原创作品，而不在参考文献中列出来的刻意行为。Laurie（1992）认为，抄袭者不费吹灰之力获得成功，这是一种欺骗行为。Scollon（1995）指出，一本书里面的话语属于作者个人所有，它不像物品可以被许多人拥有。概言之，抄袭的概念可以概括为以下几个方面（Hu & Lei, 2012）：首先，抄袭通常与窃取他人的语言和观念联系在一起，它是建立在真实性、著作权、原创性和知识产权等概念的基础上。其次，抄袭在传统上有法律和伦理的意味。第三，抄袭有多种形式。这也是我们下一段要讨论的。

Deckert（1993）区分了三种抄袭行为：第一种是使用原文的话却没有使用引号；第二种是使用原文的内容却没有任何参考提示；第三种是使用引号却没有完整摘录原文内容。Chandrasegaran（2000）指出了两种抄袭行为：未注明出处的逐字抄写和未标明出处的改写。前者指某人逐字抄写别人的著述，后者指某人对他人的词、句子甚至整个段落进行释义而未标明引用。James 等（2002）从抄袭的意图归类了两种抄袭类型：一种是有目的抄袭；另一种是无意的抄袭。具体来说，后一种抄袭是指抄袭者因为缺乏知识或者学术写作能力而进行的抄袭行为。Hu & Lei（2012）区分了两种抄袭：明显抄袭和隐性抄袭。明显抄袭是未注明出处的摘录原文，隐性抄袭则是未注明出处的改述。

国内外文献中对抄袭的实证研究有不同的切入视角：从文化的角度、从发展的角度和从学科的角度来研究抄袭（参见 Flowerdew & Li，2007a）。因本文的研究对象为英语专业学生，排除了其他学科专业的研究对象，故本文主要综述文化的视角和发展的视角。

2.1 文化的视角

抄袭的概念源于西方学术界。盎格鲁－撒克孙文化中对作者权利的关注可回溯到 15–16 世纪印刷术兴起以及后续的 17–18 世纪英国和美国诞生的著作权法。更宽泛地说，对文本归属权的保密意识根植于启蒙时期的功利主义思想（参见 Flowerdew & Li, 2007b）。关于抄袭的研究也在英美学术文献中最为常见。这些实证研究大都从文化的视角入手，认为英美的抄袭概念在其他文化中并不存在，而在亚洲文化中尤其缺失。Kumaravadivelu（2003）和 Phan Le Ha（2001）认为海外留学生经常存在学术问题，且人们对亚洲学生有一种刻板印象。他们认为亚洲学生倾向于服从权威且缺乏批判性思维。Deckert（1993）通过问卷调查发现，中国香港学生在发现抄袭方面表现很差，尤其是大一的学生。Russikoff 等（2003）调查了美国、立陶宛和中国等国的大学生对抄袭的理解和态度，发现美国学生和中国学生以及立陶宛学生在认识抄袭方面存在差距，美国学生对抄袭概念的理解更为清楚，且比中国和立陶宛学生对抄袭持更为否定的态度。Sowden（2005）主要探讨了学生本国文化与抄袭的解释之间的关系。他区分了文本的归属性和原创性问题，认为西方的抄袭观念并非普遍的概念而是文化特有的概念。Pecorari

(2001)报道了一组日本学生的对话，发现日本学生认为原作者的思想属于常识，因此引用时不需要注明出处。此外，Matalene(1985)发现中国学生通常被鼓励去记忆文章和用模板写作而忽略版权意识。Bloch(2001)也发现背诵文章和模板写作在中国考试中根深蒂固。Sherman(1992)指出意大利的大学教育也崇尚逐字记忆课本中的内容，特别是在考试中。

然而，这种认为亚洲学生版权意识弱是因为文化的缘故的观点，引发了学者们的激烈讨论，后来也受到学者们的抨击。他们认为(Hayes & Introna, 2005; Russikoff *et al*. 2003; Wheeler, 2009)：首先，英语国家也有抄袭现象。其次，抄袭在中国文化或亚洲文化中从未得到赞同。人们背诵范文和著名观点并非为了抄袭之用。许多学生摘录原文而未注明出处是由于缺乏有关抄袭的知识而非文化价值观所致。因此更多的人转向从学习者的语言发展的视角来研究抄袭现象。

2.2 发展的视角

Duff(2010)提出从发展的角度来看待抄袭，其关注的重点是新手转变为专业的学术作者的学习过程，以及学会如何合法地运用互文文本的过程。他指出抄袭是个发展的构念，因而是写作发展的过渡阶段。Chandrasoma等(2004: 189)指出，互文性就像中介语那样，是学生掌握学术话语的能力发展的一个特定阶段，可能“以拼凑(patchwriting)的形式”出现。正是从发展的视角出发，人们提出用其他词来取代带有价值色彩的“抄袭”，如拼凑、互文性、文本借用、语言再使用等。Lei(2010)调查了在新加坡学习的中国大学英语教师对抄袭的认识，发现教师沉浸在西方教育环境中越久，对抄袭的态度越接近西方的观点。另外，Deckert(1993)在我国香港地区做了一个问卷调查，发现大一学生很难发现抄袭行为，但是大三的学生较容易发现抄袭行为。Buranen(1999)发现中国学者在过去几十年不断地采用西方的引用方式和参考文献方式。他认为中国大学在教学和评估上实行改革，很多方面都在向西方学习。Chandrasegaran(2000)发现新加坡学生对抄袭的认识与所受的教育密切相关，受的教育越高，越不能接受抄袭行为，越容易识别抄袭行为。我国学者王初明(2014)认为，学习者模仿他人的语言是自然的学习过程，只要内容上有所创新就不能算作抄袭行为。他强调外语学习者应借助自己的内生表达动力来驱动自主创造内容的外语学习，而语言则需要在丰富的语境中通过互动去模仿，外语学习要逐渐摆脱依托他人创造的内容的现状。

以上的研究都认为学生的抄袭意识和态度随着他们与学术界接触而发展。模仿他人的语言和说法是语言发展过程中的必经阶段，是语言发展和学术写作学习的特征之一。

国内在二语习得领域对于抄袭的实证研究相对少得多。关于抄袭的研究主要关注与计算机软件有关的抄袭检测技术（如史彦军等，2005），或多为思辨性的探讨抄袭的原因与对策（如贾永芳，2008）。因此，有必要在中国本土进行实证研究，特别是针对英语专业的学生。

3. 研究设计

3.1 研究问题

本文旨在研究英语专业学生对抄袭的认识和所持态度，以及学习者语言能力与抄袭之间是否存在相关关系。为此，本研究主要解答以下三个研究问题：

（1）英语专业学生是否能识别出实际写作中的明显抄袭和隐性抄袭？

（2）他们对这两种抄袭持什么态度？

（3）识别抄袭的能力与三个等级的英语水平是否有相关性？

3.2 研究对象

本研究对象来自江西某高校的英语专业 90 名学生，其中大一新生、大三学生和研究生各 30 名，他们代表不同的语言水平。学生的英语水平以通过英语专业四级和英语专业八级的通过率为标准。被试的英语水平如下表所示：

表 1：被试英语水平现状

年级	英语专业四级通过率	英语专业八级通过率
大一新生	0	0
大三学生	77%	0
研究生	87%	80%

注：在大三学生中，有 7 名被试没有通过英语专业四级；在研究生中，有 4 名跨学科的被试没有通过英语专业四级，有 6 名被试没有通过英语专业八级。

3.3 抄袭检测测试

本实验的目的是测试被试发现两种抄袭的能力：明显抄袭和隐性抄袭，并且测出他们对两种抄袭的态度。明显抄袭是未注明出处的抄写原文，隐性抄袭则是未注明出处的改述（Hu & Lei，2012）。实验的材料由四篇短文构成，要求被试完成四个不同的任务，如表 2 所示。四篇短文中 Wang Ming 的短文是 Smith 的短文的一种隐性抄袭；Li Yang 的文章是对 Peter 的文章明显抄袭（参见附录）。任务 1 和 3 要求被试对 Wang Ming 和 Li Yang 的文章进行第一次评分；任务 2 和任务 4

要求被试读完被抄袭的原文后再一次对 Wang Ming 和 Li Yang 的文章进行评分，并用中文解释评分的理由。

表 2：抄袭检测任务的目的、要求和顺序

	任务 1	任务 2	任务 3	任务 4
任务的目的	让被试对 Wang Ming 的文章有个初步的印象	测试被试发现隐性抄袭的能力	让被试对 Li Yang 的文章有个初步的印象	测试被试发现明显抄袭的能力
任务的要求	被试给 Wang Ming 的文章打分（分值 1–10），并且用中文解释给分的理由	被试在读完一篇已经发表的文章后，再次给 Wang Ming 的文章打分（分值 1–10），并且用中文解释给分的理由	被试给 Li Yang 的文章打分（分值 1–10），并且用中文解释给分的理由	被试在读完一篇已经发表的文章后，再次给 Li Yang 的文章打分（分值 1–10），并且用中文解释给分的理由

3.4 访谈

为了使本研究更加有效，抄袭检测实验之后进行了一次访谈。访谈对象为参加了测试的四名研究生和四名本科生。所有的采访在被试的同意下以录音的方式记录了下来，并且转写成文本。本访谈全程是中文完成。访谈的问题主要有以下三个：

（1）你以前听说过“抄袭”这个词吗？

（2）你知道“抄袭”的含义吗？

（3）你对抄袭者持什么态度？

3.5 数据收集与分析

收集数据之前，对被试简单介绍了这次研究的意义，并告诉他们在研究中所做的回答对他们不会造成任何不良影响，鼓励他们诚实地对文章评分。被试约 30 分钟完成抄袭检测测试。

在分析数据时，我们对被试给出的评分解释从四个类别进行分析：内容，语言，组织和抄袭。例如，如果一个被试给出的解释是：这篇文章没有语法错误而且使用了一些高级的表达。我们就可以把它归类为语言类别。如果被试给出了几个解释都是说明一个方面的，那么只算为一种类别。我们采用 SPSS 17.0 分析所得数据。

4. 研究结果与分析

4.1 发现明显抄袭和隐性抄袭的能力

为了分析被试是否发现了抄袭现象，我们对任务 2 和任务 4 中被试对分数给出的解释进行归类。正如前面所言，任务 2 是为了测试被试发现隐性抄袭的能力，任务 4 是为了测试被试发现明显抄袭的能力。归类的标准依据 Hu & Lei (2012) 分为内容、语言、组织和抄袭四大类。具体结果如表 3 所示。

表 3：被试在任务 2 和任务 4 中给出的解释归类

		频率	百分比（%）
任务 2	内容	26	28.9
	语言	38	42.2
	组织	18	20.0
	抄袭	8	8.9
	总计	90	100.0
任务 4	内容	23	25.6
	语言	23	25.6
	组织	21	23.3
	抄袭	23	25.5
	总计	90	100.0

表 3 显示，在任务 2 中，有 28.9% 的被试从内容的角度来解释他们对 Wang Ming 的文章打分的理由，如这篇文章的中心思想、论点、文章的深度、文章的相关信息等等。有 42.2% 的被试从语言的角度来阐述他们给分的理由，如 Wang Ming 文章的语言流利程度、使用了一些高级的词汇和短语、语法等等。20% 的被试从语篇组织的方面来解释给分的理由，如 Wang Ming 文章的结构、文章的连贯性、文章的组织和顺序等等。然而，只有 8.9% 的被试从抄袭的角度来解释给分的理由。这就意味着只有少数被试发现了隐性抄袭。因此，该结果说明被试发现隐性抄袭现象的能力较弱，大多数被试从语言、内容和组织三方面来解释他们的分数。

在任务 4 中，有 25.6% 的被试从内容的角度来解释他们给 Li Yang 文章打的分数。25.6% 的被试从语言方面解释了他们的分数。23.3% 的被试从组织方面进行说明。然而，25.5% 的被试将 Li Yang 的文章归结为抄袭行为。这就意味着这部分被试发现了明显抄袭的现象。因此，任务 4 的结果表明，被试发现明显抄袭现象的能力明显高于发现隐性抄袭现象的能力。

为了进一步分析被试识别隐性抄袭和明显抄袭的能力，我们对任务 1 和任务 2 的分数进行了比较，同时对任务 3 和任务 4 的分数进行了比较。如果分数急剧地下降，那就表明被试对抄袭者持一种否定的态度。

表 4：任务 1 和任务 2 的描述性分析

	被试	最小值	最大值	平均值	标准差
任务 1	90	5	9	7.66	.926
任务 2	90	3	10	6.91	1.411

表 4 是任务 1 和任务 2 的分数比较的结果。表中的任务 1 是被试给 Wang Ming 文章的最初打分，平均分数为 7.66，说明被试给出的分数相对来说比较高。在任务 2 中，被试在看完原文后重新对 Wang Ming 的文章进行打分，平均分数降到 6.91。我们已经知道有 8.9%的被试发现了任务 2 中的抄袭行为，他们大幅度地降低了分数，普遍降了 5 至 3 分。这一结果表明，学生们发现隐性抄袭后对抄袭进行惩罚性评价。但总体来说，学生们发现隐性抄袭相对来说比较困难，因为这种类型的抄袭通常是转述别人的语言、改变词语的形式和顺序。如在 Wang Ming 的文章中，外在动机被解释为：

Extrinsic motivation is defined as behaviors that carried out in expected rewards such as money, prizes, grades and even a type of positive feedback from the outside and beyond the self or in order to avoid punishment. When a learner learns with extrinsic motivation, he is not really interested in the activity for its own sake, and he cares only about what he or she will gain. Therefore, it refers to the inspiring power of the learner that comes from the stimulation and pressure of outward force on the learner.

而原文是：

Extrinsic motivation refers to the inspiring power of the learner that comes from the stimulation and pressure of outward force on the learner, which means that the reason of learning a foreign language does not lies in language learning itself but for attaining certificate and good job.

可以看出，两段文字中的下画线直线部分只是改变了语言的顺序，下画线虚线部分为作者转述的语言，而波浪线部分则是改变词语的部分。

表 5 是对任务 3 和任务 4 比较的描述性分析。在任务 3 中，被试给 Li Yang 的文章的平均值为 7.82。在任务 4 中，当被试读完原文后再给 Li Yang 打分时，

有23位被试发现了抄袭行为，占总数的26%，他们大幅度地降低了分数，平均分降为6.46。

表5：任务3和任务4的描述性分析

	被试	最小值	最大值	平均值	标准差
任务3	90	6	10	7.82	.990
任务4	90	1	9	6.46	1.995

这个结论与Wheeler（2009）的研究大致相同，他也发现将近44%的被试一旦发现了抄袭行为，就给出了最低分数。

4.2 被试对抄袭行为态度的定性分析

本文从两个角度进行了定性分析：一是分析被试在任务2和任务4中给出的解释，二是分析八位被采访者的回答。

首先，正如前面所说，有8.9%的被试发现了隐性抄袭，25.6%的被试发现了明显的抄袭，且这些被试对这两种抄袭都持否定的态度。他们给出的评论如下：

（1）尽管这篇文章清晰地表达了动机，结构也非常特别，句型也是多样的，但是这篇文章可能是抄袭的。（任务2：李）

（2）第一篇文章和第二篇文章表达了类似的意思，没有原创性。（任务2：黄）

（3）这篇文章是对第二篇文章的转述。（任务2：聂）

（4）在文章开头，很明显是抄袭第二篇文章。（任务2：郑）

（5）读完第二篇文章后，可以知道第一篇文章是隐性的抄袭。（任务2：郑）

在这些解释中，“抄袭”出现了很多次。Liu（2005）指出“抄袭”和“剽窃”都是对“plagiarism”的中文解释，而且进一步提出了“抄袭”的定义是复制和偷窃。因此，当被试从抄袭的角度来解释这篇文章时，就说明他们发现了抄袭现象。

下面的解释不但反映了被试发现了抄袭的行为，而且表明了他们在这个问题上的立场以及对这两种抄袭所持有的态度。

（6）不道德，不尊重作者。（任务2：汤）

（7）不对的。不值得给高分。（任务2：沈）

（8）几乎是对Peter文章的直接复制，是不诚信的。（任务4：邹）

（9）复制别人的作品又不加以注明是错误的。（任务4：刘）

（10）不诚实。不仅欺骗老师而且欺骗自己。（任务4：徐）

（11）对其他人不公平，老师应该对这个学生给0分。（任务4：程）

这些解释表明了发现抄袭行为的群体对抄袭者持一种否定的甚至是惩罚的态

度。而且，他们通过降低分数表示自己的否定态度。他们主要从三个方面来表明自己的立场：道德方面、学术操守以及学生义务方面。

为了更进一步探讨被试对抄袭行为的态度，测试之后进行了一个采访。通过采访者的回答，我们知道他们对抄袭者也持有一种否定的态度。“我觉得那些抄袭者非常不负责任，老师应该不让他们通过”（张，大一新生）。“那些抄袭的人应该给低分，老师应该直接说出来”（王，研究生）。“如果抄袭者可以得高分，那么太不公平了，也很容易让他人效仿”（林，大三学生）。

综上所述，被试对抄袭者持否定的和惩罚的态度，且被试大幅度地降低第二次评分的分数。

4.3 学生的英语水平与版权意识之间的关系

我们将研究生、大三学生和大一新生的英语水平分别从高到低排列，将大一新生的英语水平标注为 0，将通过专四考试和专八考试的学生分别标注为 1 和 2，然后用 SPSS 求英语水平与发现抄袭之间的相关性。

表 6：英语水平与发现抄袭之间的相关性

		年级	任务 2	任务 4
年级	Pearson 相关系数	1	.107	.566**
	显著性		.316	.000
	被试数量	89	89	89
任务 2	Pearson 相关系数	.107	1	.238*
	显著性	.316		.024
	被试数量	89	90	90
任务 4	Pearson 相关系数	.566**	.238*	1
	显著性	.000	.024	
	被试数量	89	90	90

** 相关系数在 0.01 置信水平上显著。

* 相关系数在 0.05 置信水平上显著。

如表 6 所示，学生的英语水平与发现明显的抄袭（任务 4）具有正相关性。Pearson 相关系数是 .566，显著性是 =.000，p 值小于 .001，表明英语水平较高的学生比英语水平较低的学生更容易发现明显抄袭。学生的英语水平与隐性抄袭的发现能力之间不存在相关性，其 Pearson 相关系数是 .107，显著性为 =.316，

$p > .05$。这一结果表明，即使高水平的学生也很难发现隐性抄袭，他们和英语水平不高的学生没有很大差异。因此，在防止隐性抄袭方面，提高学生的英语水平是不够的，我们应该更多关注学生对抄袭的敏感程度。

5. 结论和启示

5.1 讨论和主要发现

从以上结果可以看出，被试对抄袭行为的意识很薄弱。其中，对明显抄袭行为的意识明显高于对隐性抄袭的行为。正如表3所示，只有8.9%和25.5%的被试从抄袭的角度来说明给Wang Ming和Li Yang打分的理由，这就意味着还有91.1%的被试未能发现隐性抄袭，74.5%的被试未能发现明显抄袭。尽管经过精心安排，原文与这两篇学生作文的等同性或相似性已经十分明显，大部分被试仍然未能识别抄袭现象。这一发现与前人的发现（Hu & Lei，2012；Deckert，1993等）相一致。至于为什么他们不能发现抄袭行为，可能有以下两个方面的原因：(1）很多学生没有掌握抄袭的定义，不知道什么才算是抄袭行为。从访谈和学生给出的回答中看出，大多数学生没有得到专业的写作培训，尤其是大一新生，他们对于版权的意识非常薄弱。(2）他们对隐性抄袭识别能力差，可能是因为他们理解的抄袭的含义与西方的抄袭含义不同。传统的教学中强调学生的模仿和背诵范文，这使得学生们认为适当的借用范文中的文字或观点是可以的，不至于构成抄袭行为。这也反映了抄袭概念不具有普世价值。

数据结果表明被试对于抄袭持否定的态度。我们可以从两方面进行阐述。一方面，当学生发现抄袭行为时，他们通过降低分数对抄袭者进行否定或惩罚，这一点在表4、表5中得到体现。另一方面，被采访者的回答也表达了他们不喜欢抄袭行为。这一结果也否定了认为中国文化能容忍抄袭的观点。

学生的英语水平与发现明显抄袭具有显著的正相关（$r = .566$）。但是学生水平与发现不明显的抄袭没有显著相关。这个发现也说明从学习者的语言发展水平来解释抄袭意识的合理性。学生的语言水平越高，他们越不能接受抄袭行为，越容易发现明显抄袭。就像Chandrasegaran（2000）指出的，被试对抄袭的意识与他们接受的教育密切相关，他们受的教育层次越高，就越不能接受抄袭，而且越容易识别抄袭行为。从发展的视角看这种正相关性有下列两个原因：首先，学习者水平的提高，其阅读理解力也越强，对所抄袭的语言和内容的辨别力也越强。其次，学习者很难对自身所采用的学习写作的策略认同为抄袭。学习者的抄袭大部分是无意抄袭，即作为英语写作时的一种学习策略。学习者并非故意将原文的语言和观点占为己有，而是在用英语写作时的高期望值与自身写作水平相差太远而对范文的过度依赖。随着学习者英语水平的提高，他们写作时对原文的依赖就逐渐减弱（参见 Flowerdew & Li，2007b）。外语学习者对范文的同化和范文的语块再用（reuse chunks of language）视之为合理的学习策略（Pennycook，1994），是新手学习写作的必经之路。此时的学习者很难将自己的学习策略等同于抄袭，因而也无法将他人所采用的相同策略视为抄袭。

5.2 启示

本研究对写作教学有重要启示。首先，教师应该在英语写作教学中培养学生识别抄袭的能力。我们应该指导学生关注抄袭的概念。教师应该尽可能清楚地解释抄袭的定义，如它的具体含义、普遍类型、避免抄袭的方式以及抄袭的后果等。第二，教师越早向学生教授抄袭的知识越有益。我们应该在中学让学生知道抄袭的概念，并采取一些理性的措施来避免抄袭，而不是局限于大学、研究生或是更高层次的教育。教师对学生抄袭行为应该采取正面的、直接的反馈。一旦发现抄袭行为，教师可以直接说出来，不应该为了照顾学生的面子而不说。

今后的研究要考察语言的合理借用与抄袭之间的具体差别，了解学习者怎样学习语言以及他们对语块再用在多大程度上是合理的，不能一概斥之为抄袭而使学习者无所适从。此外，抄袭的概念应该有一个东西方公认的标准，应随着时代的变化而变化。现在看来，在抄袭和学习策略间是否还存在一个灰色地带，西方的著作权法是否偏离了其初衷而限制了人们的创造性等都是值得讨论的问题。

此外，单从教师和学生的角度来避免学生的抄袭行为是不够的，高校和相关部门也应该做出相应的努力。这些部门可以从法律和社会层面来做到这点。从法律角度来说，关于抄袭的法律远远不完善。具体来说，法律上对抄袭行为的标准还不全面，抄袭者需要承担的法律责任很少。从社会层面来看，建立一种公平的学术氛围很重要。高校和社会应该创设正确的社会氛围，引导公众树立抄袭可耻的观念。

参考文献

Chandrasegaran, A. (2000). Cultures in contact in academic writing: Students' perceptions of plagiarism. *Asian Journal of English Language Teaching* (10): 91–113.

Chandrasoma, R., Thompson, C., & Pennycook, A. (2004). Beyond plagiarism: Transgressive and nontransgressive intertextuality. *Journal of Language, Identity, and Education* (33): 171–193.

Comment, Laurie S. (1992). Copy wrong: Plagiarism, process, property, and the law. *California Law Review* (80): 513–553.

Deckert, G. (1993). Perspectives on plagiarism from ESL students in Hong Kong. *Journal of Second Language Writing* (2): 131–148.

Duff, P. A. (2010). Language socialization into academic discourse communities. *Annual Review of Applied Linguistics* (30): 169–192.

Flowerdew, J. & Li, Y. (2007a). Plagiarism and second language writing in an electronic age. *Annual Review of Applied Linguistics* (27): 161–183.

Flowerdew, J. & Li, Y. (2007b). Language re-use among Chinese apprentice scientists writing for publication. *Applied Linguistics* 28 (3): 440–465.

Hayes, N. & Introna, L.D. (2005). Cultural values, plagiarism and fairness: When Plagiarism gets in the way of learning. *Ethics and Behavior* (15): 213–231.

Hu, Guangwei & Lei, Jun (2012). Investigating Chinese university students' knowledge of and attitudes toward plagiarism from an integrated perspective. *Language Learning* (62): 813–850.

Dursht, J. S. (1996). Judicial plagiarism: It may be fair use but is it ethical? Cardozo Law Review (18): 1253–1298.

James, R., McInnis, C., & Devlin, M. (2002). Assessing learnings in Australian universities: Ideas, strategies and resources for quality in assessment, (University of Melbourne for the Australian Universities Teaching Committee, Department of Education, Science and Training (DEST), Centre for the Study of Higher Education).

Kumaravadivelu, B. (2003). Problematizing cultural stereotypes in TESOL. *TESOL Quarterly* (37), 709–719.

Lei, J. (2010). Chinese college English teachers' perceptions of plagiarism among Chinese college English learners: The impacts of English-medium academic training. *Asian EFL Journal: Professional Teaching Articles* (43): 4–27.

Liu, D. (2005). Plagiarism in ESOL students: Is cultural conditioning truly the major culprit? *ELT Journal* (59): 234–241.

Pennycook, A. (1994).The complex contexts of plagiarism: A reply to Deckert. *Journal of Second Language Writing* 3 (3): 277–284.

Phan, Le Ha. (2001). How do culturall situated notions of “polite” form influence the way Vietnamese postgraduate students write academic English in Australia? *Australian Journal of Education* 45 (3): 296–308.

Rinnert, C. & Kobayashi, H. 2005. Borrowing words and ideas: Insights from Japanese L1 writers. *Journal of Asian Pacific Communication* (1): 31–56.

Roig, M. (2001). Plagiarism and paraphrasing criteria of college and university professors. *Ethics and Behavior* (11): 307–323.

Russikoff, K., Fucaloro, L., & Salkauskiene, D. (2003). Plagiarism as cross-cultural phenomenon. *The Cal Pony Pomona Journal of Interdisciplinary Studies* (12): 109–120.

Scollon, R. (1995). Plagiarism and ideology: Identity in intercultural discourse. *Language in Society* (24): 1–28.

Selwyn, N. (2008). “Not necessarily a bad thing”: A study of online plagiarism amongst undergraduate students. *Assessment and Evaluation in Higher Education* (33): 465–479.

Sherman, J. (1992). Your own thoughts in your own words. *ELT Journal* (46): 190–198.

Sowden, C. (2005). Plagiarism and the culture of multilingual students in higher education abroad. *ELT Journal* (59): 226–233.

Wheeler, G. (2009). Plagiarism in the Japanese universities: Truly a cultural matter? *Journal of Second Language Writing* (18): 17–29.

贾永芳，(2008)，On plagiarism and Chinese ESL/EFL learners: Negotiating academic writing in the Western context，《中国英语教学》(3)：100–110.

史彦军、滕弘飞、金博，(2005)，抄袭论文识别研究与进展，《大连理工大学学报》45 (1)：50–57.

王初明，(2014)，内容要创新，语言要模仿，《外语界》(2)：42–48.

Appendix A (Task 1)

The Wang Ming Passage

The following is a homework assignment written by a university student. The assignment was to write one paragraph about how to define intrinsic motivation and extrinsic motivation.

下面是一个大学生写的家庭作业，题目为怎样来定义内在动机和外在动机。

Wang Ming
May 26, 2012

How to define intrinsic motivation and extrinsic motivation

Intrinsic motivation refers to the interests and happiness inspired by the learner himself. In addition, it can also increase learner's ability and independence. Thus if the learner can keep this motivation, he cannot be stimulated by the outside world. Then he can have strong learning enthusiasm and motivation for a long time. Intrinsic motivation can make the learner study the language consciously and keep strong enthusiasm, and it is very effective in foreign language learning and is a very important motivation. Extrinsic motivation is defined as behaviors that carried out in expected rewards such as money, prizes, grades and even a type of positive feedback from the outside and beyond the self or in order to avoid punishment. When a learner learns with extrinsic motivation, he is not really interested in the activity for its own sake, and he cares only about what he or she will gain. Therefore, it refers to the inspiring power of the learner that comes from the stimulation and pressure of outward force on the learner, and the reason of learning a foreign language does not lies in language learning itself but for attaining good job. In these situations, students' learning motivation can be very strong within a short period but it won't last long.

Score this paragraph on a score from 1 (lowest) to 10 (highest).
请给这篇文章打分（1–10 分）：

Explain your score.
请给出你打分的理由：

Appendix B (Task 2)

The Smith Passage

Read the following extract from a published journal article.
请阅读以下从一篇发表了的文章中摘取的段落。

June 2007

Intrinsic motivation and extrinsic motivation

John Smith

Intrinsic motivation of foreign language learning refers to the interests and joys inspired by the learner himself. And it can also improve learner's ability and independence. So if the learner can keep this motivation, he cannot be stimulated and interfered by the outside world. Then he can have strong learning enthusiasm and motivation for a long time. Intrinsic motivation can have the learner study the language automatically and keep strong enthusiasm, which is very effective in foreign language learning and is a very important motivation. Extrinsic motivation refers to the inspiring power of the learner that comes from the stimulation and pressure of outward force on the learner, which means that the reason of learning a foreign language does not lies in language learning itself but for attaining certificate and good job. Under this circumstance, students' learning motivation can be very strong within a short period but it won't last long.

Read the first paragraph again. Score it on a score from 1 (lowest) to 10 (highest).
再阅读一遍第一篇文章，并给第一篇文章打分（1–10 分）：

Explain your score.
请给出你打分的理由：

Appendix C (Task 3)

The Li Yang Passage

Read the following paragraph.
请阅读以下段落。

Li Yang
May 26, 2012

Achievement Motivation

Achievement motivation is a special emotion of human beings. It is the main motivation in foreign language learning. Learner is eager to learn the target language that he thinks it is worthwhile to learn and does his best to get good achievements. On the contrary, the good achievements reinforce his achievement sense. The motivation is achieved by the learner when he completes certain task successfully. The theory of achievement motivation is based on the result from the understanding of the complex relationship between motivation and achievement. There are some ways to enhance achievement motivation. This section refers to goal orientations, learned helplessness, attribution training, and teacher expectations and achievement.

Score this paragraph on a score from 1 (lowest) to 10 (highest).
请给这篇文章打分（1–10 分）：

Explain your score.
请给出你打分的理由：

Appendix D (Task 4)

The Dale Passage

Read the following extract from a published journal article.

请阅读以下从一篇发表了的文章中摘取的段落。

June 2007

Achievement Motivation

Peter Dale

Achievement motivation is a special emotion of human beings. It is the main motivation in foreign language learning. A learner is eager to learn the target language that he thinks it is worthwhile to learn and does his best to get good achievements. On the contrary, the good achievements reinforce his achievement sense. The learner will expect to do well. From this he can get confidence and his own value from the teacher, parents, and classmates. Every student has a strong desire towards success. If the teacher doesn't pay attention to it, it will reduce student's drive and confidence of language learning. Sometimes, countless failure and lacking of confidence will cut down the enthusiasm and zeal of students. Therefore, the teacher should make good use of this psychological point, give students suitable achievement motivation.

Read the first paragraph again. Score it on a score from 1 (lowest) to 10 (highest).
再阅读一遍第一篇文章，并给第一篇文章打分（1–10 分）：

Explain your score.
请给出你打分的理由：

The Relationship Between Learners' Personality Traits and EFL Learning

Jialing WANG
Beijing International Studies University

In the process of foreign language learning, many factors interact to influence the learners' learning achievement, including teaching, the learner, and the context, among which the individual difference has attracted many researchers' attention. Researchers have attempted to find out the relationship between these individual differences, especially personality traits and the learner's foreign language learning achievements. However, the results and findings of the researches are sometimes contradictory and not always unquestionable.

This research is designed for verifying the results of other studies and finding out the relationship between personality traits and EFL learning in the Chinese context, thereby making some contributions to the EFL teaching and learning. Based on questionnaire survey and interview of 125 subjects from Beijing Normal University, the study finds that personality traits of the students may affect their skills of listening and reading but not the other skills.

Key words: personality traits; introversion; extroversion; EFL; language proficiency

1. Introduction

In the process of foreign language learning, many factors interact to influence the learners' achievements. The factors include teaching, the learner and the context. The focus of applied linguistics has turned gradually from teaching to learners. The individual difference attracted many researchers' attention. They attempted to find out the relationship between the individual differences and the learners' foreign language learning achievements. Many researches have been conducted with aims of finding out the relationship between learners' personality traits and their language proficiency. However, the results and findings are sometimes contradictory and not always unquestionable.

In China, learners' individual personality traits are often disregarded in the traditional teacher-centered languages classrooms. The research on the relationship between personality traits and EFL learning proficiency is inadequately meager. What's more, the conclusions of many studies are incompatible. In addition, such relationship might vary in different cultural contexts. This research is designed for verifying the results of other researches and finding out the relationship in the Chinese context, thereby making some contribution to the EFL teaching and learning.

2. Literature Review

Some historical milestones in the literature of the field of psycholinguistics are so important that they have affected the way in which we think about SLA (Second Language Acquisition) and the basic paradigms and methodologies we use in SLA research. One obvious influence on the field of SLA is Chomsky's transformational-generative grammar, which deeply affects our interpretation of how language is processed and acquired. SLA research accepts the competence-performance distinction introduced by Chomsky. This distinction is useful in studying such issues as the role of the formal language teaching, the role of the first language, and the role of practice in SLA. A second revolution took place in 1967 when Corder published his article "The Significance of Learners' Errors". His work gave rise to a new field called "error analysis". Sources other than the first language are considered as the main reason of learners' errors.

Step by step, the focus of SLA research turns from the cognitive factors to affective factors that influence language learning. People try to find out the relationship between language learning and learner factors such as intelligence, motivation, learning strategies and personality. However, the studies in this area are relatively scant, and sometimes rather conflicting conclusions are drawn from the researches concerning the relationship between personality and language learning attainment.

Ensenck and Cattell based their work on Freud's study of personality in a general psychological sense, and adopted another approach—psychodynamic approach to study personality. Eysenck categorized three major personality traits: extroversion, neuroticism, and psychoticism. The relationship between the scores and personality traits can be shown in the following table.

Table 1: Relationship between scores and personality dimensions

score / trait	extroversion	neuroticism	psychoticism
high	sociable outgoing	anxious sensitive	independent strong-minded
low	reserved quiet	well-balanced	tender dependent

Many investigations have been made in the three dimensions as suggested by Eysenck.

(1) The extroversion-introversion dimension

The relationship between extroversion/introversion and learning is found to be changing with time. Studying at primary schools, extroverts seem to be better students than introverts, because the teaching environment tends to be social, active, and relaxing. However, extroverts give their way to introverted students in higher education where the environment is academic, serious, individual and even sometimes lonely.

(2) The neuroticism-stability dimension

This dimension deals with the anxiety in the process of learning. It is claimed that moderate level of anxiety will motivate learners' learning, while high degree of anxiety may result in inhibition in students' performance and progress. Therefore, students with high scores on neuroticism should study in a relatively unstressful environment. However, there is also some evidence that students with high neuroticism scores learn better than those with low scores in higher education despite the severe stress.

(3) The psychoticism-dependenecy dimension

Psychoticism dimension measures to what extent a learner is independent and strong-minded. Unfortunately, no possible relationship is found between learning and psychoticism dimension.

R. B. Cattell identifies many more than Eysenck's three personality dimensions. He designs a series of tests that measure sixteen personality factors. His 16 Personality Questionnaire for adults are widely adopted.

Naiman, Frohlich, Stern & Todesco (1978) study, more specifically, the relationship between personality and language learning. They find eight personality traits that are connected closely with successful language learning: self-esteem, extroversion, anxiety, risk-taking, sensitivity to rejection, empathy, inhibition, and tolerance of ambiguity.

Rubin (1975: 47) describes a good language learner as having "a strong drive to communicate... [and is] willing to appear foolish... to make mistakes... [and] to live with a certain amount of vagueness". Beebe (1983) has expanded on this feature of the good language learner by exploring the personality traits of risk-taking. A risk taker is willing to take chances.

Motivated by these studies, many researchers have carried out investigations in order to find out the relationship between personality traits and language learning. Two early studies on extroversion/introversion and learning were done by Pritchard and Metraux. The former studied the relationship between sociability and oral fluency in 1952, with the result that the extroverts have better oral proficiency than introverts. In 1964 Metraux studied the English-speaking children learning French. He described the better language learners as being outgoing, sociable, talkative, and adaptable whereas the slower learners as being reserved, quiet, and conformist.

In the 1970s, a storm of researches were made, attempting to find out the connection between certain personality traits and language learning. The results remained ambiguous. Smart (1970) had the result that introverted students were better language learners than extroverts. Two years later, Elliot found that by the age of eight, extroverts seem to be better learners while the academic attainment is positively related to introverts by the age of eighteen. Similar result was obtained by Wankowski (1973). Chastain (1975) found a positive relationship between outgoing personality and course grades. Tuck *et al.* (1976) reported that the successful students were adventurers and risk-takers.

In more recent years, Strong (1983) studied the correlation between some personality traits and items in language learning. Sociability dimension of extroversion was found to be relevant to language learning. In 1990, Liu Runqing made an important investigation of the relationship between personality and learning. In the report of the investigation, it is noted that the EFL learning is not significantly influenced by learners' personality traits. Extroverts get higher scores on listening and speaking while introverts get higher scores on reading and writing.

In spite of the inconsistent results of the studies, the importance of them lies not only in finding out the relationship between personality traits and foreign language learning, but also in their function of waking many teachers who have long been the centers and dominant figures in language teaching, and helping them become aware of the students' different personality traits. However, the advances in these studies should not obscure some important issues that emerged in the course of the research, such as measurement of the personality traits, criterion measure, and personality states.

This research is intended to find out the relationship between learners' personality traits and EFL (English as a Foreign Language) learning in the Chinese context, and the extent to which the results of the present research corroborates with the claims made by other researchers.

The hypotheses of the research can be formulated as follows:

(1) Students with different personality traits show diverse attitudes and behavior in EFL learning. The extroverts hold a more positive view towards some teaching techniques that show consideration for learners' personalities.

(2) The extroverts' personality traits have a positive influence on their learning while introverts' personality traits have a negative influence on their learning.

(3) Influenced by the traditional way of teaching, extroverts will show some characteristics of introverts.

3. The Research Method

The research could be placed in the category of "descriptive" research. It is synthetic/holistic in approach, having a deductive objective, with a comparatively low degree of control and manipulation of the research context.

In order to investigate the connection between personality traits and EFL learning, we need the data of learners' personality traits and language proficiency. People's personality traits are manifested by their behavior in life. Students' behavior in the course of EFL learning, such as answering questions, participating in classroom activities, and reacting to mistakes, can show their personality traits. Therefore, students' behaviors and attitudes can provide acceptable evidence for describing their personality traits. As for EFL proficiency, learners' scores on EFL examinations can represent, to some extent, their ability to listen, speak, read and write in EFL. Since in large-scale EFL examinations oral tests are usually not included, the data of learners' the speaking proficiency cannot be collected.

Two instruments are used: interviews and questionnaires. The interviews include two phases: open/unstructured interviews and structured interviews. Both interviews are taped for later transcription and study. Guided by the results of the interviews, a questionnaire is designed. Since the research is made in Chinese EFL classrooms, it would be inappropriate to adopt any existing personality questionnaire which was designed by foreign researches. Another important data in this research is the subjects' scores on the EFL examination.

The 125 subjects are selected with randomization from Beijing Normal University. They study in different departments, including Chinese Language and Literature Department, History Department, Philosophy Department, Mathematics Department, and Physical Education Department. They are almost of the same age and come from different regions of China.

The analysis of the data generally takes the following steps:

Step 1. For each question or statement, the percentage of the subjects who choose respective answers will be calculated.

Step 2. Concerning some questions, answers provided by extroverts and introverts will be compared.

Step 3. The correlation between personality traits and EFL learning will be found out and tested. The results will be compared with those of other researches, focusing on introvert/extrovert and EFL learning achievement.

Step 4. Some special characteristics of introverts and extroverts found in this research will be discussed.

In this process, it is hoped that the hypotheses proposed previously will be tested, and some interesting findings may be generated as well.

4. Results and Findings

For the purpose of finding out the relationship between personality traits and EFL learning, the point-biserial correlation between introversion/extroversion and scores on the examination is calculated, using the Statistical Package for the Social Sciences. The correlation coefficient between introversion/extroversion and total scores as well as scores of each subsets are presented in Table 2.

Table 2: Point-biserial correlation between introversion/extroversion and scores of EFL examination

	total 1	total 2	listening	structure	cloze	reading	translation
Rpbi	-.0152	-.0032	-.5957	-.0417	.2094	.4305	.0552

The statistical hypotheses are as follows:

H_0: r = 0

H_1: r > 0

H_2: r < 0

The alpha level is set beforehand: α < .01

The observed statistics are listed in Table 2. The critical value of the statistic is that Rcrit = .3218 (at p < .01, df = 48).

Therefore, with regards to listening, the null hypothesis is rejected. Concerning reading, the null hypothesis is also rejected. That is to say, the probability is .01 that the Rpbi of listening at 0.5957 and Rpbi of reading at .4305 are due to chance. For the rest, the null hypotheses are accepted. In other words, there is a positive correlation between introversion and reading comprehension while there is a negative correlation between introversion and listening comprehension.

T-Test is adopted to find out the significance of the differences between the mean scores of introverts and extroverts (Table 3). Table 4 shows the results.

Table 3: Mean scores of extroverts and introverts

subjects	total 1	total 2	listening	structure	cloze	reading	translation
extroverts	76.04	76.88	16.76	14.88	10.40	23.48	11.24
introverts	77.04	76.84	13.56	14.72	10.16	26.12	11.40

Table 4: T-test for scores on the examination

	total 1	total 2	listening	structure	cloze	reading	translation
T-value	-.50	.02	5.14	0.29	-1.48	-3.30	-.38
p	.622	.982	.000	0.774	.144	.002	.703

statistic hypotheses: H_0: Xe – Xi = 0

H_1: Xe – Xi = 0

alpha level: α < .01

critical statistics: tcrit = 2.5

Therefore, for listening, Xe > Xi, which means extroverts are good learners. For reading, Xi > Xe, which indicates that introverts are good learners. For the other subsets of the examination, no significant differences are found between the mean scores of extroverts and introverts. The same conclusion can also be drawn from the p values in Table 4.

The main results of the research can be summarized as follows.

A. Personality traits do influence learners' EFL learning. Extroverts tend to do better than introverts at listening, while introverts get higher scores on reading comprehension. However, there seems no difference between them concerning the comprehensive competence which is reflected through the total scores on the examination.

B. All subjects lay emphasis on the importance of recognizing learners' personality traits in the process of EFL teaching and learning. Extroverts express this desire with more enthusiasm than introverts.

C. Since there is a close connection between personality traits and EFL learning, subjects hold that in the course of EFL teaching, either the teaching method or the materials and classroom activities should pay attention to learners' personalities.

D. Some extroverts show the tendency of studying alone which is often considered to be one of the characteristics of introverts, while many introverts also take an active role in the oral communicative activities in class that are believed to be extroverts' favorite practice.

5. Discussion of the Results

The author's first hypothesis is not rejected. Students with different personality traits experience totally different feelings in the course of EFL learning. Extroverts enjoy themselves in the sociable and active classroom activities, being eager to answer questions, and feeling at ease when they make mistakes in class. Quite the contrary, introverts tend to stay by themselves, avoid answering questions in class, and be annoyed when they make mistakes. There is a common belief among both extroverts and introverts that learners' personality traits merit special attention in teaching.

The author's second hypothesis is rejected. The hypothesis suggests that extroverts are better language learners than introverts. However, the results of the research show rather complex relationship between introversion/extroversion and EFL learning. Statistics show that there is no significant difference between the scores of introverts and extroverts. Nevertheless, some interesting results are obtained when analyzing learners' scores on each sub-section of the examination. There is a significantly positive correlation between introversion and reading comprehension and likewise between extroversion and listening.

These results are not difficult to understand. Extroverts, who are sociable and active, take chances to communicate with other people. In the course of oral communication, they must first comprehend what their partners say before they can make appropriate response. By doing this, they have many more opportunities than introverts to improve their ability of listening, and speaking as well. On the other hand, introverts tend to be quiet and reserved. They would not initiate a conversation with strangers or answer others' questions actively. As a result, they miss many chances to practice listening and speaking. With regards to reading comprehension, the situation is different. Since introverts like to study alone, seek help from books and dictionaries, avoid prompt response to teachers' questions, they gradually develop the habit of thinking by themselves. They tend to find the problems first, analyze the vital reasons, and finally find the solution. All these contribute to their higher scores on reading. In contrast, extroverts would like to study with other people and to ask for help from others. In addition, as they are eager to answer questions, they can hardly have enough time to think thoroughly about the problems they face. Their impulsiveness also adds to the explanation of the relative low scores on reading comprehension with comparison to the introverts.

The third hypothesis, that influenced by the traditional way of teaching in China, extroverts would show some characteristics of introverts, is not rejected. 32% of extroverted students prefer to study alone. For one thing, the traditional way of teaching in China has great influence on students' learning. In most cases, children are asked to finish their learning tasks by themselves. As a result, students form the belief that a good student should study alone. For another, the influence of the culture cannot be overlooked. Different cultures value personality traits differently. In our country, some traits of introverts are admired and praised, such as being modest and quiet, while extroversion is usually criticized. Therefore, active as extroverts are, some of them would rather study alone.

Such findings and results will be compared to other studies with regards to the better language learner, and to the typical characteristics of introverts and extroverts.

Based on the previous researches, no generally agreed conclusions can be drawn as to the relationship between introversion/extroversion and language learning. However, some similarities between this research and other studies are found. The findings of this present research are in line with Scheibner-Herzig's research and Liu Runqing's investigation. Introverts are good at reading (and writing) while extroverts are good at listening (and speaking) (Liu, 1990). In addition, the findings of this research are in accordance with all the descriptions about the characteristics of introverts and extroverts. A typical extrovert is sociable, active, talkative, impulsive, high risk-taking, and open to people, while a typical introvert is reserved, quiet, distant from people, introspective, and well-prepared.

Nevertheless, extroverted students in this study also show the tendency of studying alone. This is not reported in other researches. Another unique finding of this study is that introverts show certain features of extroverts. It can hardly be found in any investigations that the introverted learners take an active part in an oral communicative practice in EFL classrooms.

The conflicting results between this research and other researches may suggest some uniqueness of EFL teaching and learning in China. For one thing, there is little oral practice in the traditional EFL classrooms where teachers are the dominant figures. Fascinated by the novelty of such activities as role-play, even introverted students show great enthusiasm in participation. For another, students come to realize the importance of both linguistic and communicative proficiency. Furthermore, people's sense of value changes with the development of our society. Extroversion is no longer criticized as it was decades ago. Another important reason is that an oral examination is usually included in a job interview. These cultural and social factors all contribute to the unique characteristics of introverts and extroverts in Chinese EFL classrooms.

Through the discussion about the relationship between extroversion/introversion and EFL learning, we may find that no explicit conclusion can be drawn as to which personality type is better in language learning. Rather, what really counts is teachers' awareness of the influence of learners' personality traits on their learning and their readiness to organize EFL teaching in such a way that learners' personality traits are fully considered.

Finally, the results of this research can be summarized as follows:

(1) Learners' personality traits do affect their EFL learning.

(2) Extroverts are found to be better learners on listening comprehension while introverts are good at reading comprehension.

(3) As for the comprehensive proficiency, there is no significant difference between introverts and extroverts.

(4) Students claim that the teaching method should show the consideration for learners' personality traits, and some changes should be made in the teaching method we adopt now to meet the needs of each individual's personality traits.

(5) Extroverted subjects in this research show the tendency of studying alone, which is characteristic of introverts, while introverted subjects display the enthusiasm to participate in the communicative classroom activities, which are extroverts' favorite practices.

It is hoped that the findings of the research might alert the EFL teachers in China, so that they might realize the importance of considering learners' personality traits in teaching and try to apply these ideas to the teaching practice.

References

Abramson, P. R. (1980). *Personality*. New York: Holt, Rinehart & Winston.

Brody, N. (1988). *Personality: In Search of Individuality*. London: Academic Press Inc. LTD.

Cattell, R. B. (1980). *Personality and Learning*. New York: Springer.

Ellis, R. (1985). *Understanding Second Language Acquisition*. Oxford: Oxford University Press.

Girling, D. A. (ed.). (1978). *Everyman's Encyclopaedia*. London: JM Dent & Sons Ltd.

Littlewood, W. (1984). *Foreign and Second Language Learning*. Cambridge: Cambridge University Press.

Skehan, P. (1989). *Individual Differences in Second Language Learning*. New York: Edward Arnold.

Stern, H. H. (1983). *Foundamental Concepts of Language Teaching*. Oxford: Oxford University Press.

Widdowson, H. G. (1978). *Teaching Language as Communication*. London: Oxford University Press.

程书肖、李仲来，(1988)，《教育统计方法》. 沈阳：辽宁大学出版社.

顾明远（编），(1989)，《教育大辞典》. 上海：上海教育出版社.

刘润清，(1990)，决定语言学习的几个因素，《外语教学与研究》2：36–43.

吴一安、刘润清，(1992)，《中国英语本科学生素质调查报告》. 北京：外语教学与研究出版社.

张厚粲（编），(1986)，《心理与教育统计学》. 北京：北京师范大学出版社.

莫言与加西亚·马尔克斯中篇小说的价值聚点解析①

朱耀云
山东大学

摘要： 运用扎根理论，比较、解析了莫言的《师傅越来越幽默》和加西亚·马尔克斯的《没有人给他写信的上校》，发现两部中篇小说都讴歌了平凡的英雄，彰显了自尊自爱、宽厚平和、积极乐观、希望长存、扶危济困、相濡以沫、仁爱利他、感恩知足等共性价值，体现了亚洲和拉丁美洲文化观照下的人与自我、生活、亲友、社会等相处之道，从而对过度宣扬个体和物质的部分西方价值观形成了补益，并为建立新型全球价值观体系提供了借鉴。

关键词： 莫言；加西亚·马尔克斯；价值聚点；普遍价值；全球共同伦理

1. 引言

跨文化有其聚点（赵汀阳，2014：36），而价值正处于文化结构的最深层。当前重建世界文明新秩序的讨论方兴未艾，寻找适应不同文化的“人类共同伦理”（human common ethic）（许嘉璐，2014）是关键环节。除了哲学、历史、社会学、政治学等领域以外，文学也应是探究重地，因为“伦理价值是文学最基本的价值，它反映文学所有价值的本质特征”（聂珍钊，2014：13）。

本文运用扎根理论（grounded theory）（Glaser & Strauss，1967），考察莫言的《师傅越来越幽默》（2010a）与加西亚·马尔克斯的《没有人给他写信的上校》（1982）（以下分别简称《师傅》和《上校》）两部中篇名作，解析其彰显的价值聚点，以期对现代西方价值话语进行补益，为寻找新型普遍价值提供借鉴。

2. 背景文献述评

2.1 价值与普遍价值

关于价值，南达和沃姆斯（Nanda & Warms，1998：49）的定义被广为接受：“价值是人们对于什么是真实、正确、美丽的共性概念。价值凸显文化模式，并引导社会应对自然环境和人文环境。”普遍价值则被公认为“在绝大多数地方、

① 基于本文的部分成果发表于《外语学刊》2016 年第 4 期 163-167 页。

绝大多数情境中，很多人绝大多数情况下都信奉的价值，无论这种信念是明显意识到的，还是仅仅从行动中体现出来”（Berlin，1991：37）。

近年来，多元文化世界对普遍价值新谱系的需求日增，杜维明（2007：71）认为，除西方自由、平等、民主等普遍价值以外，还应纳入其他地区的同感、文明礼貌、社会团结等更多潜在的普遍价值，赵汀阳（2009：67）主张“共建共享的兼容普遍主义”，成中英（2009：117）倡导将普世价值[①]看作“横跨人心的一个价值指向，具有相互重叠的共识性或不同意向的高度相似性”。

实证研究中，霍夫斯泰德及同行们（Hofstede，1980，2001；Hofstede *et al*，2010）归纳了六大维度的价值取向：权力距离（指人与人平等程度）、个体主义—集体主义（指社会组织结构松散还是紧密）、规避不确定性（指对模糊和不确定事物的容忍程度）、男权主义—女权主义（指男性和女性特质的强弱）、长期—短期取向（指看重传统、现在和将来的关联程度）、放纵—克制（指恣情还是约束欲望）。他们认为该理论适用于93个国家，只是国家之间“文化距离”各异。此外，施瓦茨等基于82个国家的系列实证研究（Schwartz & Bilsky，1987；Schwartz，1992，2006，2012），发现几乎所有文化在个体层面都存在十种维度（自主、仁慈、普遍主义、传统、安全、享乐、权力、成就、刺激、趋同）56种基本价值（basic values），但要界定其中哪些价值聚点更获跨地区认同，尚待探讨。

总之，有必要将视野投至亚洲和拉美等非西方地域，挖掘更多具备普遍价值潜力的元素。而文学作为现实的影子和升华，可另辟蹊径、提供借鉴，尤其是经典文学讲述的困境故事，更能凝练人性心识最本质的光辉，更具说服力。

2.2 莫言与马尔克斯的背景关联

莫言与加西亚·马尔克斯都是诺贝尔文学奖得主，都尊美国诺贝尔得主福克纳为师，都是现实主义巨匠。加西亚·马尔克斯（1997：132）谈到，“我的政治志趣很可能和文学志趣都从同样的源泉吸取营养：即对人、对我周围的世界、对社会和生活本身的关心。”莫言也曾谈到“政治问题、历史问题、社会问题也永远是一个作家所要描写的最主要的一个题材”（2008：120），“中国人生毫无疑问是文学的最重要的元素……文学与人学息息相关”（2014）。

两位作家关注现实的焦点都是深层的人性心识，而价值观正是灵魂深处的内核之一。正如莫言（2014）所强调的，“我们每个人尤其是成年人对自己、对

① 英文的普遍价值 universal values，中文通常对应两种不同的译法，一种是普适价值，但其回译为 universally adaptive values，另一种是普世价值，但其流行的绝对性内涵与英文灵活变通的原旨不符，因此，普遍价值的译法更为全面中允。

世界、对人生、对事物的一种看法，实际上背后有很多的价值观的支撑。”打动同胞及外国读者的文学作品必具有“普遍的永恒的价值，就是人道主义的精神，就是平等、自由、博爱，就是宽容、理解和善良，就是慷慨、勇敢和坦荡，就是勤劳、诚实和勇敢，就是人类的美德和对违背这些美德的恶行的批判和谴责”(2010b：82)。莫言（1986：298）曾经将加西亚·马尔克斯亦真亦幻的艺术手法的根蒂解读为济世救民的精神追求：“他之所以能如此潇洒地叙述，与他哲学上的深思密不可分。我认为他在用一颗悲怆的心灵，去寻找拉美迷失的温暖的精神家园。”

此外，莫言和加西亚·马尔克斯所处的中国和哥伦比亚文化价值观存在很多相似之处。据霍夫斯泰德的国家文化理论（见下图；Hofstede，2014），上述六种价值取向维度中，中国与哥伦比亚有半数相仿：男权主义取向，且都权力距离大、集体主义程度高；两国仅在另外三个维度明显不同，即哥伦比亚文化强烈地规避不确定性而中国更为弹性开放，哥伦比亚文化呈短期取向而中国相反，哥伦比亚文化倾向于放纵恣情而中国更为约束节制。

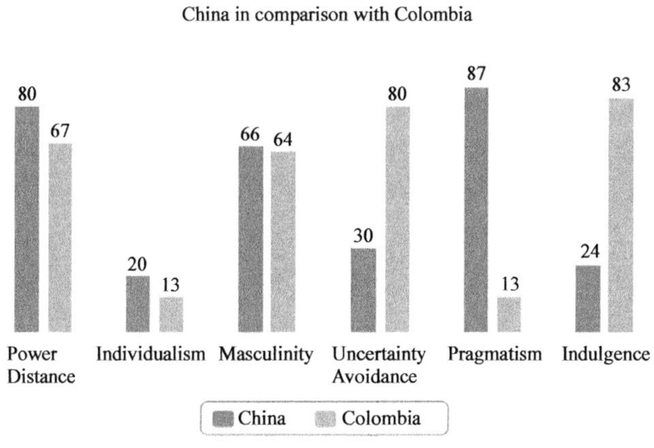

注：每个国家在同一维度按从最低分 1 到最高分 120 的分值测量（Hofstede，2014）。

因此，两位作家上述背景的密切关联，为探析他们作品中体现的重要价值相似处提供了基础。

3. 莫言与加西亚·马尔克斯作品价值聚点解析

3.1 两部中篇小说简介

莫言的小说《师傅》发表于 1999 年，时值中国“减员增效，优化组合”的国企三年改革攻坚期（1998—2000），塑造了模范工人丁师傅下岗后再创业的曲折遭遇。以此为题的中篇小说集受到英文译者葛浩文（Howard Goldblatt）及《纽约时报》《华盛顿时报》等的高度好评。

加西亚·马尔克斯的小说《上校》写于1958年，发表于1961年，背景是哥伦比亚暴力时期（*La Violencia* 1948—1958）引发的持续至今的内战，描述了年老的上校夫妻苦熬岁月、期盼生活来源的故事。作者自己历来认为这是他平生的得意之笔，在艺术成就上超过了《百年孤独》(赵德明，1982：前言5)。

这两部小说在情节设计上相似点很多。例如两人都描写了老年人遭遇变动(中国数千万职工下岗分流；哥伦比亚内战造成逾20万人死亡)，家境赤贫，膝下无子，妻子无工作并长期患病，又都常常希望落空，为此作者都以貌似平淡的笔调和强作欢颜的幽默深描了人物的沉重内心，此外，小说还都描述了冷漠政客或黑心富豪等反面人物，同时安排了侠义朋友和忠贞爱情，以烘托人物的不幸或彰显人性的高尚。上述不谋而合，与人类/文化享有共性是密不可分的，但其更重要的契合是艰难时刻价值取向的跨文化聚点。

3.2 两部小说彰显的价值聚点解析

根据扎根理论，通过反复阅读文本和反思信息，对作品中逐渐浮现的意义进行了编码、归纳，过程中不断修正和引证相关理解，直至确定主题类别和类属语码，然后对资料脉络加以关联和诠释，最终提炼出两部作品在四个维度上有八种价值观高度相似：人与自我维度的自尊自爱、宽厚平和；人与生活维度的积极乐观、希望长存；人与亲友维度的扶危济困、相濡以沫；人与社会维度的仁爱利他、感恩知足。这些价值聚点，与上述施瓦茨基本价值理论（Schwartz & Bilsky，1987；Schwartz，2012）及中国相关价值观理论相互验证，成为我们寻找人类共同伦理体系的重要参考。

3.2.1 人与自我维度

(1) 自尊自爱

两位作家笔下，主人公在困境中都自爱自重、知荣知耻。

首先，丁师傅和上校在困境中力求自力更生。丁师傅遭受了极不公正的待遇，却断然拒绝徒弟的建议，没去市政府静坐示威或假装自焚，而是创业自救。上校则不愿当众被喊去借伞，选择了淋湿。

另外，主人公们羞耻心强，走投无路时，无不惭愧煎熬，典型细节是主人公都多次“哭泣”或“咬牙”。莫言笔下，丁师傅找答应帮忙的市领导，却被门卫阻拦并推倒，忍不住流泪，引来围观后他感到羞辱，又怕起身离开更丢人，于是闭眼大哭。加西亚·马尔克斯则用五次咬牙、三次低声来刻画主人公尊严的挣扎：咬着牙低声问大夫所欠款项；咬了咬牙，说出将斗鸡赠给大家以便共同饲养；妻子病重，他多次咬着牙去附近的商店借钱；不得不开口卖鸡时，感到度过了一生中最漫长的五秒钟，紧紧地咬了咬自己的牙齿，然后才低声开口；卖鸡时偶遇朋友却无法回避，咬紧牙齿，低声卖鸡。更为甚者，两位主人公都视尊严的死亡高于屈辱的苟活：丁师傅宁可吞耗子药死去也不肯坐牢；上校则表示如果将来若感到不行了，就自行了结而不会麻烦别人。

自尊自爱足以被称为人类普遍价值之一，维度高居施瓦茨基本价值体系之首，与自主维度的自由、独立、自尊等价值相对应，也与保持公众形象、获得社会承认、平等、诚实等价值都密切关联。联合国《世界人权宣言》（1948）强调，“对人类家庭所有成员的固有尊严及其平等的和不移的权利的承认，乃是世界自由、正义与和平的基础。”中国传统价值观对此也十分重视，管子将礼义廉耻视为国之四维，而孟子以仁义理智为人性四端，“无恻隐之心非人也，无羞恶之心非人也”（《孟子·公孙丑上》）。莫言与加西亚·马尔克斯通过文学作品对读者进行了自尊自爱的价值观教育，对于消解“笑贫不笑娼”的低俗物质文化，对抗功利主义价值观，可谓意义非凡。

（2）宽厚平和

莫言与加西亚·马尔克斯笔下的主人公都闪烁着宽厚平和的价值取向。

首先，他们通常选择内心和谐平静的方式生活。例如，丁师傅虽然下了岗，仍能因徒弟关问而顿感“心境像雨后的天空一样晴朗”（莫言，2010a：173）；找到生路后，他没有为奔波辛劳而自怜自艾，而是经常美滋滋地抽烟。《上校》在文章首页指出上校“神态天真而又自负”，末页重复他“感到自己是个纯洁、直率而又不可战胜的人”。他能透过细雨观赏杏树，感到雨“就好像在别的镇子里下着似的”（加西亚·马尔克斯，1982：170），而他对自己的厄运，也常如此置之度外，超然忘忧。可以说，主人公们跟自我和平相处的价值取向，是别样的民族精神的体现，内心澄明，事来随应，不徇情逐物，而是“以其情顺万物而无情……廓然而大公，物来而顺应”（程颢《定性书》）。

又如，他们毫无心机，且不计前嫌。丁师傅因为市领导掏了一百元钱打发他，而感动得哽咽、鞠躬、放弃维权。上校难以相信萨瓦斯打着爱国签约的名义廉价购买同志们的财产，此外，当他得知因律师遗失其证件而无望重办申请时，没有指责律师，却从容地说不要紧。

而且，虽然遭遇不公，主人公都没有仇富暴动。丁师傅不怨领导食言，而是换位思考政府的难处，后来还因能为政府分忧而开心。无独有偶，家破儿亡，数年等待，上校泰然，只有一次露出绝望和因果报应的念头，幻想“那个操着决定退伍补助金大权的职员，50 年后，我们将安安静静地呆在地底下，而那个可怜的家伙每个礼拜五都得受苦，盼望着自己的退休金”（加西亚·马尔克斯，1982：174–175）。而这种方式无疑是世上最和平的报复了。与之对照，暴力对抗的苦果比比皆是，如某些西方国家策动的“颜色革命”至今使多个国家动荡混乱，美国对阿富汗、伊拉克等国报复性制裁造成无数人处在水深火热之中；相反，中、印等国虽有待解决贫富悬殊问题，也经历了大量变革的阵痛，但终能经济腾飞，很大程度得益于较为安定的社会秩序，而这种安定又与其深层文化价值观相关。

从霍夫斯泰德的价值维度跨国调查结果来看，中国和哥伦比亚都权力距离高，对等级差异往往安之若素，而且哥伦比亚文化比中国更倾向规避不确定性，人们更倾向严格的社会规范，而避免变异和颠覆，从这个角度看，丁师傅和上校的行为反映出中国人和哥伦比亚人典型的价值倾向（Hofstede，2014）。值得注意的是，哥伦比亚自由党和保守党之间的政治敌对长达百年，尤其是该小说描写的动乱时代迄今经历了60多年的内战，始终未实行各方战争的初衷——追求正义和平，反而造就了世界上国内难民危机最大的国家，并促成了武装组织贩毒的严峻现实。作者讴歌上校这样的人物形象，鼓舞底层人民避免循环争斗、毅然前行、另辟蹊径，显然是有深意和预见的。

宽厚平和的价值，对应着施瓦茨基本价值理论中的宽容、豁达与平和等价值，与顺从、礼貌、社会秩序、安时顺命及节制等价值关联，且与征服自然和竞争他者等部分西方主流价值取向相反。两位主人公有别于佛教“见诸法非法，即见如来”的虚空遁世，也有别于依赖上帝神灵的被动服从，他们的宽厚平和、安时顺命，契合道家弘扬的“安时而处顺，哀乐不能入也”（《庄子·养生主》）、“知其不可奈何，而安之若命，德之至也”（《庄子·人世间》）。无独有偶，孔汉思等将“致力于构建非暴力、尊重生命的文化；致力于构建宽容和真诚生活的文化”两条列入构建全球伦理所必需的四大共同原则（Küng & Kuschel，1993）。总之，宽容平和，不失为新型全球伦理的参考来源，而这两部文学作品，作了该价值的生动诠释。

3.2.2 人与生活维度

（1）积极乐观

丁师傅和上校的言行也折射出正向思考的价值取向。

莫言笔下，丁师傅下岗后乐观地找活儿：“是的，生活很艰苦，但只要肯出力，放下架子，日子还能够过下去……”（莫言，2010a：171），当他大清早去开张，却因太早没人来时，他转换思维，“我这也算是晨练了，呼吸了几十年车间里的污浊空气，现在也轮到我呼吸新鲜空气了”（莫言，2010a：177）。而当他看着别人幸福地溜达，想起自己无业无子，顿泛悲凉时，他也能很快调整情绪，转而对新生活浮想联翩。上校的达观，通过富人萨瓦斯家的悲观特别地反衬出来，例如身体有恙时，上校会往好处想，觉得是季节常态，而且快要挺过了，萨瓦斯却将糖尿病等同于死神，他妻子也夜夜噩梦、担忧不已。

积极乐观，对应着施瓦茨理论中的豁达、智慧、平和等价值，并与其中的享受生活、健康、生命意义等价值相关联。“人的思想……可以创造地狱中的一个天堂，或是天堂中的一个地狱”（约翰·弥尔顿语）。丁师傅和上校凭借积极正向的价值观念，活在现实的凹地和思想的天堂中，“富贵不淫贫贱乐，男儿至此是豪杰”（程颢诗《秋日偶成二则》）。

（2）希望长存

丁师傅和上校还都常怀希望，百折不挠。

丁师傅下岗后，“有些失望，但还没有绝望……他不相信这个庞大的城市里，就找不到一条适合自己的挣钱门路”（莫言，2010a：171）。同样，尽管退伍补助金邮件十五年久等不来，上校每每安慰妻子说不要担心，明天就来信了。当妻子提醒他幻想是不能吃的，他反驳说，“不能吃，但却可以充饥”（加西亚·马尔克斯，1982：176）。十一月里夫妻病重，弹尽粮绝，上校仍然相信雨一停事情就会有转机，相信他会活着收到信。当熬到十二月被迫卖鸡换粮，还遭压价时，上校坚信会来买家，而且预感下午就会来信。“实际上，他之所以能撑着活下来，仅仅是因为他对来信还抱着希望”（加西亚·马尔克斯，1982：163）。妻子担心斗鸡有风险，他自信地说，“这是一只不可能输的公鸡”，妻子追问假如输了呢，他答道，“再过 45 天才能开始考虑这个问题”（加西亚·马尔克斯，1982：203）。可见上校干脆抱着公鸡必胜、信件必来的念头来绝境求生，这种精神远高于悲观厌世。

希望长存，也对应着施瓦茨理论中的豁达、智慧、平和等价值，而且与健康、生命意义、追求精神生活等价值等交叉。事实上，永怀希望，在各种思想界都有强调，例如基督教宣扬的三个关键词“信”“望”“爱”（《哥林多前书》第 13 章第 13 节），而难得的是，丁师傅和上校主要靠人文力量而非神灵作用，去应对生活的沉重。

在《师傅》中，丁师傅和中国其他普通老百姓一样，潜意识是混杂实用的多神论或无神论：遇到困难时，感叹道家的“老天爷”，相信“天无绝人之路”；对新职业，按佛教的因果轮回观，掂量自己是在造孽还是积德；又向往儒家的圣人标准；但他实质的精神依托，是模糊的社会大众和自我。当看到下岗名单时，他首先想到的像小孩子寻找母亲一样看众人，而不是怨天怨地或者求神求佛；维权无望后，坚定地另寻门路养活自己；后来好运垂青时，他感谢社会而不是谢天谢地谢神。在《上校》中，上校感到痛苦，但没有像妻子反复读《玫瑰经》那样求助上帝，却敢说上帝是他的同志，并以常有聚众的裁缝铺为避难所，寄希望于收到邮件，而不是依靠祈祷上帝，其内在精神力量顶天立地。

丁师傅和上校所在的国度，都是集体主义和男权主义价值取向大的社会，男性社会成员的密切互动，在很大程度上起到代替地广人稀的社会里神的调和作用，对比基督教以上帝为至高的普世价值，这无疑是另一种声音，在命运的抗争中，人未必靠超我的神，也可以靠人（自我、他人）的力量，靠内在超越性，靠乐观和希望，苏世独立，崛然不倒。哥伦比亚百年来处于推崇天主教的保守党和推崇自由思想的自由党纷争之间，加西亚·马尔克斯笔下上校与妻子的思维差异是一个缩影，而显然加西亚·马尔克斯的世界观不同于多数国民的宗教性，而是更为世俗化。

3.2.3 人与亲友维度

《中庸》提到："天下之达道五，所以行之者三，曰：君臣也，父子也，夫妇也，昆弟也，朋友之交也。五者，天下之达道也。"莫言与加西亚·马尔克斯弘扬的价值聚点跨越了文化差异：朋友之间的侠肝义胆，夫妻之间的相濡以沫。

（1）扶危济困

丁师傅的徒弟吕小胡侠肝义胆。师傅几乎每个关键时刻都有他在场帮忙，例如骑三轮车把骨折的师傅带到医院，为师傅在市政府门前鸣不平，四处寻找并安慰失意的师傅，协助师傅改造旧车壳出租，感同身受地为出事的师傅焦急、愤怒，放下尊严帮师傅找势利的警察表弟，代师傅买昂贵的礼品，陪师傅到寒夜墓地，最后得罪了表弟还受其奚落时，他的埋怨不过是委婉的一句（莫言，2010a：197）："师傅，您越来越幽默了！"

上校的医生朋友也具有强烈的正义感和热心肠。由于上校没钱买报纸以查读政府公告，他每次都请上校带回家去看，次日再还。知道上校赤贫，因此随请随到地为上校妻子看病却拒绝喝哪怕一杯热咖啡，送给他妻子免费的样品药吃，还从不提收费问题。上校期盼选举、更换政局（好兑现发补助金），他则劝告其别天真地等待救世主。听到萨瓦斯压价买斗鸡，他挺身而出，帮上校提价。上校接受了低价，医生惋惜得感觉自己也需要一位医生，并提醒上校：萨瓦斯爱钱胜过爱命，狂敛不义之财，现在也必会转卖公鸡、从中渔利。

总之，吕小胡与医生扶危济困、乐于助人的价值取向，与孟子所强调的作为普遍性人际关系准则的中华民族价值观"义"相吻合（陈来，2014），《世界人权宣言》（1948）也提倡"赋有理性和良心，并应以兄弟关系的精神相对待"，这还与施瓦茨理论中的助人为乐、责任、真正的友谊等基本价值对应，与社会公正、有能力、有影响力、保持公众形象、获得社会承认等价值弱相关，可以作为新型普遍价值体系的参考来源。

(2) 相濡以沫

在爱情维度,《师傅》和《上校》折射的价值取向,汇聚在艰难岁月中不离不弃、相濡以沫的忠贞深沉。

两位妻子都是家庭妇女,都瘦小、驼背、贫病缠身,都在恶劣的家境中节俭持家、疼爱老伴。而丈夫们对妻子的责任心和关爱也从点滴细节中体现出来。例如,丁师傅投案前唯一托付徒弟的是帮着照顾师娘。上校把家里最后一勺咖啡留给病重的妻子,给她端茶送饭煮药擦汗,还常常百依百顺,下列对话可窥一斑(加西亚·马尔克斯,1982:192):妻子说,"我倒喜欢种种玫瑰。"上校回答,"如果你想种玫瑰,那就种吧。""猪吃玫瑰呢!""那就更好了,用玫瑰喂肥的猪想必是很好吃的。""我不想种玫瑰。""也好,那就别种吧。"

此外,作者们还聚焦夫妻冲突中的容忍互让:窘境逼迫下妻子们常唠唠叨叨,丈夫们常隐忍不语;争吵升级时,妻子们顶多说话激愤,丈夫们的爆发也都发乎情、止乎礼。例如,《师傅》中,老妻惹恼了丁师傅后便从对视变成低下头,躲进厨房或者转过身去;丁师傅极端愤怒时摔了茶碗,怒盯妻子,但拳头举起又放下了。《上校》中,妻子的牢骚有理有据,而上校似乎从来没发过脾气。小说最后的高潮处,妻子怪上校为保留公鸡而面临饿死,唠叨了一天一夜,发觉丈夫睡了后,为了不吵着他,去了漆黑的堂屋里踱来踱去,自个唠叨,而上校对此惊慌忐忑,但只是沉默,或偶尔表白,"如果大夫向我保证,卖了鸡就可以医好你的哮喘病,那我马上就把它卖掉,可是如果办不到的话,那我就不卖"(加西亚·马尔克斯 1982:201)。

梁漱溟先生(1990:87)曾将中国人亲情关系的理想境界描述为:"要在有与我情亲如一体的人,形骸上日夕相依,神魂间尤相依以为安慰。一啼一笑,彼此相和答;一痛一痒,彼此相体念。——此即所谓'亲人'。人互喜以所亲者之喜,其喜弥扬;人互悲以所亲者之悲,悲而不伤。盖得心理共鸣,衷情发舒合于生命交融活泼之理。"莫言与马尔克斯的小说,与此至高境界相呼应,彰显了夫妻关系相濡以沫的价值取向,这与中国、哥伦比亚等以关系为重的集体主义风尚相契,却又迥异于以自我为重、离婚文化盛行的西方价值世界,"西洋……夫妇离合,视同寻常。……不务于相守,而恒相离"(梁漱溟,1990:87),该取向与施瓦茨基本理论中成熟的爱对应,与助人为乐、责任、宽容、忠诚、家庭安全等价值相关联,值得思考和借鉴。

3.2.4 人与社会维度

(1) 仁爱利他

除了自身洁好,主人公都体现了强烈的仁爱利他的价值取向。

莫言笔下，丁师傅展示出对自然、对亲友、对不认识的人、对社会整体的爱心。首先，在路上看到有人随意地砍伐路边的树，“他的心里一颤，好像那斧头砍在了自己身上”（莫言，2010a：168）。这种“与天地并生，与万物一体”（《庄子·齐物论》）的仁爱，是非常生态的。第二，对于亲友，即便是徒弟，也要惦记着欠的一元如厕钱要明天还，不愿占别人丁点儿便宜。第三，对于不认识的人，他同样仁义：尽管又冷又饿，出于同情，他还是接纳了貌似劳燕分飞今又重逢的一对情人。当发现“出事”了，丁师傅宁愿破财入狱也要去报案救人。而对于社会整体，丁师傅仍然怀着强烈的道德自觉，例如他闲空捡小屋周围很大范围的垃圾，以回报社会，每次不忘扎紧袋扣，还不辞辛劳把垃圾袋带到城里，放到垃圾桶旁边。

与之相似，《上校》中，上校听到顽皮的孩子用口琴吹流行歌曲，温和地提醒别吹了，免得这种乐声伤了死者家属的心。而后来当他妻子想唱歌，他则鼓励她想唱就唱，因为在丧子、贫病、饥饿等烦恼侵袭下，唱歌是有好处的。

仁爱利他的价值观念，与施瓦茨基本价值理论中的助人为乐、融合自然、世界和平、保护环境等价值相呼应，与自律、社会秩序、国家安全等价值相关，与中国传统核心价值观“和为贵”、“仁爱”之道，与基督教的道德金律“己所欲、施予人”，与其他多种文化的至高理念不谋而合，事实上这也早已被 Küng & Kuschel（1993）提倡为所有生命的绝对准则。

（2）感恩知足

莫言和加西亚·马尔克斯笔下的主人公还都体现了感恩知足的价值取向，因感恩而知足，因感恩而快乐。

例如，丁师傅下岗前是省级劳模，其工作动力是报答社会；自营小屋后，第一位顾客给了 50 元还提了点建议，他深鞠一躬表示感谢；半年后收入不错，他又感到心满意足，而且捡垃圾报答社会，“他感到社会对自己太好了”（莫言，2010a：184）。

上校亦然，例如因为妻子给他理发，他的感激、满足之情溢于言表；断粮后每次就餐时都感叹妻子维持家庭经济的能力；某天得知所吃玉米是别人馈赠的鸡食，更长叹：“生活是人们发明的最好的东西”（加西亚·马尔克斯，1982：175）。

总之，主人公感恩知足的主旋律，与贫穷疾病的另一主旋律始终平行交织，形成奇特的人生交响乐。中哥文化在感恩知足方面非常相似，对待时间的价值取向分别以过去和当下为重，与看重未来、不满足现状、追求进步与变化的美国主流文化价值（Samovar，Porter & McDaniel，2009：196）形成补益。该价值取向与施瓦茨理论中的互惠、安时顺命、节制等价值对应，与豁达、智慧、平和价值相关联，可以促生正能量、幸福感，可谓人类社会通用之美德。

4. 结语

通过对莫言的《师傅》和加西亚·马尔克斯的《上校》的文本分析，发现两文的苦难情节设计呈高度共性（朱耀云，2014：144），而且强调的价值聚点也具有高度相似性和广泛的适切性。就像莫言（2012）说的，"我的小说也描写了广泛意义上的人，我一直是站在人的角度上，立足于写'人'，我想这样的作品就超越了地区和种族的、族群的局限。"

总之，两位作家塑造了失败的胜者，讴歌了草根英雄，强调了自尊自爱、宽厚平和、坚韧乐观、希望长存、扶危济困、相濡以沫、仁爱利他、感恩知足等价值观，与霍夫斯泰德的价值维度理论及施瓦茨的基本价值理论相呼应，反映了艰难时刻人与自我、人与生活、人与亲友、人与社会和平相处的方式，体现了集体主义文化下亚洲和拉美发展中国家的人们对人性心识的解读，与部分西方话语中个体至上的孤独感、物质至上的幸福观、二元对立暴力解决冲突的路径等形成了鲜明对比，对于寻找西方普世价值谱系之外潜在的普遍价值，以建设世界文明新秩序，具有丰富的借鉴意义。

未来相关研究中，可以就作家作品折射的价值观进行分项深挖，在诠释过程中对中国的价值观理论进行更多的梳理和借鉴，并参照更多的拉美文化背景理解马尔克斯作品的内涵，从而继续丰实西方解释框架以外的视角。

参考文献

Berlin, I. (1991, 2007). In Jahanbegloo, R. *Conversations with Isaiah Berlin*. Halban Publishers; McArthur & Co. Reprinted.

Glaser. B. & Strauss, A. (1967). *The Discovery of Grounded Theory: Strategies for Qualitative Research*. Chicago: Aldine.

Hofstede, G. (1980). *Culture's Consequences: International Differences in Work-Related Values*. Beverly Hills: Sage Publications.

Hofstede, G. (2001). *Culture's Consequences: Comparing Values, Behaviors, Institutions and Organizations Across Nations*. (2nd ed.). Thousand Oaks: Sage Publications.

Hofstede, G. Comparison of Chinese and Colombia Culture. Retrieved on Oct. 14 2014 from http://geert-hofstede.com/china.html

Hofstede, G., Hofstede, G. J., & Minkov, M. (2010). *Cultures and Organizations: Software of the Mind*. (3rd ed.). New York: McGraw-Hill.

Küng, H. & Kuschel, K. (1993). *A Global Ethic. The Declaration of the Parliament of the World's Religions*. London / Continuum, New York: SCM Press.

Nanda, S. & Warms, R. L. (1998). *Cultural Anthropology*. (6th ed.). Belmont: Wadsworth.

Samovar, L. A., Porter, R. E., & McDaniel, E. R. (2009). *Communication Between Cultures*. (7th ed.) Boston: Wadsworth.

Schwartz, S. H. (1992). Universals in the content and structure of values: Theory and empirical tests in 20 countries. In M. Zanna (ed.). *Advances in Experimental Social Psychology* (Vol. 25). New York: Academic Press. 1–65.

Schwartz, S. H. (2006). Les valeurs de base de la personne: Théorie, mesures et applications [Basic human values: Theory, measurement, and applications]. *Revue Française de Sociologie* (47): 249–288.

Schwartz, S. H. (2012). An overview of the Schwartz theory of basic values.*Online Readings in Psychology and Culture* (1). Retrieved on Oct. 15, 2013 from http://dx.doi.org/10.9707/2307–0919.1116

Schwartz, S. H. & Bilsky, W. (1987). Toward a universal psychological structure of human values. *Journal of Personality and Social Psychology* (53): 550–562.

The United Nations. (1948). *The Universal Declaration of Human Rights*. Retrieved on Oct. 17, 2013 from http://www.un.org/en/documents/udhr/

陈来，中华传统文化与核心价值观，《光明日报》（2014 年 8 月 11 日），载 http://news.gmw.cn/2014–08/11/content_12459280.htm.

成中英，(2009)，发展全球价值伦理——中西价值体系的层次与其整合体现孔子与儒家仁爱伦理与忠恕之道，《江淮论坛》(2)：116–119.

杜维明，(2007)，文明间对话的最新路径与具体行动，《开放时代》(1)：68–86.

加·加西亚·马尔克斯，(1997)，《两百年的孤独——加西亚·马尔克斯谈创作》. 昆明：云南人民出版社 .

加·加西亚·马尔克斯，(1982)，《没人给他写信的上校》，载《加西亚·马尔克斯中短篇小说集》. 赵德明、刘瑛译 . 上海：上海译文出版社 .

梁漱溟，(1990)，中国文化要义，《梁漱溟全集》(3) . 济南：山东人民出版社 .

莫言，(1986)，两座灼热的高炉——加西亚·马尔克斯和福克纳，《世界文学》(3)：298–299.

莫言，(2008)，千言万语　何若莫言，《山东图书馆季刊》(1)：117–121.

莫言，(2010a)，《师傅越来越幽默》. 上海：上海文艺出版社 .

莫言，(2010b)，作为世界文学之一环的亚洲文学，《艺术评论》(6)：81–83.

莫言，实录：莫言谈获诺贝尔文学奖新闻发布会。新浪读书（2012 年 10 月 12 日），载 http://book.sina.com.cn/news/c/2012–10–12/0032344659.shtml.

莫言，文学与人生：中法诺奖得主山东大学高端对话文字实录（2014 年 12 月 16 日），载

http://www.media.sdu.edu.cn/bdjj2014/.

聂珍钊，(2014)，文学伦理学批评：论文学的基本功能与核心价值，《外国文学研究》(5)：8–13.

许嘉璐，危机、期盼、伦理、责任：构建人类共同新伦理，见“构建人类共同新伦理——第三届‘尼山世界文明论坛’学术巡礼”，《光明日报》(2014 年 5 月 28 日) 第 14 版。

赵汀阳，(2009)，普遍价值和必要价值，《世界哲学》(6)：60–70.

赵汀阳，(2014)，寻找跨文化的聚点，载 Enno Rudolphy and Zhao Tingyang：苏黎世对话（朱慧玲译).《南国学术》(2)：36–38.

赵德明，(1982)，加西亚 · 马尔克斯与“爆炸文学”，载加 · 加西亚 · 马尔克斯《加西亚 · 马尔克斯中短篇小说集》. 上海：上海译文出版社 .

朱耀云，(2014)，莫言与马尔克斯小说苦难情节的写法共性解析，载王俊菊《莫言与世界——跨文化视角下的莫言解读》. 济南：山东大学出版社 . 144–156.

朱耀云，(2016)，莫言与马尔克斯中篇小说的价值聚点解析，《外语学刊》(4)：163-167.

Transculturality in Translation: Bird Poems in English and Chinese

Hong Ai Bai
Long Island University Post Campus

Abstract: The concept of transculturality suggests a new mode of translation of human civilization as a transcultural blend instead of a juxtaposition of delineated cultures. Through comparing the bird poems in Chinese (7th–17th century) and English (16th–19th century), this paper suggests that, besides the universal demographic features in spite of various bird species and their distribution in different historical periods and locations, birds in the East and West also convey similar philosophical, cultural and poetic meanings, as faith, freedom, ecstasy, sentiment, wisdom, love, and nostalgia, etc. Meanwhile, they also carry specific cultural and metaphoric features, as well as the poet's personal comprehension. All these need to be transformed in the new transcultural discourse of translation. Transculturality emphasizes the translator's transcultural competence to engage and immerse oneself in both cultures in order to link and undergo the transition in the texts culturally, historically, ideologically, and even emotionally. Translation is the process of translator/co-author's improvisation based on his/her competence of transculturality, which is believed to be less unattainable.

Key words: translation; transculturality; bird poems; transcultural competence

1. Introduction

It is already proved that, besides linguistic competence, a translator needs to acquire comprehensive cultural knowledge in different languages, as well as efficient intercultural competence to convey the "tones" of the poems from one language to another. In the process of translation, the concept of transculturality is to be introduced to emphasize the ability to engage and immerse oneself in both cultures in order to link and undergo the transition in the texts culturally, historically, ideologically, and even emotionally. The basis for translation is transculturality and intertextuality. The translator has to work with the author to live his life, see through his eyes, and feel his heart beat in the course of creation. Therefore, we propose the idea that the translator actually is a co-author of the same work, as Paul Bowles suggests, to be both a familiar "here" and an alien "there".

In the bird poems in Chinese (7th–17th century) and English (16th–19th century), it is noted that, besides the diversity in the demographic features of various bird species and their distribution in different historical periods and locations, the image of birds carries the similar philosophical, cultural and poetic meanings, such as faith, freedom, ecstasy, sentiment, wisdom, love, and nostalgia in the classic poetry of these two languages. The comprehension to these fundamental universals and particular features and the transformation of these into a transcultural discourse are tasks of a translator, that is, to translate each poem into both a Chinese poem and an English poem.

The concept of transculturality suggests a new mode of translation of human civilization as a transcultural blend instead of a juxtaposition of delineated cultures. As Vieira (1999: 106) states, "Translation is no longer a one-way flow from the source to the target culture, but a two-way transcultural enterprise." Translation is the process of a translator/co-author's improvisation based on his/her competence of transculturality.

2. Translator as Co-author

Robert Lowell's imitation, "poetic translation", has been practiced for many years in the translation of Chinese poetry into English, and is proved to be less and less accepted by the contemporary translators of Chinese classic poems for the reason that it rarely produces an English poem and even more rarely captures the allusions and meaning of the original. There is no denying that the tone, as Boris Pasternak says, "always more or less escapes transference to another language and cultural moment". This dilemma is of course amplified by the characteristics of Chinese as a language with multiple interpretation depending on the cultural context, and the characteristics of Chinese poetry, to list a few, universality, impersonality, absence of time, absence of subject, absence of verbs, etc. (Bai, 2012).

To express the tone and spirit of a Chinese poem, the translator essentially becomes an interpretive co-author who bridges the gaps between time, place, languages, and diverse poetics. It requires the translator to approach the poem through the poet's life records, cultural and historic context to gain an intuitive understanding of how the imagery and narrative function in the poem, and then transmit it into the cultural and historical context of English to produce as close the tone as possible. This method consciously brings a translator's personal awareness of the poet's biography and cultural context into the interpretative expansion of the Chinese text, which, as a result, has been called "improvisation" in our translation of Chinese poetry (Bai, 2014).

The mode of improvisation requires the translator to possess the transcultural, instead of intercultural, competence.

3. Intercultural vs. Transcultural

In recent years, what has been widely discussed and promoted is intercultural competence. Intercultural competence juxtaposes the delineate cultures, that is, to link the two cultures through one's language competence to use both languages appropriately, as well as through one's cultural awareness of the specific meaning, values and connotations of both languages.

However, intercultural practice is linking two cultures more based on universal human nature, and as a result, it is simplifying and overlooking the deep structure underlying the world's order and the nature of humanity. As Clyde Kluckholn and Henry Murray reflect, all humans at once are like all others, like some others, and like no others, as shown below:

+ ------------------------------------ + ----------------------------------- +

Universal	Cultural	Personal
"Like all others"	"Like some others"	"Like no others"

Even the universals take many local, wildly different forms and defy any single, overarching explanation. Our universal human nature is our primary identity, but any particular identity is also forged onto this fundamental identity on the basis of a person's nationality, race, gender, or ethnicity.

All human beings are of equal value and deserving fair recognition, mutual respect, humane treatment, and equal opportunities for self-realization. However, the current practice of intercultural competence, as Gu (2001) has pointed out, is more an academic imperialist endeavor which shows the "one way" nature of the traffic. Similarly, Wang (2006) argues that the flow of ideas has remained unidirectional, from the West to the "rest" while Huisman (2010) goes further, arguing that internationalization has become a "synonym" for the "export of the Anglo / American model" (Ryan, 2011: 640).

Therefore, what is required in cultural interchange activities is to move beyond ethnocentrism and intercultural approaches, towards more transcultural approaches, which is more the mutual and respectful exchange of ideas rather than the integration of knowledge from one culture into another. Transculturalism is rooted in the quest to define shared interests and common values across cultural and national borders. It recognizes that cultures are fluid and change through interactions with one another, and envisages the formation of new cultures through combining elements of different cultures. Murray (2010) defines it as a "new composite culture in which some existing cultural features are combined, while some are lost, and new features are generated". It moves beyond interactions *between* cultures with one culture positioned as more powerful and dominant, to a new stance which *arises from* mutual dialogue and respect amongst academic cultures and knowledge traditions and results in new learning, knowledge and practices (Ryan, 2011: 635).

4. Translation Based on Transculturality: An Example of Paul Bowles's Translation of Moroccan Stories by Mohammed Mrabet

Paul Frederic Bowles (1910–1999) was an American expatriate composer, author, and translator. He became associated with Tangier, Morocco where he settled in 1947 and lived for 52 years to the end of his life. In the 1960s Bowles began collecting stories from the oral tradition of native Moroccan storytellers, including Mohammed Mrabet and in collaboration with Mohammed Mrabet, he translated and transformed Moroccan stories into English in his ten books. Most of these Moroccan stories were told orally into a tape recorder, and then rendered into English by Bowles. Therefore, the English translation of these stories cannot be read without a continual awareness of a double authorial presence.

As commonly questioned, can a western reader read the other, the African, as from an authentically African point of view, interpreting Africa in African terms, perceiving rather than projecting? Is it possible for the translator to traverse intellectually and emotionally the distance between a familiar "here" and an alien "there"? Christopher L. Miller (1986) claims that it is "ultimately unattainable" because one cannot be there and here. However, according to Patteson (1992), he, as well as Michel de Certeau (1986), endorses the movement toward this unreachable goal, which can be seen through Bowles' practice of projecting himself imaginatively into the fabric of an alternative culture.

According to Bowles's own description of how the procedure works, "The nearest equivalent in English" must be established first, followed by the reconstitution of the "voice" and the "attempt to reproduce in English prose the idiosyncrasies and inflections of speech… in the original Arabic delivery" (Bowles, 1978: 7).

Bowles produced ten books over twenty years, and the whole process by which these stories have come into being as English texts is a virtual spider web of intertextuality and transcultural practice. Paul Bowles is so much immersed in the country and culture he lived in that he made this place a home, while he does compare these places to America, where he is not planning on returning, but still searching for something lost, which may be an infancy or childhood or simple nostalgia for an undefined place. This feeling of incompletion allows him to be more receptive of Moroccan culture and his writings are welcoming the details and sensations of the places he goes.

Patteson (1992: 181) explains, "in his role as midwife to stories originating in Moroccan minds, Bowles has come as close as possible to the ontologically impossible point of being both American and Moroccan, both 'here' and 'there', and his translations make the ultimate stage in his imaginative assimilation and interpretation of Moroccan culture".

This endeavor inspires us to work in the same transcultural way in our translation to Chinese bird poems, which we prefer to name as improvisation because of the double authorial presence.

5. Transcultural Competence: Transculturality + Improvisation

Paul Bowles's transcultural translation practice brings us the realization that amidst the culturally and historically conditioned human perceptions and identities as well as diversity of cultural expression, and people share common human potential and experience, while the understanding of the categories of reality and myth, truth and falsehood, good and evil can be universal, cultural and personal.

In the course of translation, a translator needs to practice this transcultural competence, which Slimbach (2005: 206–207) has generalized into six broad categories, that is, perspective consciousness, ethnographic skill, global awareness, world learning, foreign language efficiency and affective development:

(1) Perspective consciousness: the ability to question constantly the source of one's cultural assumptions and ethical judgments, leading to the habit of seeing things through the minds and hearts of others.

(2) Ethnographic skill: the ability to observe carefully social behavior, manage

stress, and establish friendships across cultures, while exploring issues of global significance, documenting learning, and analyzing data using relevant concepts.

(3) Global awareness: a basic awareness of transnational conditions and systems, ideologies and institutions, affecting the quality of life of human and non-human populations, along with the choices confronting individuals and nations.

(4) World learning: direct experience with contrasting political histories, family lifestyles, social groups, arts, religions, and cultural orientations based on extensive, immersed interaction within non-English speaking, non-Americanized environments.

(5) Foreign language proficiency: a threshold-level facility in the spoken, non-verbal, and written communication system used by members of at least one other culture.

(6) Affective development: the capacity to demonstrate personal qualities and standards "of the heart" (e.g. empathy, inquisitiveness, initiative, flexibility, humility, sincerity, gentleness, justice, and joy) within specific intercultural contexts in which one is living and learning.

This model proposes an attainable ideal, the transculturally-competent person. Perspective consciousness might come with innate features, ethnographic skill, global awareness and world learning may come from the physical devotion and transformation as Paul Bowles did, and affective development is the psychological readiness a translator should be equipped before plunging into any project.

6. Improvisation on Chinese Bird Poems with Transcultural Competence

A close look into the bird poems in Chinese (7th–17th century) and English (16th–19th century) with a thousand years apart, it is no surprising to note that cultures seem to have been "talking" to each other, though China in the East and England in the West had little contact before the mid-19th century of the Anglo-Chinese Opium War. This "talking" doesn't necessarily occur physically, but the universals of human being bring the similar philosophical, cultural and poetic meanings to the image of birds in the poems of two languages, such as nature, faith, freedom, ecstasy, sentiment, exile, music, wisdom, love, and nostalgia. Meanwhile, as the diversity in the demographic features of specific bird species and their distribution in different historical periods and locations, these meanings also take the local and personal forms as well. The comparison of Chinese and English bird poems provides transcultural comprehension to the connotation of the birds in the process of translation, which blends the image and meaning of birds in some poems and individualizes the particular cultural and personal meanings of birds in others.

6.1. Universal Physical Features of Birds

To take two poems about hawk for example, the amazing similarities between the two images of hawk make one wonder whether intertextuality has occurred to these two poets, Du Fu (712–770) in China and Ted Hughes (1930–1998) in England, with 1200 years and thousands of miles in between.

The universal physical features of hawk in Ted Hughes's "Hawk Roosting" can be easily blended into the fierce and aggressive attacker in the translation of Du Fu's "Painted Hawk". It is also why most people assume intercultural competence.

Ted Hughes personifies this cold-blood predator in first-person "I" to show how he uses his naturally-bestowed almighty power to prey.

Hawk Roosting (Excerpt)
Ted Hughes

…
My feet are locked upon the rough bark.
It took the whole of Creation
To produce my foot, my each feather:
Now I hold Creation in my foot

Or fly up, and revolve it all slowly –
I kill where I please because it is all mine.
There is no sophistry in my body:
My manners are tearing off heads –

The allotment of death.
For the one path of my flight is direct
Through the bones of the living.
No arguments assert my right:
…

The intertextuality of hawk can be seen in our translation of Du Fu's poem.

Du Fu's "Painted Hawk" (Chinese with Pronunciation)	English Translation
画鹰 Hua4 ying1 杜甫(唐) Du4 Fu3 (Tang2) 素练风霜起， Su4 lian4 feng1 shuang1 qi3 苍鹰画作殊。 Cang1 ying1 hua4 zuo4 shu1 耸身思狡兔， Song3 shen1 si1 jiao3 tu4 侧目似愁胡。 Ce4 mu4 si4 chou2 hu2 绦镟光堪摘， Tao1 xuan4 guang1 kan1 zhai1 轩楹势可呼。 Xuan1 ying2 shi4 ke3 hu1 何当击凡鸟， He2 dang1 ji1 fan2 niao3 毛血洒平芜。 Mao2 xue4 sa3 ping2 wu2	Painted Hawk Du Fu (Tang) Hawks are well known for their speed battling against boisterous winds turbulent gales and truly bitter snows This painting of a hawk is uncommonly rare With its taunt back this awesome killer is pinpointing the precise movement of its victim the hapless rabbit This hawk's eyes blaze in anticipation of the kill The painting with its silk sash embellishing hung on the inner chamber wall To the viewer it appears that the painted bird will startlingly come alive and fly off the wall Fearless of any danger this bird is well-matched with animals even larger than itself ready to shed blood in the wilderness

However, as mentioned before, even universal features also take local / cultural and personal forms. Here the cultural features of hawk painted on rice paper (instead of canvas) "with its silk sash embellishing hung on the inner chamber wall" (instead of wood frame); while it also projects the poet Du Fu's persona of being "fearless of any danger" and ready to prey on "animals even larger than itself" and "shed blood in the wilderness".

Many universal features are also seen on other birds.

For example, a contemporary English poet Joan Digby describes the feature of kingfisher in her poem "Kingfisher" as "A flash of blue astonishing the eye skims above / the river, where a drenched otter noses among waving reeds. Hovering on short wings, the / Kingfisher tracks a ripple that betrays a lazy / trout." The feature of swiftness has been improvised into the poem by Chinese Tang poet Qian Qi (710–782) on kingfisher,

> I am lingering in my boat
> among lotus leaves
> when suddenly I spot
> a kingfisher perching
> on the end of a branch
>
> Quicker than the blink of an eye
> he dives deep into the water
> and snaps a flapping fish
>
> A flash of blue
> appears and disappears

Similarly "swallow" is by nature same in both Chinese and English poems. John Clare's (1793–1864) "The Swallow" says, "Pretty little swallow, fly / Village doors and windows by, / Whisking o'er the garden pales / Where the blackbird finds the snails; … On that low thatched cottage stop, / in the sooty chimney pop, / Where thy wife and family / Every evening wait for thee". In our translation of Bai Juyi's poem "Spring Outing along the Qiantang Lake", the same image of swallow appears, "Nearby male orioles quarrel / over nesting sites among trees / Swallows returning from migrating / are now constructing their mud nests / under the eaves of people's homes".

"To a Nightingale" by William Drummond (1585–1649) describes its nature of singing, "Thou thy Creator's goodness dost declare, / And what dear gifts on thee He did not spare, ... What soul can be so sick which by thy songs, Attired in sweetness, sweetly is not driven / Quite to forget earth's turmoil, spites, and wrongs". The amazing songs of the bird have appeared in our translation of Liang Huang's "Listening to the Common Blackbird", "I hear a Blackbird singing / a melody of sweet notes / Who can believe it / a little tongue in the shape of a leaf / can produce such variety of songs / Many people journeying to admire the landscape / stop their carriages / pull aside their curtains / to listen to this melodious bird".

6.2. Universal Metaphoric Meaning and Personal Meaning of Birds

The metaphorical meanings of birds in the West and East, though stemmed from the individual cultures, also express the similarities in the aspects of sentiment and feelings. For example, when seeing the caged birds, Carolyn Mary Kleefeld exclaims, "O impoverished little creature, / broken from flight, forsaken / in the cruelty of commercialism, / can you still dream when you hear / the symphony of your kin / soaring in the heavens?" ("Requiem for Caged Birds"). Ouyang Xiu also concludes "that birds locked in golden cages / could never sing as sweetly / as those that soar over trees" ("Song Thrush").

In the following two poems, one Chinese poem by Ouyang Xiu (1007–1072) and one English poem by Nicholas Breton (1558–1626), with five hundred years apart and in two continents, many intertexutal traces of universal metaphorical meanings are noticeable. Meanwhile, differences in cultural and personal features are also obvious.

Both poets have been dwelling deep in a natural scenery, a pastoral or a mountain village; both have undergone hard time but for different reasons, and their unhappiness is contrasted with the natural beauty around them; both befriend with birds and flowers which are considered to know them and accompany them better than anyone else in the world. The beauty of nature and the tranquility in the nature, though not willingly accepted by the poets, have soothed their uneasy hearts.

In Nicholas Breton's "A Sweet Pastoral", however, the birds chosen are blackbird, thrush and Philomel, while the plants are bushes, trees, flowers, and Phyllida. These choices show the different schemata of birds and plants in western culture as well as the poet's personal preference.

The bushes and the trees
That were so fresh and green.
Do all their dainty colour leese,
And not a leaf is seen.

The blackbird and the thrush,
That made the woods to ring,
With all the rest, are now at hush,
And not a note they sing.

Sweet Philomel, the bird
That hath the heavenly throat,
Doth now alas! Not once afford
Recording of a note.

The flowers have had a frost,
Each herb hath lost her savour;
And Phyllida the fair hath lost
The comfort of her favour.

This pastoral is not sweet at all to the poet, because of his gloomy state of mind. And the savor he passively turns to is his Muse, a very typical image in western culture, to pull him out of this decaying life and set his heart at rest.

And therefore, my sweet Muse,
Thou know'st what help is best;
Do now thy heavenly cunning use
To set my heart at rest;

And in a dream bewray
What fate shall be my friend;
Whether my life shall still decay,
Or when my sorrow end.

Similarly, in Ouyang Xiu's "Singing Birds", the poet also gives an imagery view of a mountain village with hundreds of birds singing and thousands of flowers blooming.

The schematic eastern birds are golden oriole, cuckoo, bamboo bird, blue pigeon, bamboo partridge and pelican.

> The Golden Oriole so strikingly beautiful
> with black wings and tail
> gurgles like a new born baby
>
> Now I hear the Bamboo Bird
> quietly calling to his mate
> nestled unseen in the dark bamboo thicket
>
> Farmlands around the village
> are already filled with water
> watched by the cuckoo whose cry
> anticipates spring planting
>
> What brainless farmer called
> the Imperial Blue Pigeons useless and stupid!
> both sexes can sense the changing climate and
> tell whether it is going to be sunny, cloudy or windy
>
> The Bamboo Partridges forage
> along the paths covered with tall grass and moss
> crashing among the flowers
> where the Pelicans wading there
> seem to admonish me for my indulgence
>
> As hundreds of other birds are chirping
> I, an outsider to this place
> can hardly name them all

As an expelled government official, he resides alone in the wilderness with wine, flowers and birds as his company, worrying how his decaying life will end if the flowers wither and the birds depart. What he turns to for escape from his "endless troubled life" is the typical eastern image, the reclusive nature.

Nevertheless I am worried
birds will depart
flowers will wither and wilt

Damn it there was a time in my earlier years
when I mocked Qu Yuan who lived
as a recluse overlooking
The River Chu living apart from society

Now I understand how he was so fragile
worrying about and examining himself with
his endless troubled life and anguish

Both poems have expressed the sentimental mood of the poets in contrast to the carefree life of birds and flowers, from which we sense the same strong love of nature and deep concern to their life and society.

The transcultural competence enables the translator to co-author on this translation process with all kinds of birds typical in Chinese culture but still carry the universal meanings of strong love of nature and deep concern of life and society to the two poets, though one is an Englishman in the 17th century western "sweet pastoral" and the other is a 7th century Chinese in an eastern mountain with "singing birds".

6.3. Cultural and Personal Meanings of Birds

Besides these universal bird features and human natures, there is no denying that the specific cultural meanings connected with certain birds usually bring both unexpected revelation and unattainable illusion to translation. This is where translators' transcultural competence is mostly required in this process of improvisation from one language to another based on transculturality.

In Chinese culture, magpie predicts good news, as in Wang Jian's (Tang) poem, "The marvelous magpie brings delightful / news to smarter creative / business men / so they can return home wealthy"; while the starling and crow mostly predict bad luck; and cuckoo's cries always arouse grief and sorrow, as in Wang Wei's (Tang) "Farewell to Ambassador Li at his post in Zhi Zhou", "In the surrounding mountains / cuckoos are calling their pitiful cries"; in He Zhu's (Song) "Song at Midnight", "In the distance I hear a cuckooing / persistently as if the bird's throat is bleeding / announcing unwelcome news"; in Anonymous's (Tang) "Random Thoughts", "How sorrowful I feel as I have a home / there is no way to return again / Cuckoo's crying at my ears / deepens my grief". In Chinese culture, Francolin's calls are considered to urge travellers to have a rest from their journey. You Tong's (Qin) "Listening to the Male Francolin Calling at Sunset", "While hearing the male francolin / calling at sunset in the west / Travellers droop their heads in fatigue and despair / along village paths and isolated hamlets / Further insurmountable obstacles / suddenly tower and loom before them / There is hardly any point for the Francolin / to bewail their difficulties". Mandarin waterfowls are the images of happy couple, therefore, appearing in many embroidery gifts for marriage and wedding.

In western culture and poetry, the species that appear more frequently with specific imagery and poetic meanings are nightingale, lark, robin, hummingbird, wren, and raven. In addition, poets also express their individuality in their poems, which is "like no others".

In William Drummond's "To a Nightingale", "SWEET bird, that sing'st away the early hours, / Of winter past or coming void of care, / Well pleased with delights which present are, / Fair seasons, budding sprays, sweet-smelling flowers".

John Clare's "The Sky Lark Leaving Her Nest", "Right happy bird so full of mirth / Mounting and mounting still more high / To meet morns sunshine in the sky / Ere yet it smiles on earth", "My mind enjoys the happy sight / To watch thee to the clear blue sky".

In A. D. Winans' "Spring Poem", "Sweet spring sparks love / hummingbird hands in mid-air / feeds on green garden of my mind".

Even though some birds also appear in English poems, the meanings might be slightly or totally different from those in Chinese poems. Take cuckoo as an example, in Edmund Spenser's "The Merry Cuckoo", it says "The merry cuckoo, messenger of spring". Similarly in John Lyly's "Spring's Welcome", there are the lines like "How the jolly cuckoos sing / Cuckoo! to welcome in the spring". This cultural meaning is opposite to Chinese cuckoo crying grief and sorrow.

To this kind of cultural individuality, many translation theories and practices have been proposed, especially to the contrast of the east and west cultures where "a long history of invisibility and exclusion has to be inextricably linked up through retranslation, rewriting, relocation, and cultural repollination" (Wahab, 2014: 220). When Wahab proposes to immigrant writers to find their immigrant writing on counter-orientalism and retranslation, she explains, this practice "must have at least two characteristics: historical weightiness that involves East-West political engagements on the one hand and geographic, ontological, and linguistic in-betweenness on the other" (Wahab, 2014: 224). However, from a real practice by Paul Bowles in his translation of Moroccan story-teller Mohammed Mrabet's works, it is noted that translation with transcultural competence carrying the meanings of both "here" and "there" exceeds any intercultural or in-between processes.

Many people may think good or poor translation is the difference in foreign language efficiency. The transcultural learner must move from the classroom to the community, engaging oneself in the kind of fieldwork that is immersed, immediate, and emotional. Translation based on transculturality invites learners to be more engaged in the process of cultivating relationships across cultures than the process of cultivating relationships within their own culture.

References

Bai, Hong Ai. (2012). Improvising Chinese classical poems to contemporary English readers. *International Communication Studies*, XXI (2).

Bai, Hong Ai. (2014). *A Break in Passing Clouds: Improvisations on Chinese Poems*. New York: Cross-cultural Communications.

Bowles, Paul. (1978). Notes on the work of the translator. *Five Eyes*. Santa Barbara: Black Sparrow. 7–8.

de Certeau, Michel. (1986) *Heterologies: Discourse on the Other (Theory and History of Literature*), translated by Brian Massumi. Minneapolis: University of Minnesota Press.

Gu, M. Y. (2001). *Education in China and Abroad: Perspectives from a Lifetime in Comparative Education.* Hong Kong: Comparative Research Education Centre, University of Hong Kong.

Huisman, J. (2010). *Internationalisation in high education: Local responses to global challenges.* Keynote address at the Inaugural Seminar 'Internationalisation and Globalisation in Higher Education', Society for Research in Higher Education International Research and Researchers Network, London. March 30.

Miller, C. L. (1986) Theories of Africans: The question of literary anthropology. *Critical Inquiry* 13 (1) 120–139.

Patteson, R. F. (1992). Paul Bowles/Mohammed Mrabet: Translation, transformation, and transcultural discourse. *The Journal of Narrative Technique*, 22 (3): 180–190. *Jstor.* Retrieved on April 14, 2015 from http://www.jastor.org/stable/30225367

Ryan, J. (2011). Teaching and learning for international students: Towards a transcultural approach. *Teachers and Teaching: Theory and Practice.* 17 (6): 631–648. *ERIC. Ebsco.* Retrieved on April 13, 2015 from http://0-www.tandfonline.com.liucat.lib.liu.edu/doi/abs/10.1080/13540602.2011.625138.

Slimbach, R. (2005). The transcultural journey. *Frontiers: The Interdisciplinary Journal of Study Abroad* (11): 205–230. *ERIC.* Retrieved on April 13, 2015 from http://www.eric.ed.gov/contentdelivery/servlet/ERICServlet?accno=EJ891470

Vieira, E. R. P. (1999). Liberating Calibans: Readings of *Antropofagia* and Haroldo de Campos' Poetics of Transcreation. In S. Bassnett & H. Trievdi (eds.). *Post-Colonial Translation.* London: Routledge. 95–113.

Wahab, A. G. A. (2014). Counter-orientalism: retranslating the "invisible Arab" in Leila Aboulela's *The Translator and Lyrics Alley. Arab Studies Quarterly* 36 (3): 220+. *Academic OneFile.* Retrieved on November 17, 2015. Retrieved from http://go.galegroup.com/ps/i.do?id=GALE%7CA405728684&v=2.1&u=nysl_li_liu&it=r&p=AONE&sw=w&asid=abe8ef5112c0e62985e86004452f67b4

Wang, H. (2006). Teaching Asian students online: What matters and why? *PAACE Journal of Lifelong Learning* (15): 69–84.

Appendix: Ted Hughes's Hawk Roosting (Full poem)

Hawk Roosting

Ted Hughes (1930–1998)

I sit in the top of the wood, my eyes closed.
Inaction, no falsifying dream
Between my hooked head and hooked feet:
Or in sleep rehearse perfect kills and eat.

The convenience of the high trees!
The air's buoyancy and the sun's ray
Are of advantage to me;
And the earth's face upward for my inspection.

My feet are locked upon the rough bark.
It took the whole of Creation
To produce my foot, my each feather:
Now I hold Creation in my foot

Or fly up, and revolve it all slowly –
I kill where I please because it is all mine.
There is no sophistry in my body:
My manners are tearing off heads –

The allotment of death.
For the one path of my flight is direct
Through the bones of the living.
No arguments assert my right:

The sun is behind me.
Nothing has changed since I began.
My eye has permitted no change.
I am going to keep things like this.

The Political Philosophy of Shakespeare's Plays[①]

Noble Po Kan Lo
University College London

Abstract: By analyzing various reasons of incompetence to crown from Macbeth to King Lear to Henry V, this paper explores the nature of leadership and its relationship with morality — legitimate King Henry V testifies that he is a wise and rational monarch by wisely combining political power with philosophy. Reason in this paper is the guidance of kings' behavior when ruling their nations. Philosophy's aim is to cultivate the perfect and rational governor.

Key words: political power; reason; Shakespeare; philosophy; kingship

"Ruling becomes something to be fought over, and a war of this kind, domestic and internal, destroys both those involved in it and the rest of the city with them." (*Republic* 521a)

By analyzing various reasons of incompetence to crown from Macbeth to King Lear to Henry V, this paper will explore the nature of leadership and its relationship with morality — legitimate King Henry V testifies that he is a wise and rational monarch by wisely combining political power with philosophy. Reason in this paper is the guidance of kings' behavior when ruling their nations. Philosophy's aim is to cultivate the perfect and rational governor.

Reason has a long history. The original Greek term is *logos*, the root of the modern English word "logic". As a philosophical term *logos* is translated in its non-linguistic senses in Latin as *ratio*. This word is originally not just a translation used for philosophy, but is commonly a translation for *logos* in the sense of an account of money. The French term *raison* is derived directly from Latin, and the French term is the direct source of the

① Foremost, my most earnest gratitude must go to my tutor, Dr. Lynn Robson. Dr. Robson has never failed to be encouraging and critically constructive indeed. Without her illuminating guidance, this paper could not have reached its present form. I am also heartily indebted to Dr. Yasmin Khan, whose encouragement and academic advice are warm support to me. In spite of my indebtedness, I alone am responsible for any omissions in this paper.

English word “reason”. Reason, often referred to as rationality, is the opposite of desire. It exerts a special function upon the human soul. Reason and desire are basic elements of human nature.

The motif of reason is prominent in Shakespeare’s history plays. Reason to kings is more important than it is to individuals because a king performs two different roles in life: private and public. History plays mainly discuss politics. Politics is always the concern of philosophy, and main source of seriously discussion of moral and political problems. There has not been an age as sympathetic as the present to the study of the political content and the political context of Shakespeare’s plays.

In the sixteenth and seventeenth centuries, literature and politics had an intimacy which the modern world has lost. Writers and politicians were so often the same people, just as Well says “The interaction of political and literary aspirations in the career of a Sir Thomas More or a Sir Thomas Wyatt or a Sir Philip Sidney, or of a John Milton or an Andrew Marvell is so insistent that we cannot hope to understand the one without the other. Politics are now everywhere in literary criticism.”① Politics provides basic frame for human being’s development. Longing to perfectly depict human condition, playwrights often choose political heroes as their targets.

A person, who is full of political passion and receives education on politics, knows that Shakespeare is more than a pure individual. *Macbeth* is so convincing that Abraham Lincoln thinks it perfectly displays tyrants and murderers; therefore, *Macbeth*’s writer must know something about politics. Shakespeare is an outstanding political writer. He elaborately sets political circumstances almost in all plays and his most grand heroes are rulers of kingdoms.

As a qualified king, Lear should not mingle the two roles. King Lear is obsessed with absolute power and with being flattered. Macbeth, driven by desire, turns from the national hero into the tyrant. After training in philosophy, a king is educated as a rational ruler with extraordinary gifts of leadership and noble virtues. Ruling the nation with reason echoes Plato’s philosophy. It not only corroborates thoughts of ancient philosophers, but also foreshadows the advent of the eighteenth century, the golden age of reason. Shakespeare establishes Henry V as an example to testify the significance of reason to Kings. The following will scrutinise the three plays and centralise the

① Stanley Well, ed., *Shakespeare Survey: Shakespeare and Politics* (Cambridge: Cambridge University Press, 1992), 1.

discussion around reason and kingly leadership.

Macbeth's desire for ruling destroys not only himself but also his nation. As one of the seven deadly sins, desire is the antithesis of reason. Philosophers have already realized desire's destructive force. In literary works, desire often connects with darkness, evil and the devil. In *Phaedo*, Plato states that only desire causes war, civil discord and battles, because all wars are caused by humans' desire to acquire wealth. Acquiring more makes humans too busy to practice philosophy. Aristotle thinks that desire leads to humans to degenerate to the level of animals. Plato also expresses that "when ruling becomes something fought over, and this civil and domestic war destroys these people and the rest of the city as well" (*Republic* 521a), it is about the production of power.[①]

Evil in *Macbeth* enslaves the human soul and shows its prodigious power. Knights says that "Macbeth defines a particular kind of evil — the evil that results from a lust for power" (Knights, 1959: 120).[②] Macbeth, the embodiment of desire, does not employ reason as his guidance. As a famous Scottish general, Macbeth is admired by people. However, Macbeth degenerates from a loyal general to a rebel because of his lust for royal power. His desire for power also causes him to operate irrationally. When he is crowned King of Scotland, Macbeth proves himself to be incompetent as a king, because he lacks rational ruling skills to rule his country. Violence and murder are his strategies to deal with events of the state. At last, he becomes a tyrant.

Macbeth is always "active"[③] in trying to seize the crown (Willbern, 1997: 119). Witches' prophecies are not the force controlling Macbeth's action, but are representative of Macbeth's inner desire. Witches' prophecies do not foretell Macbeth's future. They are what really thinking of Macbeth. Murdering good king Duncan, brave general Banquo, and Macduff's family are methods Macbeth used to seize the crown. As the same ambitious general as Macbeth, Banquo does not respond to witches' prophecies. Macbeth murders Banquo who actually does uncover Macbeth's secret, because Scotland has been promised to Banquo's descendants. If it is the witches who

① David Scott Kastan, "'The King hath many marching in his Coats,' or what did you do in the war, Daddy?" *Shakespeare Left and Right.* Ed. Ivo Kamps. (New York: Routledge, 1991), 241–58.

② L. G. Knights, *Some Shakespearean Themes* (London: Ghatto and Windus Ltd., 1959), 120.

③ David Willbern, *Poetic Will: Shakespeare and the Play of Language* (Philadelphia: University of Pennsylvania Press, 1997), 119.

control him, Macbeth has no ability to change it. The fact is Macbeth is trying to change the prophecy.

Lady Macbeth is a helper, who accelerates Macbeth's desire. As an ambitious woman, her passion and desire make Macbeth's inner desire become visible. With ambitious thoughts in his heart and spurred by Lady Macbeth, Macbeth makes his desire visible quickly. The whole flood of evil now springs out of Macbeth. He becomes a terror to his country, "Each new morn / New widows howl, new orphans cry, new sorrows / Strike heaven on the face" (IV. iii. 4–6).①

Macbeth is absolutely clear-sighted as he realizes the consequences of what he is going to do and he understands what he becomes. It is a struggle between desire and reason; at last, desire wins the battle. Macbeth betrays his king by violating the ethical order. Macbeth changes from the defender of royal power into the tyrant, who is exactly the one disturbing social order. Macbeth transforms from the general who thought of Duncan's virtues, and of pity like a naked-new-born babe to a tyrant driven by desire. Once Macbeth has done the horrid deed, he is committed by the logic of consequences to more and more of the same, so that his guilt becomes inescapably obvious and resistance to him inevitable. "'Once the brightest of angels' (IV. iii. 22), Macbeth is hated as the blackest of devils, his soul gives over to 'the common enemy of man' (III. i. 68)."② Pythagoras divides the universal into three layers: spiritual, celestial and physical. Angles live in the realm of the spiritual, and human being in the physical. Macbeth falls from angels to the tyrant.

Macbeth has covered himself with glory by putting down a rebellion and repelling the invasion of a foreign army. From his behavior during his journey home after the war and his later conversations with Lady Macbeth, we imagine him as a great warrior, somewhat masterful, rough, and abrupt, a man to inspire some fear and much admiration. There is, in fact, much good in him. He has a "noble" nature, like Hamlet or Othello. He also has a keen sense both of humor and of the worth of a good name.

Ambition, longing and craving for something are also interpreted as desire. "In addition to the common subject of an ambitious usurper, and the shared Renaissance

---

① Quotations from *Macbeth* here follow John Dover Wilson's edition for the New Cambridge Shakespeare (Cambridge: Cambridge University Press, 2009).

② Thomas McAindon, *Shakespeare's Tragic Cosmos* (Cambridge: Cambridge University Press, 1996), 212.

sense that ambition can be a noble virtue or a deadly vice",① Macbeth's ambition, however, is more complex. It is deeply enmeshed in Shakespeare's conception of microcosmic and macrocosmic nature so that it reaches out to engage in a significant relationship with everything else in the play. It is his ambition that makes Macbeth a famous general. He wins the battle against two invading foreign armies because of his ambition. When we see him in Act One, his ambition has been further stimulated by his remarkable success and by the consciousness of exceptional powers and merit. However, the course of action suggested by ambition is extremely perilous: It sets his good name, his position, and even his life on the hazard; it is also abhorrent to his better feelings. Macbeth's ambition and his good feelings are incompatible with each other. Macbeth's ambition is a desire not only so much for power and wealth as for "greatness". It proceeds from a restless striving which he himself scarcely understands and which compels him to "o'erleap" (I. vii. 26) all obstacles of person, time and place so as to win, as tokens of his transcendent worth, golden opinions and the golden round. It is a form of desire made manifest not only in martial bravery but also in a powerful imagination which destroys the achievements and satisfaction of the present with its bewitching delineation of future deeds. That his better feelings are defeated in the struggle with ambitions leaves him utterly wretched, and would have kept him so, however complete had been his outward success and security. Macbeth's passion for power and his instinct of self-assertion are so strong that no inward misery could persuade him to relinquish the fruits of crime or to advance from remorse to repentance. Then ambition becomes a passion. Macbeth chooses to change his ambition into passion, from then on, "his liberty of free choice is determined more and more by evil inclination".②

The writings of Freud describe reason as actually a slave to passion, or at best an arbiter of conflicting desires, rather than their natural monarch. In *Politics*, Aristotle also states that human beings are the best of all animals when they are perfect; however, they are also the worst ones when they are away from law and doing what they think is right. If a human lacks virtue and prudence, he is the most unholy and savage thing. Desire makes Macbeth yearn for "more"(I. iii. 70). "More" is the specific representative of his desire for further knowledge of future greatness from the witches, telling him to be

① Thomas McAindon, *Shakespeare's Tragic Cosmos* (Cambridge: Cambridge University Press, 1996), 197.

② W. C. Curry, *Shakespeare's Philosophical Patterns* (Baton Rouge: Louisiana State University Press, 1937), 105, quoted by Knights, op. cit., 140.

"King hereafter" (I. iii. 50). In order to fulfill the prophecy, he has to do nothing but wait (I. iii. 144–145): "If Chance will have me King, why, Chance may crown me, Without my stir."

Macbeth's identity changes when he murders Duncan. Killing a king is a fearful action and is regarded as a crime disturbing the social order. Through the perversions of human nature that confound murder and pleasure, motherhood and manslaughter, Shakespeare's hero fashions him into monsters.① In Shakespeare's time, a king is the representation of divine power. Kings are believed to have absolute power endowed by God. According to the tradition, a king holds a divinely appointed place in the hierarchy.

John Charles Bucknill points out that upon a king's will "have hung the life and wealth, the being and the having, of all around. Law existed indeed; the reverend man of justice and his yoke-fellow of equity are benched high in the land, but he is little godhead below."② The relationship between a king and his subjects cannot be violated. Subjects enjoy credit and honour given by the king, but a certain condition is they must protect the king's monarchical power. When royal power is stable, social order is steady. Macbeth is a defender of social order. When royal power is threatened, Macbeth shoulders his responsibility and duty, mercilessly kills traitor Macdonwald and wins the war, which consolidates Duncan's royal power; therefore, Macbeth is not only a faithful subject but also a high-moral person. The relationship between the king and his subjects is holy and this relationship reflects the common ethical thinking at Shakespeare's time: If the king and his subjects have their own separate responsibilities and duties, then society is stable and ordered. Plato expresses the same idea in *Republic* that if everybody does their own jobs and does not overstep others' power and authority, then society is ordered and people are content. Duncan is the representation of good kingship. When he is the king, society is steady. Duncan is a conscientious ruler who regards his nobility as generously for their endeavors, and seeks to bind them all to him and to each other in a gracious and fruitful mutuality.③ Although the social order of Duncan's time is a

① Charles Martindale & A. B. Taylor, eds., *Shakespeare and The Classics* (Cambridge: Cambridge University Press, 2004), 150.

② John Charles Bucknill, *Psychology of Shakespeare*. Eds. Laurie Lanzen Harris and Mark W. Scott. Vol. 2. (Detroit: Gale Research, 1985), 127.

③ Peter Hall, "Directing *Macbeth*: An Interview with John Russell Brown." *Focus on "Macbeth"* (Cambridge: Cambridge University Press, 2009), 234–235. Duncan is very gracious and courteous, but also adroit and in control; anything but senile.

feudal one, Shakespeare naturalizes, validates, and interprets it not by the discourse of hierarchy but by that of opposed unity. Macbeth's new identity as a king is established in destroying the traditional ethical order, so his rule and kingdom are doomed and cannot be stable forever.

The disorder Macbeth brought about has two manifestations: one is in the single state of man, and the other is in man's wider social relationships between humans. When Macbeth and Lady Macbeth commit themselves to the path of murder, they bring psychophysical disorder not only upon themselves, but ultimately on the whole of Scotland. As Knights says, it is not only the besieging army that hems him in; "he is imprisoned in the world he has made"①. Macbeth has surrendered his soul to the devil. "To know my deed, 'twere best not know myself" (II. ii. 72). The bloody deed breaks his inner being and isolates him entirely from his kind. In Macbeth, time *per se* is the final arbitrator of justice, and realizes in itself all the binding laws against which the hero revolts. Driven by his desire, Macbeth degenerates from the national hero into the tyrant. Likewise, King Lear is not a perfect king since he is revealed as a vain and temperamental character.

King Lear is a legitimate king, but at his old age, he is obsessed with absolute power and flattery. Lear's irrationality causes not only his madness, but also the nation's chaos. Lear's madness is a symbol of the nation's chaos. The tragic emotions of the play strengthen the atmosphere of madness. According to Plato, a ruler "must eagerly pursue what is advantageous to the city and be wholly unwilling to do the opposite" (*Republic* 412 d). A ruler always places the nation's benefit in an important position. Lear's rashly dividing his kingdom, which is not only irrational but also a way of quitting a king's responsibility, does great harm to his country. Lear is not only a father to three daughters but also a king to a nation. "The ruling power must be a unity. No division of powers must appear."② Therefore, Lear's dividing of the kingdom also divides royal power. When he surrenders his kingdom to evil Goneril and Regan, he delivers not only himself and his family but all of Britain into chaos and cruelty. Lear has destroyed not only his own authority but all authority in Britain as well. The stable hierarchical order that Lear initially represents falls apart, and disorder and chaos engulf the realm.

---

① L. G. Knights, *Some Shakespearean Themes* (London: Ghatto and Windus Ltd., 1959), 140.

② "The Significance of Kingship." *Edinburgh Review*, 219: 448 (1914: App.) 469.

In Book III of *Republic*, Plato stresses that "the ruler must be knowledgeable and capable" (*Republic* 412 c). The ruler must be capable and possess ruling skills to keep his nation into the best and unity. He must do the best in ruling, which is the toughest job for a king. A king will be a good one if he possesses reason for ruling his nation. As a king, Lear mingles two roles: that of king and that of an individual. Ignoring the responsibility of a king, Lear adds too much personal affection into national events. Cordelia is the embodiment of reason and truth: "She was a queen / Over her passion."① King Lear banishes Cordelia from his court means, as a king and father, he abandons reason. That is the cause of his madness.

Renunciation of royal responsibility and duty undermines the king's claim to be king and also triggers a chain of events. McAlindon states that "linguistic confusion properly begins with Lear's renunciation of royal responsibility".② Lear is responsible for the justice system of his nation which is now characterized by hypocrisy and incompetence. Chaos engulfs the realm. Now Lear's nation is filled with terrible evil in profusion. The abundance of evil connects with King Lear's irrational rule.

Madness reaches a climax when mad Lear meets mad Tom, which reveals the mess of the whole nation. As a symbol of the awesome power of nature, a storm makes the powerless king recognize his own human weakness and foster a sense of humility. During the first reversal, Lear learns "the imprudence of dividing and giving away his kingdom and expecting nevertheless to retain sovereign power [...] the folly of believing flatterers".③ Reunion with Cordelia signifies Lear's restoration of reason.

As a matter of fact, King Lear is a great man and king at the beginning, whose qualities are shown through the eyes of his loyal courtier Kent. Though insane and selfish to most readers, Kent does not see Lear as being old, unreasonable and piteous. Lear is still "the king of men"④ and keeps grand. Kent still addresses Lear with respect, using the terms "your grace" or "my lord". Lear is really a great man. Coleridge calls King Lear the most tremendous effort of Shakespeare. According to Ben Jonson, "Lear

① Quotations from *The Tragedy of King Lear* here follow John Dover Wilson's edition for the New Cambridge Shakespeare (Cambridge: Cambridge University Press, 2009).

② Thomas McAindon, *Shakespeare's Tragic Cosmos* (Cambridge: Cambridge University Press, 1996), 169.

③ Steven Marx, *Oxford Shakespeare Topics: Shakespeare and the Bible* (Oxford: Oxford University Press, 2000), 65.

④ A.C. Bradley, *Shakespearean Tragedy: Lectures on Hamlet, Othello, King Lear, Macbeth* (London: Macmillan, 1985), 256.

is generous and unsuspicious, of an open and free nature, like Hamlet and Othello, and indeed most of Shakespeare's heroes, who in this, resemble the poet who made them. Lear is also choleric by temperance."①

At his old age, as mentioned above, Lear is obsessed with absolute power and shows human weakness. The major absurdity of Lear is his renunciation of royal responsibility. Distinct from an individual, a king has two bodies: the one whereof is Body natural, consisting of natural Members as every other Man has, and in this he is subject to Passions and Death as other Men are; the other in a Body politic, and the Members thereof are his Subjects, and he and his Subjects together compose the Corporation [...] as to this Body the King never dies, and his natural Death is not called in our Law [...] the Death of the King, but the Demise of the King, not signifying by the Word (Demise) that the Body politic of the King is dead, but that there is a Separation of the two Bodies.②

The king's natural body, like all humans, has physical attributes, suffers, and will die one day. His body politic serves as a symbol of his office as majesty with the divine right to rule. The notion of the two bodies allowed for the continuity of monarchy even when the monarch died, as summed up in the famous formulation, "The king is dead. Long live the king." Lear inaugurates a split between his body politic and his body natural. He expects his natural body to be unburdened from the weight of a king's responsibility. Only through his death can the king's two bodies be divided; therefore, if Lear's body politic no longer exists in his body natural, then he must be "constitutionally" dead. Since the subjects together with the King comprise the "corporation" of the "body politic", the person of the King does not merely represent, but actually performs the unity of the realm.③

After enjoying absolute power for a long time, Lear shows his weakness. He is obsessed with the king's title, but refuses to fulfill a king's obligations of governing. Being flattered to the top of authority, Lear blinds to human limitations and that presumptuous self-will, which in Greek tragedy we have so often seen stumbles against

① A.C. Bradley, *Shakespearean Tragedy: Lectures on Hamlet, Othello, King Lear, Macbeth* (London: Macmillan, 1985), 232.

② Eenst Hartwig Kantorowicz, *The King's Two Bodies: A Study in Medieval Political Theology* (Princeton: Princeton University Press, 1957), 12–13.

③ Philip Armstrong, *Shakespeare's Visual Regime: Tragedy, Psychoanalysis and the Gaze* (New York: Palgrave, 2000), 38.

the altar of Nemesis. As a king, Lear's plan of dividing his kingdom is irrational and absurd. His test of his daughters shows that he cherishes an obsequious display of love in public since "no sane man would think of dividing his kingdom according to their protestations of love that is much too harsh".① Cordelia, the embodiment of reason and truth, is banished from her father. In other words, reason is banished by King Lear from himself and his nation, which is the cause of Lear's madness. Because of his "hideous rashness", the order of Lear's kingdom breaks into pieces. It is Lear's irrationality which makes the nation into a mess. It is the question of whether there is any possibility of justice in the world, or whether the world is fundamentally indifferent or even hostile to human kind. The world is once a rational and moral order, in which justice is shown to be trusted. And now, the whole nation is trapped in a mess.

The question of nature and art, which often finds a special position in pastoral poetry and drama, was a favorite topic for philosophical concern at the time of the Renaissance. McAlindon regards art as everything that constitutes civilization — the conscious ordering of life by reason.② The main motif of this play is the balance of natural order. In King Lear, the arts of civilized societies are being corrupted. Flattery is welcomed at Lear's court, while truth and honesty are banished from his nation. The opening scene suggests a conception of society which is full of institutionalized deception, hypocrisy and injustice. McAlindon regards dress as "a symbol of concealed corruption".③ Lear's imitation of Poor Tom's nakedness is the clearest expression of his new-found conviction that society obscures the truth about human nature. Lear's "Off, off you lending" is also a symbol of Lear's recovery.

The conflict of good and evil symbolizes the social disorder — a conflict not so much of particular persons as of the powers of good and evil in the world. All characters are divided into two distinct groups, one characterized by "unselfish and devoted love", and the other by "hard self-seeking". Cordelia, Kent, Edgar, and the Fool belong to the good characters, while Goneril, Regan, Edmund, and Oswald are evil characters. Love and hate are the two ultimate forces of the universal. When the bond of opposites which constitutes the natural order is broken, things by definition revolt against limits and fly

---

① A.C. Bradley, *Shakespearean Tragedy: Lectures on Hamlet, Othello, King Lear, Macbeth* (London: Macmillan, 1985), 203.

② Thomas McAindon, *Shakespeare's Tragic Cosmos* (Cambridge: Cambridge University Press, 1996), 183.

③ *Ibid.*, 184.

to extremes. When evil prevails and good is limited, and the natural order is broken, terrible consequences are coming. Gloucester's incapability to see Edmund's betrayal echoes Lear's blindness to his adulating daughters. The metaphorical blindness is represented by physical blindness. Because of the loss of his sight and Lear's madness, they are conscious of their error.

Since governing the nation is a king's first obligation and responsibility, Lear's major error is that, in stripping of the throne, he surrenders all of his formal authority. Lear makes a series of insane mistakes. The first insane error is rashly dividing his nation among his three daughters. The dependence of the division on the love protestation is "Lear's intention, a mere form, devised as a childish scheme to gratify his love of absolute power and his hunger for assurance of devotion".[①] Dividing his kingdom symbolizes renunciation of royal responsibility, which undermines the king's claim to be king and triggers a chain of disasters. It is his loss of self-control that lets loose the monsters. Monsters mean the national chaos. Lear's madness makes Gloucester think of universal nature, the end of the world, and the return to primordial confusion. Facing Lear's suffering, Gloucester cries, "O ruin'd piece of nature! This great world / Shall so wear out to nought" (IV. vi. 130–131). "Nought" or nothing becomes another word for "chaos". The word "nothing" runs throughout the whole play. Everything therefore stems from Lear's rashly dividing his kingdom. Renaissance pessimists had foreseen the imminent disintegration of the whole natural order. In contrast, Henry V is a remarkably rational man.

The young dissolute Prince of Wales occupies a special place in the hearts of English people. He first appears in *Richard II* and one day he will wear the crown and will become a national hero after winning the great victory at Agincourt. The Prince of Wales, whom we meet in *1 Henry IV,* is all too little the king he is born to be. Yet by the final play of the sequence he is to enact sovereignty with grace, an authority given to no other English king. Falstaff's Hal is transformed into the mirror of all Christian kings. The transformation from man to monarch, previewed in *Richard II*, twice enacted in *1* and *2 Henry IV*, and consummated in *Henry V*, is rendered complex and problematic by the extended sequence of its dramatization.

It is Harry who redeems the nation from the moral bankruptcy which faces it at the

① Thomas McAindon, *Shakespeare's Tragic Cosmos* (Cambridge: Cambridge University Press, 1996), 240.

end of *Richard II*. Movement towards this redemption which has its climax under God's hand at Agincourt is the "story matter" of the *Henry IV* plays. He triumphs over the difficult situations: leading his disputatious people against an external enemy, spending their war-like nature abroad instead of at home, and uniting his nation into a whole. Henry V inspires his soldiers at the war of Agincourt. He combines personal bravery and splendid eloquence.

Though Harry spends much time hanging around highwaymen and robbers, he has secret plans to transform himself into a noble prince and a responsible king. Early in scene I of *1 Henry IV*, when his father implies that Hotspur's courage is more important than Prince Harry's royal birth, Harry decides that it is time to change; he vows that he will defeat Hotspur to reclaim his good name. Vernon compares Harry to "feathered Mercury" and an "angel". His action, which is like an "angel", surprises his nation:

> Rise from the ground like feathered Mercury,
> And vaulted with such ease into his seat.
> As if an angel dropped down from the clouds,
> To turn and wind a fiery Pegasus,
> And which the world with noble horsemanship. (*I Henry IV*, IV. i. 106–110)

Many of Shakespeare's plays are concerned with men's choices and the necessity for taking full responsibility for the actions resulting from these choices. One of the techniques he employs to explore this aspect of the human condition is "an interchange of roles between characters who are in some way parallel, owing to a similarity in situation, personality, action, or attitude".① Especially in *Henry V*, this technique is frequently used. Since the transformation that Henry experiences is the transformation resulting in Henry V turning into a king, Henry V comes back as if persistently to the problem of the King's individual responsibilities for what he has to do in his royal office. But such is the combination of self and public function in the play in which it is not easy to know quite which person will shoulder the responsibility.

Ernst Hartwig Kantorowicz talks about the doctrine of "the king's two bodies".

① Norman Sander, "The True Prince and the False Thief: Prince Hal and the Shift of Identity." *Shakespeare Survey 30: Henry IV to Hamlet*. Ed. Kenneth Muir. (Cambridge: Cambridge University Press, 1977), 29.

Bruce R. Smith says: "In effect, a king was deemed to be not one person (his physical self) but two (his physical self plus the embodiment of the idea of king). Or rather, he was three persons: as physical body and the embodier of kingship he became a personage."① Therefore, it is difficult for a king to play two roles successfully. Henry V takes the mantle of kingship very seriously. He is dedicated to fulfilling the obligations of his exalted rank and shouldering the weight of responsibility. In a monarchy, the king is the sole source of law and stability for his nation. Henry has a higher duty to the law than he does to his personal friendship with Falstaff, Bardolph or Scrope. Henry executes Cambridge, Scrope and Grey, because they are bribed by French agents to plan a conspiracy against their nation. Henry's friend Bardolph is hanged for stealing. Henry V is not ruthless against his friend because he has stressed how important it is that the conquered French and their property are treated with the utmost respect. Bardolph's behavior violates the king's order. He shows kindness when he can, but when the fates of his nation are at stake, he acts from motives larger than his own personal feelings. Having mercy on Scrope and Bardolph would weaken the stability of the throne. The king is not comfortable for everything, as Henry V reveals "Uneasy lies the head that wears a crown" (*2 Henry IV*, III. i. 31). Responsibilities of power place both isolation and weight upon the king. Everybody seems to lay all their worries, concerns, and guilt upon the shoulders of the king, who has no means by which he can ease this kind of responsibility.

Henry V is an extraordinarily rational leader who puts the responsibilities of a king above his personal affection. Henry banishes his friends, such as Falstaff, and puts some friends to death in order to protect the law of the nation. Henry's charismatic ability to connect with his subjects demonstrates that he is the epitome of a good leader. The predominant concern of *Henry V* is the nature of leadership and its relationship with morality. It makes some distinctions between a good leader and a good person in qualities. It is difficult for a king to play two different roles, then what the quality a king needs most is reason. As a king, sometimes he must be ruthless. When judging a king, the massive responsibilities laid on the shoulders of a king, rendering him distinct from all other people, must be taken into account. Bearing the responsibility for the well-being and stability of his entire nation is the main duty for a king. He must subordinate

① Bruce R., *Smith, Shakespeare and Masculinity* (Oxford: Oxford University Press, 2000), 27.

his personal feelings, desires, dislikes, and even conscience wholly to this responsibility. Within the framework of judgment suggested by the play, there is no doubt that Henry is both a great king and a hero.

All in all, an ideal model of rational kingship should juxtapose the thoughts of ancient philosophers. Henry V, different from Macbeth and King Lear, prospers where other kings have failed. He is knowledgeable and capable while possessing rational ruling skills. Henry V undoubtedly employs reason as his guidance. It is Henry V who ends the social disorder that started from Richard II and redeems his nation from moral bankruptcy. It is Henry V who unites England, Scotland and Wales and makes England the strongest nation she has ever been. Wisely combining political power with philosophy, Henry V testifies that he is a wise and rational king.

References

Armstrong, P. (2000). *Shakespeare's Visual Regime: Tragedy, Psychoanalysis and the Gaze.* New York: Palgrave.

Bradley, A. C. (1985). *Shakespearean Tragedy: Lectures on Hamlet, Othello, King Lear, Macbeth.* London: Macmillan.

Bucknill, J. (1985). *Psychology of Shakespeare.* Vol. 2. Laurie Lanzen Harris and Mark W. Scott. (eds.). Detroit: Gale Research.

Curry, W. C. (1937). *Shakespeare's Philosophical Patterns.* Baton Rouge: Louisiana State University Press.

Hall, P. (2009). Directing *Macbeth*: An Interview with John Russell Brown. *Focus on "Macbeth"*. Cambridge: Cambridge University Press.

Kantorowicz, Eenst Hartwig. (1957). *The King's Two Bodies: A Study in Medieval Political Theology.* Princeton: Princeton University Press.

Kastan, D. S. (1991). "'The King hath many marching in his Coats,' or what did you do in the war, Daddy?" *Shakespeare Left and Right.* In I. Kamps (ed.). New York: Routledge. 241–258.

Knights, L. G. (1959). *Some Shakespearean Themes.* London: Ghatto and Windus Ltd.

Martindale, C. & Taylor, A. B. (eds.). (2004). *Shakespeare and the Classics.* Cambridge: Cambridge University Press.

Marx, S. (2000). *Oxford Shakespeare Topics: Shakespeare and the Bible.* Oxford: Oxford University Press.

McAindon, T. (1996). *Shakespeare's Tragic Cosmos*. Cambridge: Cambridge University Press.

Sander, N. (1977). The true prince and the false thief: Prince Hal and the shift of identity. In K. Muir (ed.). *Shakespeare Survey 30: Henry IV to Hamlet*. Cambridge: Cambridge University Press.

Smith, B. R. (2000). *Shakespeare and Masculinity*. Oxford: Oxford University Press.

Well, S. (ed.). (1992). *Shakespeare Survey: Shakespeare and Politic*. Cambridge: Cambridge University Press.

Willbern, D. (1997). *Poetic Will: Shakespeare and the Play of Language*. Philadelphia: University of Pennsylvania Press.

Wilson, J. D. (ed.). (2009). *The New Cambridge Shakespeare*. Cambridge: Cambridge University Press.

Reversing "Feminine Mystique": More Women Choosing to Be "Opt-out" Mothers?

Keqing ZHANG
Beijing Foreign Studies University

Abstract: With the increasing media coverage and public attention on "opt-out" mothers, the public seems to follow the trend and believe that a large number of mothers are "opting out" for their families. This paper examines the media coverage of "opt-out" mothers to see how mothers are portrayed and compares the extent of media coverage with the statistics of "stay-at-home mothers" and "opt-out" mothers. Furthermore, the factors affecting a mother's choice and their proportion are further examined. It is found that media tends to exaggerate family and children's impact on mothers; in fact the number of "opt-out" mothers is quite small and the impact that children have on them is not as large as reported. A further overview of women labor force status indicates that only age has a comparatively high degree of influence on a woman's labor force status. The media has over-emphasized the "opt-out revolution" and the factors contributing to it.
Key words: opt-out mothers; children; work; education

1. Introduction

Betty Friedan wrote in 1963 that every suburban womon struggles with a single question as she makes the beds, shops for groceries, chauffeurs children about and lies beside her husband at night: "Is this all?" This ground-breaking book *The Feminine Mystique*, caused great sensation, calling on women to start to work and telling them that being a housewife is just not enough. Then came the wave of more women entering the workplace and becoming the legendary "superwoman" — handling work and family simultaneously. However, recently there seems to be a trend of the return of stay-at-home mothers: an increasing number of career women are choosing to give up work and devote all their energy to family, to spend more time with children.

Although they are often under heavy media coverage and spotlight, actually relatively few married stay-at-home mothers with working husbands would qualify as highly educated and affluent. That is to say, they do not need to worry about the family income and they themselves are highly qualified to be a strong breadwinner. This group is sometimes called "opt-out" mothers, while some researchers say that they do not "opt out" but are pushed out due to work-family conflicts. Of all the "opt-out" mother stories we read through media coverage, we often see that mothers "opt-out" for their families, and most important of all, for their kids. Family and children are their priorities.

This paper seeks to emphasize these "opt-out" mothers, aiming to crystallize the trend, draw on reliable data on the stay-at-home mothers, "opt-out" mothers as well as on professional women, using related feminist and motherhood ideologies to check the trend of reversing "feminine mystique" and then to discuss the validity of "for the family and children" choice. The present thesis would examine the trend, and discuss the real reasons for mothers' returning back to home. So the research questions of this thesis are:

(1) Is it true that more professional women are choosing to be "opt-out" mothers?

(2) How does media cover and depict "opt-out" mothers?

(3) Do mothers mostly opt out for their families, as people supposed or out of other reasons?

(4) What is the weight of each factor influencing a mother's decision?

Data and statistics used in this paper mainly comes from U.S. National Census Bureau, Center for Economic and Policy Research and Pew Research Center. Other related researches conducted by individual media would also be referred to. This paper ends with the conclusion that although the number of stay-at-home mothers is on the increase, this does not mean the rise of "opt-out" mothers; they really make up only a small part of all the mothers. Moreover, children might not be the most important and only reason for mothers to "opt-out"; for these high-educated, affluent women, the weak performance of labor market might be a more important factor that influences their choices; and lastly, even if these factors do have an influence on mothers' choices, the extent of their influence is quite small and the most important factor affecting a mother's labor force status is her age.

2. Literature Review

As noted above, the "opt-out" mothers are under heavy media coverage due to their uniqueness and distinctiveness. This part would first check public awareness of the "opt-out" movement and then goes on to explore the related literature discussing the reasons behind this "opt-out" choice. Furthermore, opt-out or pushed-out debate would also be referred to.

"Opt-out" first caught public attention when it appeared in *New York Times*. Lisa Belkin writes that elite, successful women can afford real choice — "who have partners with substantial salaries and health insurance — making it easy to dismiss them as exceptions" (2003: 3). This is the very first definition of "opt-out" mothers. Belkin lists interviews with eight women who graduated from Princeton as well as four women, three of whom hold MBAs; while all of them choosing to leave their professional job and make the real choice to become stay-at-home mothers. She also takes this revolution as a way women run the world. "This is not the failure of a revolution, but the start of a new one. It is about a door opened but a crack by women that could usher in a new environment for us all" (2003: 11), taking a total positive attitude toward the "opt-out" movement.

However, not all agree with the word "opt-out"; some scholars would prefer to call it "pushed out". In a paper by Joan Williams, the untold story of why women leave the workforce is discussed. The report examines how the U.S. media has covered issues in the context of mothers "opting out" of the workforce, concluding that most media coverage has a firm grip and often chooses to neglect the truth: "Structural inflexibilities, outdated models of the 'ideal worker' and unfair discrimination are impacting women's abilities to remain in workforce as mothers" (2007: 51).

In terms of reasons why "opt-out" mothers made the choice, of course the first is family and children. In the book, *Why Women Still Can't Have It All*, the author, Slaughter explains her strong desire to stay at home more often and spend more time with her children, expressing the maternal incentive. She writes that "perhaps leaders who invested time in their own families would be more keenly aware of the toll that their public choices may take on private lives" (2012: 98). This is the main points held by and propagandized by most media coverage. However, a few other scholars hold a different view: Heather Boushey writes that "the media hype about women opting out of employment is probably a result of the reality that for highly educated women, dropping out of the labor force is usually associated with having a child at home" (2005: 13), implying that compared with children, a more important reason for the "opt-out" choice might be the labor market.

Boushey wrote her paper in the year 2005, 10 years from now. As so far there's still not much research supporting the "workplace > family" argument, this paper aims to investigate a more recent trend of "opt-out" mothers and see if the influencing factors are still those as listed by previous scholars; moreover, this paper tries to examine the weight of different factors.

3. Methodology

There is a wealth of information for this review since "opt-out" mothers are a current topic of interest in the career field of women and feminist discussion. The BFSU Library was used to select sources; online sources were also used. The library was used for its large collection, and the Internet was used as a source because of its limitless networking of sources. Sources used from the Internet were written by professionals in their fields and published on reliable sites, in referred publications, or on professional organizational sites.

Descriptive search items including "opt-out" moms, pushed out, trophy husbands, family pressure, workplace, labor market, educational level etc. were used to retrieve research from library and online databases. Instructors at BFSU were also consulted.

Moreover, in terms of data usage in this essay, the data mainly comes from U.S. National Census Bureau, Bureau of Labor, Center for Economic and Policy Research and Pew Research Center, and some research done by individual press would also be referred to. The data is used to show the trend of professional women's changing choices, changes of women's labor participation rate and pressure which comes from child caring and workplace etc. All the data are available on the Internet and accessible. Moreover, the data is analyzed with STATA and SPSS, so the tables presented in this paper are the result of author's programmed data.

Credibility, validity and reliability were used to analyze and evaluate the resources found. In searching all articles, peer-reviewed journals, date of journal submission, and journal acceptance rate were used to analyze and to evaluate the articles. The initial resources were selected by reviewing the article abstracts and then determining if the contents were relative to the keywords. The evaluation of resources were based on: the quality of the content, the relevance to the topic, and the published year from the year of 2000 to the most current year. The citation index searching technique was also used to examine the citation frequency of author's work in other publications.

4. Theoretical Framework

In this paper, the major ideological conflict exists between "ideal woman as housewife" and feminist "working professional women" ideology. In Betty Friedan's time, this conflict ended with the wave of more women taking part in the workforce; while in the context of current situation, it seems that the wave is reversed.

The desire to have a "perfect" family was shared by most women, both in the 1950s and nowadays. A family is defined as a place without fights, where children are happy and healthy and parents are in perfect harmony. In the United States of the 1950s and maybe even currently, the image of the "ideal" family was that of a "successful husband having a stable job as the breadwinner, of the children happily playing in the garden or watching brand-new television, and above all of the wife cooking in her highly-equipped kitchen, cleaning the house and handling all the house errands" (Lamb, 2011: 17). This model of society is based on the strong distinction between the masculine and feminine roles and this can be clearly conceived by the government and propagated by the means of media of that time. In this "ideal woman as housewife" ideology, mothers do not need to go out to work, they just naturally shoulder the role of caring for the whole family and especially all the childcare work and are certainly proud of this. Women are "domesticated", and they should happily take on these responsibilities that the society endows on them.

While the opposite ideology calls for women freedom and independence, the distinction between "ideal housewife" and "professional female" is that the professional women have free choices. That's the reason for the transformation of these women into committed feminists and their evolution until the revival of feminine activism in the 1960s and 1970s. For women to have full identity and freedom, they needed economic independence. Breaking the barriers that had barred them from the status recognized by society was only the first step; women needed to change the rules and the structures of the work world, of marriage, family and home. In this "working professional women" ideology, women not only function as mothers, as the care-givers, but as the contributors to the social economy and as independent individuals. Just as Simone de Beauvoir writes about the importance of this long fight undertaken by women to become freer and more independent: "we are not born woman, we become it" (DeBeauvoir, 1948: 102).

5. Discussion

This section is mainly divided into three parts. Part one would examine the media coverage of "opt-out" mothers to see how they are most often portrayed in the reports and the main reasons given by media about why mothers choose to leave work force. Then in part two, the trend of stay-at-home mothers as well as the "opt-out" mothers would be shown to see whether the number as well as the proportion of women "opting out" is so large as reported in media. Part three discusses the impact that different factors have on mothers' choices, especially children and family; moreover, pressure from work would also be taken into consideration. And the last part would further explore the weight of different factors in mothers' decision respectively to see which is the real, or the more important reason for mothers to make the choice.

5.1 Media Coverage of "Opt-out" Mothers

As media is the main way that people get information, how media depicts "opt-out" mothers would to a large extent affect the public's perception. This part seeks to explore the media coverage of "opt-out" mothers to see how they are portrayed in media. The emphasis is mainly put on the factors given by the media that affect a mother's decision to "opt out".

Using the search engine LexisNexis, the author searched a variety of publications using the "relativity" ranking of search results. The publications include newspapers, web-based publication, magazines and journals, news, newswires and press releases, industry trade press, newsletters as well as aggregate news sources.

The first thing that this essay wants to discuss is whether media puts more emphasis on "opt-out" mothers rather than working mothers. In the LexisNexis database, there are more than 1000 reports and articles concerning the keywords "opt out mothers", and 995 reports about "mothers in working force" at the time this paper is written. Therefore overall, media coverage of "opt-out mothers" and "mothers in working force" are more or less balanced and there's no obvious bias toward the "opt-out" revolution.

Ranking all the results by relevance, the author chooses 25 articles (see Appendix A) concerning both keywords respectively to check the factors mentioned by media that influences a mother's decision to leave labor force or not. As the emphasis is only on "factors covered by the articles", reports concerning other aspects of mothers would be taken as irrelevant. The following table shows how each article is presented. Most are just quoted from the articles.

Table 1: Factors influencing a mother's decision to stay in labor force or not

Article number	Factors influencing a mother's decision
1	Family and children
2	Choice operating in women's lives

(To be continued)

(Continued)

Article number	Factors influencing a mother's decision
3	Younger, less educated, Hispanic
4	Mothers with husbands in top earnings
5	Educational level
6	Inconvenient work environment for mothers
7	Pushed out of employment
8	------------------------------
9	Caring of children
10	Pressure as mothers
11	Weak labor market and inflexible work policies
12	Pay gap between men and women
13	Black women
14	Cannot behave like "mini-men"
15	Motherhood
16	Having a child
17	------------------------------
18	Global financial crisis and young kids
19	------------------------------
20	Work pressure
21	New mother cannot cope with young children
22	------------------------------
23	Latest provincial government cuts
24	Young children
25	Home and children
26	Children
27	Younger children
28	Income and work position
29	Educational level and income
30	Young babies
31	Number and age of children
32	Educational background and family's income

(To be continued)

(Continued)

Article number	Factors influencing a mother's decision
33	Rocky job markets
34	------------------------------
35	Economic situation
36	Ability to use their talents to affect society
37	Young children
38	Having a family to care
39	Demands of work
40	Economic need
41	------------------------------
42	Working environment
43	Household income
44	------------------------------
45	Single mothers
46	A change in attitudes
47	Mother as sole breadwinner
48	Having a baby
49	Educational level
50	"Good mother" versus "ideal worker" conflict

Source: Author's analysis of 50 articles taken from LexisNexis

From the table above we can see that the most frequently reported reason for mothers to choose to leave or stay in the labor force is "children, number of children, young children, educational level, and family income". At least in reports and journals, these factors are depicted as having great influence on a mother's choice of opting out or not.

5.2 Stay-at-home Mothers and "Opt-out" Mothers

5.2.1 Difference Between Stay-at-home Mothers and "Opt-out" Mothers

As the discussion commences, first of all the distinction between "stay-at-home" mothers and "opt-out" mothers should be made. Occasionally people would take the two as the same, referring to "mothers who do not work and stay at home and look after the family", however, whether the mothers "are forced out of labor force" or "opt out of the labor force" makes a big difference. So in this paper, "stay-at-home mothers" refer to all mothers who stay at home without working, regardless of the reason; while "opt-out" mothers are defined as the group of women with comparatively high education and high income who choose to leave work and stay at home.

5.2.2 A Rise in Stay-at-home Mothers

Thanks to the women's liberalization, more women have learned to get rid of the "feminine mystique" and devoted themselves to the professional work. In a Pew Research Center analysis of March Current Population Surveys, as we can see in Figure 1, x-axis is year number, and y-axis is the percentage of mothers with child or children younger than 18 who do not work outside the home.

Since the year 1967, the percentage of mothers with children younger than 18 who stay at home has been declining. After decades of decline, it seems that share of stay-at-home mothers is on the rise. The share of stay-at-home mothers rose to 29% in the year 2012, up from a high-low of 23% in 1999. This rise means the reversal of a long-term decline in stay-at-home mothers which had lasted for more than 30 years.

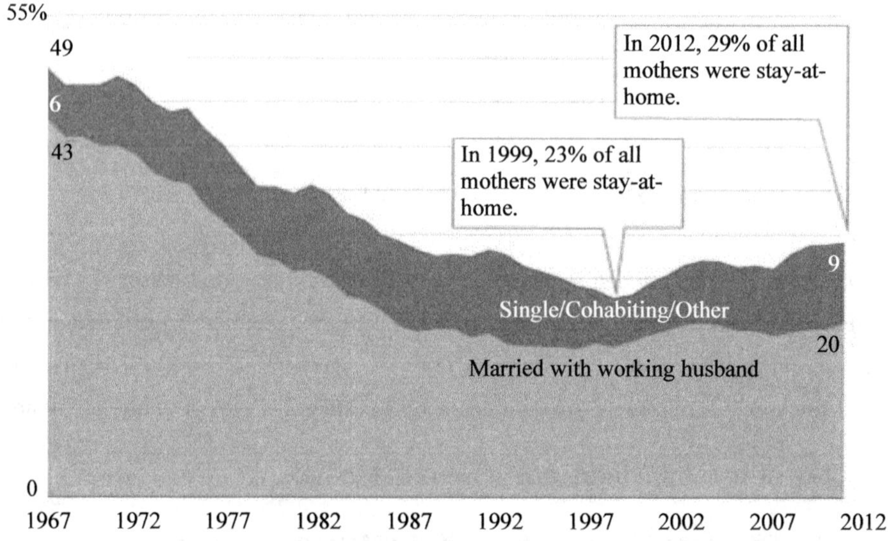

Source: Pew Research Center analysis of March Current Population Surveys Integrated Public Use Microdata Series, 1968–2013

Figure 1

However, the term "stay-at-home mothers" is a quite broad one, because stay-at-home mothers include not only mothers who claim that they made the choice to spend more time with families and care for the children, but also the mothers who cannot find jobs, unable to work, disabled etc. Moreover, in the Pew Research Center report, it is said that a growing percentage of stay-at-home mothers (6% in 2012 while only 1% in 2000) say that they choose to stay at home because they have to because they can not find a job.

We may also see from the above chart that the economic situation is likely to affect mothers' decisions. For instance, in 2007, the percentage of "stay-at-home mothers" sees a new low, maybe partly due to the economic recession. Taking the stagnant income and the rising cost of living in recent years into consideration, the less-educated and less-earned mothers may compare the cost of child care against wages and choose to make more wise decisions to stay at home, which means this group contributes a lot to the rise of stay-at-home mothers.

In 2009, Donna St. George reported that census statistics show that "stay-at-home mothers tend to be younger and less-educated, with lower family incomes. They are more likely than other mothers to be Hispanic or foreign-born" (George, 2009). A stay-at-home mother research done by Kreider, R. M. & Elliot, D. B. (2010: 20) gives the similar conclusion that "there is no opt-out revolution changing the landscape of stay-at-home motherhood. Rather the data suggest a 'left out' group of married mothers who are young, Hispanic and have less than a high school education".

5.2.3 Trend of Opt-out Mothers

In terms of the "opting-out" mothers that this paper is concerned with, according to the Pew Research data, in 2012, only about 370,000 married stay-at-home mothers with working husbands had at least a master degree and family income exceeding $75,000. And this number only accounted for 5% of the total number of married stay-at-home mothers. Kuperberg (2008: 513) also summarizes, "Women who opt out are a minority, albeit a significant minority; Friedan's women were not." In Friedan's book (1963), women needed to be liberated from housework and needed to have their own careers; compared with this vast number of housewives, the "opt-out" mothers really only accounts for a small group.

Thus from the data above, it can be concluded that a rise in stay-at-home mothers does not necessarily mean a rise in "opt-out" mothers; even if the number of "opt-out" mothers is on the rise, they only account for a very small part of the total stay-at-home mothers, which means that unlike the heavy media coverage, "opt-out" mothers are only a small group and the "opt-out" profile popularized by the media does not reflect the majority of stay-at-home mothers.

And secondly, it's quite possible that one of the main reasons for the declining labor force participation rates among women over the last few years appears to be the weakness of the labor market and the fluctuant economic situation, rather than the "family-is-the-very-reason-I-give-up-work" factor which most frequently appears in media coverage.

5.3 The Effect of Children, Family and Working Pressure

5.3.1 Children's Impact on Mothers' Decision

In this part, the analysis addresses whether or not a women with a child or children in the home is any less likely to be in the labor force today than she was at earlier points in the last two decades simply because there was a child in her household, since in most media coverage most "opt-out" mothers say they make the choice for the children. Data used in this part is extracted from the Center for Economic and Policy Research (CEPR) Outgoing Rotation Group (ORG). Heather Boushey has conducted a similar survey, while in the paper he only referred to and compared two years: 1984 and 2004. Considering the famous debate between Anne Slaughter and Sheryl Sandberg over "whether women can have it all", the year 2012 can be regarded as a turning point of "opt-out" movement. Thus based on the previous data by Boushey, the author extracted the data for the year 2013 (latest year) to make an overall comparison among the year 1984, 2004 and 2013.

This part examines the effects of children on the labor force participation rates (LFPR) of women. The analytical data is based on an annual research including nearly 360,000 respondents and more than 120 variables. All the analysis is conducted on the STATA program.

Since we are talking about "opt-out" mothers, in this paper the age of women discussed is restricted to 25 to 44, as this range is regarded as the prime-age for women to have younger children and have greater chances to opt out. Thus the number of women are reduced to 101,580 in the 2013 database, for instance. Also, as children under six are not old enough to go to school and need more special attention when compared with older kids, in this paper, women with children aged under six are especially singled out.

The focus is put on labor force participation rate (LFPR), meaning the share of population either employed or unemployed (including actively searching for work). Table 2 shows that from 1984 to 2004, the average age of women rises from 34 to 35.5; while in the year 2013, the number falls to 34.55. This is not an obvious decrease, but still, the average women in labor force are becoming younger. Another noteworthy fact is that the percentage of married women has declined sharply, from 73.8% to 62.6% to 56.60% in 2013, meaning that more women in labor force are single and do not counter with the "balancing family and work" dilemma.

Corresponding with the falling percentage of married women, the share of women in the same age range with children at home decreased. What is surprising is that the percentage of women with child/children under six experienced a small rise, from 29.7% in 2004 to 29.88% in 2013.

Table 2: Characteristics of women aged 25 to 44

	Year		
	1984	2004	2013
Average Age	34	35.5	34.55
		Share (%)	
Married	73.8	62.6	56.06
Has any children	66.9	63.1	54.55
Has children under six	30.2	29.7	29.88

Source: Heather and Author's analysis of CEPR Outgoing Rotation Group Extracts, various years.

On the whole, the average age, the percentage of married women and mothers in the labor force have seen a decrease, which may suggest that more women are opting out for families and children. However, take a closer look at the percentage of mothers with children under six, it can be seen that more mothers with young kids stay in labor force and the presumption that "mothers opt out mainly for taking care of kids" cannot stand so firmly.

Changes in the composition of the population of women took place against normal cyclical changes in the U.S. economy. Between 2000 and 2004, for example, the labor market went from a peak through a prolonged period of slow economic recovery. The same is happening from the 2007 financial crisis until nowadays, as mentioned above, with an increase of more women staying out of labor force. The gloomy labor market and demographic changes may have both affected women's labor force participation rates, which leads to the illusion in the raw data that children have become the very first reason for women to drop out of the labor market.

5.3.2 Educational Level

Another outstanding feature of opt-out mothers is that they are categorized as having a Bachelor degree or higher. A closer look at the LFPR of women with different educational levels would help explain the factors influencing mothers' choices.

Table 3 shows the LFPR of women categorized by educational attainment. Overall, women in all ages are also now better educated, though still few (9.05%) has a graduate degree. So it is with doctorate degrees: among the 101,580 women in the database, only 1548 have a PhD degree. Looking at three columns of Table 3, we can see that the LFPR of women with higher educational level (defined as having a college or graduate degree) has been on the rise while mothers who received less education are more likely to be out of labor force.

Table 3: Educational level of women aged 25 to 44

	Year		
	1984	2004	2013
	Share (%)		
Educational Attainment			
Less than high-school	14.7	9.8	9.17
High school	40.5	30.1	25.8
Some college	23.3	29.3	28.4
College degree	15.8	22.2	26
Graduate degree	5.6	8.6	9.05

Source: Heather and Author's analysis of CEPR Outgoing Rotation Group Extracts, various years.

Examining the LFPR of mothers with different educational levels in year 2013 would further help. From Table 4, we can see that whether mothers or mothers with children aged under six, the more education she receives, the more likely that she stays in labor force. More than 80% of women with a college degree or higher continue to work when they have children, even children under six.

Comparing the two, we see that 81.7% of mothers work, while this number falls to 80.0% of mothers with kids. The difference, 1.7% might well be the mothers who choose to stay at home.

Table 4: Labor force participation, by educational attainment and children

	LFPR
	LFPR
Any Child	
Less than high-school	60.3
High school	72.0
Some college	75.4
College degree	81.7
Graduate degree	85.3
Child under six years old	
Less than high-school	57.8
High school	69.0
Some college	72.4
College degree	80.0
Graduate degree	83.7

Source: Author’s analysis of CEPR Outgoing Rotation Group Extracts, 2013.

Thus we can conclude that the group of highly-educated women are quite devoted to work, and for most of them, having a young child might be the only reason not to work while at the same time the LFPRs for highly-educated women remain high as we can see, if working, highly-educated women are less likely than other women to have children at home. And most important of all, higher LFPRs goes along with highly-educated women with children, whether the children were young or not. It should be admitted that children are an important factor for mothers when making decisions, but all the data analysis shows that children might not be the very first reason for those highly-educated women to make their “opt-out” choices. In other words, the impact that children have on women’s choices is not so big as anticipated.

Actually, the probability of a mother willing to take part in paid labor force increases with her level of education — according to Current Population Survey of U.S. Census Bureau, over 78% of mothers with a graduate or professional degree are in the paid workforce, and they are three times likely to work full-time as to work part-time. Moreover, rates of maternal employment have been relatively stable ever since the early 1990s. So if we ask the fundamental question about the future of women's career development "What's become of our best and brightest young women?" it appears that most of them are at the office, whether they happen to have baby or not.

5.3.3 Working Pressure and Cultural Resistance

Belkin's article, and other reports in the popular media show that there's indeed an alarming national trend of educated, middle-class mothers abandoning professional careers to take over the messy business of raising their children at home. The validity of this trend has been discussed above. Meanwhile, apart from the emphasized family and child-care factors, factors that limit the possibility of mothers' being promoted at workplace are investigated.

According to contemporary cultural and social standards, as the "ideal women image" discussed above, mothers are still expected to carry the primary burden of family care, making conforming to the uncompromising grind of the "ideal professional women" nearly impossible. According to Williams J. C., Manvell J. & Bornstein S. (2006: 1), mothers working as professional women have "three unattractive choices. They remain in a good job that keeps them away from home 10 to 12 hours a day, or they take a part-time with depressed wages, few benefits and no advancement. Or they quit". And this is the very workplace pressure that this paper is talking about. Mothers are faced with such pressure.

While at the same time women continue to enter elite professions at a growing rate: the recent National Study of the Changing Workforce by the Families and Work Institute shows that currently women are more likely than men to work at professional or managerial occupations. But only quite a few of them can be promoted to the upper ranks — partly due to the gender discrimination, the "glass ceiling", and many of them falls into the dilemma William describes as "the maternal wall".

The maternal wall is similar to the motherhood theory — that mothers, even the elite one who are really qualified for highly professional jobs, are biologically hard-wired to put care-giving in front of competition. Williams as well as other scholars studying this life-work conflict gives the conclusion that professional paid work and motherhood need not to be inherently incompatible, and argues that cultural attitudes about women, work and family have generated workplace practices that consistently marginalize mothers and others with normal care giving obligations.

Cultural resistance to mothers remaining in the paid workforce is less strident today than it was in the 1990s, but the resistance has never disappeared. A 2012 National Study of the Changing Workforce survey of wage and salary workers found that two out of every five male workers, and at the same time almost as many female workers, agreed with the statement that "men should earn the money and women should stay at home minding the house and children". While in 1977, only 26% of men felt it was appropriate for women to work outside home, disregarding the ongoing feminist revolution movements. But what is worth thinking is why our society is still locked into the idea that mothers, above all other roles, are the most responsible for caring the children and this attitude has impacted women both in and outside the workplace. In this conflict between motherhood and professional work, mothers are always trying to compromise the two, and thus the two seem to be a forever alternative choice for women to make.

5.4 Regression Analysis of the Factors

In this part, the author aims to examine the extent to which different factors impact mothers' labor force participation status with regression. Data used in the regression is the same as above: the 2013 CEPR Outgoing Rotation Group data.

Factors chosen in the regression are as follows: educational level, age, number of children. Other possible variables including "have child or not" "whether child is under six" are of the Boolean algebra category, which means there're only two variables: 1 and 0. As it is hard to conduct logistic regression on such, these two factors are not taken into consideration in this part.

As at the very beginning, the correlation between different factors is still unknown, so first of all single variable regression is conducted to see how these factors impact a woman's labor force status respectively. In this logistic regression, Nagelkerke Pseudo R square is used as the criterion. Moreover, all the null in "labor force status" data is excluded, of the 101,580 women aged between 25 to 44, 3664 null were excluded.

Table 5: Single variable logistic regression, women aged 25 to 44

	Nagelkerke Pseudo R square
Educational level — labor force status	0.165%
Age — labor force status	0.003%
Number of child — labor force status	0.010%

Source: Author's analysis of CEPR Outgoing Rotation Group Extracts, 2013.

So we can see that in this single variable regression, all these three variables have little effect on a woman's labor force status, as the Pseudo R squares are quite small, which means the degree of fitting is rather low. It can be deducted that these three variables are collinear. Therefore, the author conducts another logistic regression with all these three variables.

Table 6: Multi-variable logistic regression, women aged 25 to 44

	Nagelkerke Pseudo R square
Edu – age – child number — labor force status	0.062%

Source: Author's analysis of CEPR Outgoing Rotation Group Extracts, 2013.

The Pseudo R square is still too small to say that any of these variables have a significant influence on a woman aged 25 to 44's labor force participation, as least in this database.

Then the author chooses to expand the samples to all the women in the database. The same logistic regressions are conducted.

Table 7: Single variable logistic regression, all women

	Nagelkerke Pseudo R square
Educational level — labor force status	0.086
Age — labor force status	0.320
Number of child — labor force status	0.062

Source: Author's analysis of CEPR Outgoing Rotation Group Extracts, 2013.

Table 7 shows that compared with age, educational level and number of child seem to have little effect on the labor force status, while age might be the most important factor in deciding a woman's labor force status. This is further proved in the multi-variable logistic regression: that the Pseudo R square rises to 0.351%.

Table 8: Multi-variable logistic regression, women aged 25 to 44

	Nagelkerke Pseudo R square
Edu – age – child number — labor force status	0.351%

Source: Author's analysis of CEPR Outgoing Rotation Group Extracts, 2013.

However, it's natural to know that a woman's age is closely associated with her labor force status, thus the conclusion we get from Table 7 and 8: That age influences a woman's labor force status most is a seemingly common sense.

While on the other hand, all the regressions conducted in this part proves that the impact that educational level, age and number of childe have on a woman's labor force status is not that large, as the media has covered.

6. Conclusion

This paper checks media coverage of "opt-out" mothers and finds that most of the reasons listed by the media are family, child and workplace pressure. An examination of the so-called "national wave" of "opt-out" mothers finds that the "opt-out" mothers only account for a small part of stay-at-home mothers and the increase of stay-at-home mothers is largely due to the gloomy labor market, and there's no sharp increase of the "opt-out" mothers, as the percentage of highly-educated, affluent women in labor force remains quite high, there's no "reversing Feminine Mystique" happening on this group of mothers. Moreover, in terms of the reasons why women choose to be "opt-out", this paper admits that children play an important part in the decision-making process, but it finds that children might not always be the most important factor — work might also be the very reason why mothers choose to opt out. And lastly, in terms of the extent of influences, this paper finds that those factors listed above have a very small influence on a woman's labor force status. That is to say, the media has exaggerated the trend of "opt-out" mothers as well as over-emphasized the importance of different factors.

Actually, the conflict between motherhood and willingness to work is always a problem for mothers. However, what the society should do is not to help find the best choice, but to help solve the seemingly-incompatible conflict between the two.

References

Belkin, L. (2003). The Opt-Out Revolution, *New York Times Magazine*, October 26.

Boushey, H. (2005). *Are Women Opting Out? Debunking the Myth*. Center for Economic and Policy Research.

Cotter, D. A., Hermsen, J. M., & Vanneman, R. (2007). *End of the gender revolution?* Accessed March 7, 2013. http://www.bsos.umd.edu/socy/vanneman/endofgr/default.html

De Beauvoir, Simone. (1948). *Le Deuxième Sexe*. Paris: Gallimard.

Kreider, R. M. & Elliot, D. B. (2010). *Historical Changes in Stay-at-Home Mothers: 1969 to 2009*. Fertility and Family Statistics Branch, U.S. Census Bureau.

Kuperberg, A. & Stone, P. (2008). The media depiction of women who opt out. *Gender & Society* (8): 497–517.

Lamb, V. M. (2011). *The 1950's and 1960's and the American Woman: The transition from the "housewife" to the feminist*. Université du Sud Toulon-Varo.

Percheski, C. (2008). Opting out? Cohort differences in professional women's employment rates from 1960 to 2005. *American Sociological Review* 73(3): 497–517.

Ridgeway, C. L. & Correll, S. J. (2004). Motherhood as a status characteristic. *Journal of Social Issues* (60): 683–700.

Slaughter, A. M. (2012). Why women still can't have it all. *The Atlantic, JUNE/JULY*, 16.

Stone, P. (2013). *"Opting Out": Challenging Stereotypes and Creating Real Options for Women in the Professions*. Harvard Business School.

Williams, J. C., Manvell, J., & Bornstein, S. (2006). *"Opt Out" Or Pushed Out?: How the Press Covers Work/Family Conflict*. The Center for Worklife Law, Hastings College of the Law, University of California.

Appendix A

1. "The Opt-Out Revolution."
   New York Times, October 26. 2003. Belkin, Lisa.
2. "The 'Opt Out Revolution' and the Changing Narratives of Motherhood: Self Governing the Work/Family Conflict."
   Journal of Law & Family Studies, 2009, JOURNAL OF LAW & FAMILY

STUDIES, 11 J. L. Fam. Stud. 407, 11140 words, Brenda Cossman.

3. "Most Stay-at-Home Moms Start That Way: Many Are Younger, Less Educated, Hispanic."
   The Washington Post, October 1, 2009 Thursday, A-SECTION; Pg. A01, 969 words, Donna St. George; *Washington Post* Staff Writer.
4. "Off to Work She Should Go: Working Moms."
   The International Herald Tribune, April 26, 2007 Thursday, OPINION; Pg. 7, 844 words, Linda Hirshman – The New York Times Media Group.
5. "Myth of the Opt-Out Mom."
   Christian Science Monitor, March 30, 2006, Thursday, OPINION; Pg. 9, 1006 words, Stephanie Coontz.
6. "Mum's rights."
   The Straits Times (Singapore), November 23, 2001, Friday, World, Pg. 8, 510 words, Alfred Lee, Straits Times Europe Bureau.
7. CROWDSOURCING THE WORK-FAMILY DEBATE: A COLLOQUY: I: "Trophy Husbands" & "Opt-Out" Moms.
   Spring, 2011, Seattle University Law Review, 34 Seattle U. L. Rev. 663, 6841 words, Beth A. Burkstrand-Reid.
8. "Moms Find Friends And More In Group."
   The Tampa Tribune (Florida), April 5, 2006 Wednesday, PASCO; Pg. 4, 613 words, LAURA CONE, In The Loop.
9. "Families forced to opt out of paid childcare."
   The Advertiser (Australia), June 30, 2008 Monday, NEWS; Pg. 1, 502 words, LAURA ANDERSON, POLITICAL REPORTER CANBERRA.
10. "The best Mother's Day gift: family time."
    Christian Science Monitor, May 9, 2007, Wednesday, FEATURES, CURRENTS; Pg. 16, 839 words, Marylin Gardner Columnist of *The Christian Science Monitor.*
11. "The truth behind women 'opting out'."
    Christian Science Monitor, October 30, 2006, Monday, FEATURES, CURRENTS; Pg. 13, 1168 words, Marilyn Gardner Staff writer of *The Christian Science Monitor.*
12. "The working women who'd like to be housewives for a bit."
    Canberra Times (Australia), March 3, 2007 Saturday, A; Pg. B07, 934 words, *The Canberra Times.*

13. “Work vs. Family, Complicated by Race.”
The New York Times, February 9, 2006 Thursday Correction Appended, Section G; Column 2; Thursday Styles; Pg. 1, 1775 words, By LYNETTE CLEMETSON.
14. “Dishing up a dose of reality: New book contends midlife women ‘profoundly disgusted’ by life in the corporate world, pressure to be perfect moms.”
Ottawa Citizen, April 29, 2006 Saturday, STYLE WEEKLY; Pg. J4, 885 words, Elizabeth Payne, *The Ottawa Citizen.*
15. “Motherhood not so rosy.”
The Courier Mail (Australia), May 14, 2007 Monday, TODAY; Pg. 39, 947 words, *Marilyn Gardner*.
16. “5 Myths about working mothers.”
The Washington Post, May 30, 2010 Sunday, OUTLOOK; Pg. B04, 1161 words, Naomi Cahn and June Carbone.
17. “Full state pension for stay at home mothers.”
The Daily Telegraph (London), May 12, 2012 Saturday, NEWS; FRONT PAGE; Pg. 1, 598 words, Robert Winnett.
18. “Mother of all battles to get back into the workforce.”
The Sun Herald (Sydney, Australia), August 10, 2014 Sunday, EXTRA; Pg. 26, 2341 words, Jacqueline Maley.
19. “Re-examining why we work.”
Ottawa Citizen, April 14, 2007 Saturday, STYLE WEEKLY; Balancing Act; Pg. J2, 1011 words, Elizabeth Payne, *The Ottawa Citizen.*
20. “Get Back to Work.”
New York Times, May 6, 2007 Sunday. Eugenie Allen. Section 7; Column 3; Book Review Desk; Pg. 24.
21. “New Mothers Should be Asked If they’re Coping.”
The Daily Telegraph. March 19, 2013 Tuesday. Edition 2; National Edition. Section: News; Pg. 2.
22. “Rhetoric Masks Reality for Working Mothers: Corporate Woman.”
Australian Financial Review. February 22, 2011 Tuesday. First Edition. Section: Work Space; Pg. 58.
23. “WORKING MOMS MAY OPT OUT OF LABOR FORCE.”
Calgary Herald (Alberta, Canada), January 23, 1994, Sunday, FINAL EDITION, NEWS; Pg. A8, 715 words, SHARON ADAMS.

24. "Mommy War Machine."
The Washington Post. April 29, 2007 Sunday. Regional Edition. Section: OUTLOOK; Pg. B01.
25. "Mommy wars continue as older fighter changes sides."
Contra Costa Times (California), January 11, 2006 Wednesday, NEWS; Pg. F4, 758 words.
26. "More moms get back on the job."
The Globe and Mail (Canada), December 20, 2007 Thursday, GLOBE LIFE; 20-YEAR STUDY; Pg. L1, 549 words, CARLY WEEKS.
27. "More Mothers of Babies Under 1 Are Staying Home."
The New York Times, October 19, 2001 Friday, Section A; Column 5; National Desk; Pg. 14, 691 words, By TAMAR LEWIN.
28. "Mothers at home fear loss of identity."
The Daily Telegraph (Sydney, Australia), January 30, 2001, Tuesday, LOCAL; Pg. 7, 512 words, MICHAEL McKINNON.
29. "New moms opting to stay home despite financial hardship."
Deseret Morning News (Salt Lake City), December 3, 2006 Sunday, 822 words, Sue Shellenbarger *The Wall Street Journal*.
30. "Single mothers' job chances 20% lower than married ones."
The Central Bureau of Statistics: Single mothers in southern Israel have even less chances for work."
Globes[online] – Israel's Business Arena. March 15, 2006 Wednesday. By Zeev Klein.
31. "CENSUS BUREAU SAYS MORE MOMS ARE RETURNING TO FULL-TIME WORK WITHIN A YEAR OF GIVING BIRTH."
St. Louis Post-Dispatch (Missouri), October 24, 2000, Tuesday, FIVE STAR LIFT EDITION, BUSINESS, Pg. C1, 760 words, Cynthia Wilson And Chern Yeh Kwok; Of The Post-DispatchLBIZ; WORKING MOTHERS; BIRTH; CHILD CARE; FINANCIAL; ADJUSTMENTS EMPLOYMENT; CENSUS DATA; HOME OFFICE.
32. "In rocky job market, pressure falls on moms."
Star-News (Wilmington, NC), June 28, 2009 Sunday, Pg. 2E, 725 words, Eilene Zimmerman; New York Times News Service.

33. "Moms Face Challenges When Returning to Work."
Colorado Springs Business Journal, June 30, 2006. Section: NEWS. By Joan Johnson.

34. "Mother's other job: Some stay-at-home moms going back to work force."
The Free Lance-Star (Fredericksburg, Virginia), May 10, 2009 Sunday, BUSINESS AND FINANCIAL NEWS, 812 words, Chelyen Davis, The Free Lance-Star, Fredericksburg, Va.

35. "Change the World, and That Diaper."
The New York Times, April 27, 2007 Friday, Section A; Column 4; Editorial Desk; Pg. 26, 1032 words.

36. "For next chapter, moms look to career fair; As children grow up, some parents hope to get back into work force."
The Atlanta Journal-Constitution, May 7, 2009 Thursday, NEWS; Pg. 13A, 316 words, Shane Blatt; Staff.

37. "Having a family to care for is not a sign of weakness."
St. Louis Post-Dispatch (Missouri), March 5, 2006 Sunday, BUSINESS; Pg. E2, 680 words, REPPS HUDSON.

38. "Study Finds Little Change In Working Mothers Debate."
The New York Times, September 10, 2001 Monday, Section A; Column 1; National Desk; Pg. 26, 565 words, By TAMAR LEWIN.

39. "The Motherhood Issue."
The Washington Post, July 26, 2002 Friday, EDITORIAL; Pg. A33, 682 words, E. J. Dionne Jr.

40. "Through the years."
The Tampa Tribune (Florida), May 10, 2009 Sunday, GETAWAY; Pg. 1, 1002 words, SHERRI ACKERMAN, sackerman@tampatrib.com.

41. "Workplaces that work for working mothers."
Richmond Times — Dispatch (Virginia), September 26, 2006 Tuesday, BUSINESS AND FINANCIAL NEWS, 534 words, John Reid Blackwell, Richmond Times-Dispatch, Va.

42. "ECONOMIC SNAPSHOT — MORE MOTHERS IN THE WORK FORCE."
Wisconsin State Journal (Madison, Wisconsin), February 24, 2008 Sunday, BUSINESS; Pg. C1, 104 words.

43. “Salary.com finds mothers are grossly underpaid.”
Buffalo News (New York), May 7, 2007 Monday, BUSINESS; The Working Life; Pg. B7, 547 words, By Sharon Linstedt.

44. “Stretched to Limit, Women Stall March to Work.”
The New York Times, March 2, 2006 Thursday, Section A; Column 1; Business/ Financial Desk; Pg. 1, 1687 words, By EDUARDO PORTER.

45. “TOO MANY CONFLICTS; Women’s work revolution over?”
St. Petersburg Times (Florida), March 4, 2006 Saturday, BUSINESS; Pg. 1D, 1345 words.

46. “US Census: Working Mothers Who Are Sole Wage Earners Hit High as Men Lose Jobs in Recession.”
Carleton Place, January 15, 2010 Friday. Final Edition. Pg.01

47. “Deconstructing the new mommy money mentality.”
Deseret Morning News (Salt Lake City), June 19, 2013 Wednesday, 377 words, JJ Feinauer Deseret News.

48. “Pregnant pause: Generation of successful women who redefine balance of work and family.”
Long Island Business News, January 6, 2012 Friday. Section: NEWS. By: Claude Solnik.

49. “THE VALUE OF MOTHERHOOD? ...; PRICELESS WHICH BASICALLY MEANS NO PAYCHECK AT HOME, NO RESPECT AT WORK AND A PILE OF GUILT.”
Pittsburgh Post-Gazette (Pennsylvania), May 11, 2007 Friday, EDITORIAL; Pg. B-7, 737 words, Ellen Goodman.

系统功能多模态语篇分析：语言与图像的运用

——一则电视公益广告的概念意义分析

岳 豪
郑州航空工业管理学院

摘要： 本文介绍了O'Halloran构建的语言和视觉图像的概念意义系统功能模型，并运用这个模型分析了一则中文电视公益广告的概念意义，在验证其可行性和可操作性的同时，也发现了一些不足；同时还探讨了语言、文字和图像等多种符号资源如何以各自独特的方式共同构建动态语篇的整体意义。

关键词： 系统功能语法；多模态语篇分析；电视广告；概念意义

1. 引言

由于科技的飞速发展，意义的传递方式不再是单一的语言，而是包含了多种符号模式，如图像、音频、视频等复杂的符号系统。因此，语篇分析从最初的对纯语言的语篇分析转向多模态语篇分析（Multimodal Discourse Analysis, MDA）。

研究者们根据Halliday（1994，2000）的符号理论和系统功能语法理论尝试解释各种模态的语法，如Kress & van Leeuwen（1996）的视觉语法，Martinec（2001）的动作符号学等。其中，新加坡国立大学的O'Halloran（2004a，2004b，2005，2007a，2007b，2008）的系统功能多模态语篇分析有了一些发展和建树，值得我们关注。我们尝试在O'Halloran构建的语言和图像的概念意义系统功能模型（Systemic functional model for ideational meaning: language and visual images）的基础上，以2014年春晚的一则电视公益广告《筷子篇》为研究对象，运用系统功能多模态语篇分析理论对其概念意义进行解读。首先，介绍O'Halloran的语言和图像的概念意义系统功能模型的构建理论基础及过程；二是验证O'Halloran的语言和图像的概念意义系统功能模型对分析电视广告语篇的可行性和可操作性；三是探索语言、文字和图像多符号资源，如何以各自独特的方式共同构建语篇整体意义。

2. 文献综述

20世纪50年代初Harris提出语篇分析（discourse analysis）这一研究方向以来，语言学家们也都纷纷提出了多种话语分析理论和方法。但这些理论和方法，基本上只分析语言系统和语义结构本身，忽略了图像、声音、颜色等其他表意符号，从而使得传统的语篇分析带有较大的局限性。到了20世纪90年代西方兴起了多模态语篇分析（MDA），如一则杂志广告的文本和图片，或一部包含影像、声音和动作的电影以及有声文献等由几个或不同的符号模态构建的意义表达都可以进行语篇分析。因此，MDA在很大程度上克服了传统语篇分析的局限。研究的语篇类型涉及教科书、广告、油画、雕塑、音乐、电影等多种意义表征形式；研究方法主要是社会符号学的分析方法，研究者主要有O'Toole、Kress、van Leeuwen、O'Halloran等。其中，以O'Toole（1994）和Kress & van Leeuwen（1996，2001，2002）的研究成果较为突出。前者主要运用系统功能语法的理论分析艺术作品，后者以社会符号学的理论为基础构建了视觉语法（Visual Grammar）。视觉语法指出模态就是符号形式，多模态语篇是多种符号资源整合的结果。多模态在语篇中的身份和地位得到认可，依据Halliday（2000）的社会符号学所提供的坚实基础，Kress & van Leeuwen（1996）认为图像也是一种社会符号，以Halliday系统功能语言学理论为基础构建了以图像为研究对象的视觉语法，比照语言的三大纯理功能建立了以再现意义（representational meaning）、互动意义（interactive meaning）和构成意义（compositional meaning）为核心的视觉语法。如表1所示。

表1：系统功能语法和视觉语法理论框架

（参考Halliday, 2000; Kress & van Leeuwen, 2006）

<table>
<tr><td>符号系统</td><td colspan="2">语言</td><td colspan="2">图像</td></tr>
<tr><td rowspan="2">功能</td><td>概念</td><td>及物性（物质、心理、关系、行为、言语、存在过程）、作格性</td><td>再现</td><td>叙事再现（动作、反应、关系、言语、心理和转化过程）、概念再现（分类、分析和象征过程）</td></tr>
<tr><td>人际
语篇</td><td>语气、情态、人称、评价主位、信息、衔接</td><td>互动
构成</td><td>接触、社会距离、态度及情态信息值、显著性、取景</td></tr>
</table>

Kress & van Leeuwen（1996）认为，语言和视觉交际各自以其独特的形式构成相同的意义体系，但它们各有优点和局限，有些意义只能由语言体现，有些只

能由图像体现。在多模态语篇中，这两套符号资源可能互相增强、补充或等级置放（即一种符号占主导，另一符号添加意义），相互协作地完成交际目的（Kress & van Leeuwen，2001）。

国内语言学界的多模态研究起步较晚。自2003年李战子介绍该理论以来，一些学者对此作了探索和研究，如朱永生（2007）、胡壮麟（2007）、王红阳（2007）、韦琴红（2008，2009）、唐青叶（2009）、杨信彰（2009）、张德禄（2009）、赵秀凤（2011）等。相关论文数量呈逐年递增的趋势，多模态语篇渐渐成为了研究的热点。但这些研究或着眼于理论的探讨，或注重图像分析，极少有把图像和语言结合起来共同构建意义的研究成果；对于静态图像的研究多于动态的研究，极少涉及多模态电视广告概念意义的构建，如李妙晴（2008）、潘艳艳和张辉（2013）、程锦（2013）、张小雁（2014）等。其中仅有的少量研究也大多集中于视觉语法的分析或电影评介等。本文尝试运用 O'Halloran 语言和图像的概念意义系统功能模型，分析电视广告语篇的语言和图像协作的意义构建过程。

3. 理论基础

3.1 语言的系统功能框架

系统功能语言学认为语言是系统的，有层次的，包含内容和表达两个层次（content stratum and expression stratum）。内容层由语篇语义（从段落到语篇）和词汇语法（小句复合体、小句、词组和词）构成；表达层面涉及口语和书面语的音系学（phonology）、笔体学或印刷样式（graphology/typography）（Halliday，2004；Martin，1992；Martin & Rose，2003）。但两个层面的系统功能语法的本质却不同。语篇语义和词汇语法系统有着明显的语言纯理功能对等倾向，如主位系统对应语篇纯理功能，语气系统对应人际纯理功能，及物性和作格性对应经验功能，小句与小句之间的逻辑－语义关系下的逻辑功能等。但系统功能语法的表达层面却没有类似的严格的语言纯理功能的分类对等。如系统功能语言学的音系学分析中，许多的语调单位（units for intonation）组成了包含音高移动对比的声调系统（tone system），但是声调系统同时实现了语篇意义（如信息单位的韵律组织）、人际意义（如升调或降调的变化来提问、陈述或命令等）和逻辑意义（如声调序列和声调协和）。因此，声调系统是多功能的，而不像包含语法和语篇的内容层面有着明显的语言纯理功能倾向。语言的系统功能框架详见下页表2。

表 2：语言的系统功能框架

（参考 Halliday, 2004; Martin, 1992）

语言	
内容层面	**语篇语义** 语篇关系（从段落到语篇）
	词汇语法 小句复合体 小句 词组 词 （基于纯理功能的系统）
表达层面	**音系学、笔体学或印刷样式** （跨功能的系统）

系统功能语法对于书面语的表达层的功能分析并没有得到研究者的重视。但是我们可以看到，就印刷样式而言，如字体、颜色以及版式都是多功能的，其印刷样式的变化代表着不同的符号资源，体现出不同的意义。作为社会符号资源的一种，广告图像中出现的字体的凸显程度，汉字的书写风格和在图像中的位置，以及字体的颜色等，在不同程度上都能体现语篇意义、人际意义或经验意义。

3.2 图像的系统功能框架

语言语篇的基本单位是小句，每个小句都由小句的结构成分组成，并且每个小句都在语篇中有一定的功能，即语篇分析有可遵循的语法。图像语篇能否如语言语篇一样可以构建一个理论框架呢？O'Halloran（2008）在 O'Toole（1994）的理论基础上，构建了一个与系统功能语言框架相对照的包含内容和表达两个层面图像的系统功能框架（见下页表 3）。

就图像理论化的两个层面而言，内容层是指整个图像的可视语篇或语法系统和整个图像的构成成分；表达层面指图像物质实现的系统。对图像两个层面的划分是对 O'Toole 理论的延展，即把视觉图像运用系统功能多模态的方法被物化的系统包括在内。视觉图像的语篇和语法系统实现了四个纯理功能，但图像系统和语言系统由于是两类不同的符号资源，其差异显而易见。视觉图像的语篇和语法系统要求描述的范畴和分析的方法，而这些在系统功能语法的范畴类别网络里是没有必要的。比如，对整个图像和其构成成分关系的经验意义分析时，描述的范畴是场景、次场景和构成成分。值得注意的是，视觉图像的表达层面和语言框架同样具有跨纯理功能性，视觉图像的表达层面涉及到如色彩、取景以及镜头视觉等。Lemke（1998）指出，多模态符号的结果是意义的加倍。那么，在图像和语言协作的系统功能多模态中，这种意义的强化是怎样产生的，以及如何运用理论科学地解释这种意义的强化，是文章下节要解决的问题。

表 3：图像的系统功能框架

（参考 O'Halloran, 2008; O'Toole, 1994）

图像	
内容层面	**语篇语义** 图像际关系 作品
	语法 场景 情节 人物 成分 (基于纯理功能的系统)
表达层面	**图式** (跨功能的系统)

3.3 语言和图像概念意义的系统功能框架

在系统功能语法的语言框架和视觉图像框架构建的基础上，O'Halloran 整合构建了一个语言和图像概念意义的系统功能框架（见下页表 4）。其理论基础，一方面来自 Halliday（2004）、Martin（1992）和 Martin & Rose（2003）的语言经验意义和逻辑意义的系统功能理论体系，另一方面是 O'Toole（1994）关于视觉图像的理论体系。

表4：语言和图像概念意义的系统功能框架

（参考 O'Halloran, 2008）

<table>
<tr><td colspan="2">语言</td></tr>
<tr><td>经验意义</td><td>逻辑意义</td></tr>
<tr><td colspan="2">语篇</td></tr>
<tr><td>构思过程
（活动顺序）</td><td>连接和接续
（逻辑关系）</td></tr>
<tr><td colspan="2">语法</td></tr>
<tr><td>及物性（过程、参与者、环境成分）、作格性（施事）</td><td>逻辑语义关系和相互依赖关系</td></tr>
<tr><td colspan="2">表达
（跨功能系统）
依据中介的物质性（如印刷、素描、绘画、电子）分析语篇
例，字体（包含字形、格式、大小写、字样、字号、颜色等）、布局（包含间距、文字对齐、视觉效果等）</td></tr>
<tr><td colspan="2">视觉图像</td></tr>
<tr><td colspan="2">再现意义</td></tr>
<tr><td colspan="2">视觉语篇 / 语法
场景
移动 – 动作 – 事件 – 状态次序
（人物、对象、背景）
叙事 / 描述 / 解释关系
情节间相互影响
空间的 / 时间的 / 因果的

次场景（情节）
移动 – 动作 – 事件 – 状态
（人物、对象、背景）
叙事 / 描述 / 解释关系
空间 / 时间 / 因果关系

构成成分
人物、对象、背景</td></tr>
<tr><td colspan="2">表达
（跨功能系统）
依据视觉图像的中介和物质性（如印刷、素描、绘画、电子）分析语篇
例，颜色（包含阴影、亮度、色调）、镜头视角、框架等</td></tr>
</table>

3.3.1 概念意义的语言建构

系统功能语法的经验意义的构建是通过及物性（transitivity）和小句作格性（ergativity）来实现的，及物性的构成要件是过程（process）和参与者（participant）以及环境成分（circumstance）；作格分析涉及中介（主要参与者）和施事（agent），过程、参与者和环境的活动顺序的展开是通过语篇系统的构思过程（ideation）描述的。而语言逻辑关系的构建通过小句间的逻辑语义关系和依赖关系的描述来体现，语篇中整个逻辑关系通过语篇系统的连接和接续描述。

语言概念意义的构建中一个重要的特征就是语法隐喻（grammatical metaphor）。语法隐喻对于系统功能多模态语篇分析也有着重要含义，它涉及语义转换的三个层面。(1) 一个过程可以隐喻为另一个过程；(2) 随着过程的变化，过程中的参与者、环境等功能角色发生相应的变化；(3) 随着功能角色的变化，它们在词汇语法层的体现形式也发生相应的变化（Halliday，1994）。概念隐喻主要体现在及物性隐喻。语法隐喻为符际的意义构建中的隐喻意义转换提供了概念基础，符际的意义转换称之为符号隐喻（semiotic metaphor），这一概念是对语言中语法隐喻的进一步发展，回应了视觉图像中不同符号资源承担语篇的不同功能（O'Halloran，2003，2005）。

3.3.2 概念意义的图像建构

视觉图像的功能实现这一语类的叙事关系、描述关系和解释关系，图像的概念意义主要关注图片、绘画和素描中的叙事关系，图像的再现意义体现在场景中，场景包含一定的人物和对象在一定的背景下其移动－动作－事件－状态序列。在这个场景中可能存在次场景或情节间的互相影响，并且每个次场景或情节也有它们自己的移动－动作－事件－状态序列。

图像的逻辑关系体现在一定场景、次场景中展现的时间、空间或因果关系上。视觉图像能够再现各个场景，每个场景中的构成成分在整个图像这个语境下是相关的。

4. 语篇及语篇的概念意义分析

4.1 语篇介绍

自 2013 年春节晚会直播时加入一则电视公益广告以来，此创意受到观众的普遍好评。我们在文章中要分析的语篇正是 2014 年春节晚会直播间的一则公益广告，播出之后，立即引起了全球华人的情感共鸣。此公益广告的创意视角是每个中国人每天都会用到的筷子，一双筷子蕴含了中国人极其丰富的情感，成为了一个民族文化与情感传承的载体。用一双筷子作为主要元素，贯穿了几个不同的家庭小故事，让观众感受到不同家庭中的丰富的情感：启迪－传承－明礼－关爱－思念－守望－睦邻－感恩，即中国人含蓄的美德和有滋有味的新年。文章选取了视频语篇中五个典型的场景和言语内容作为分析的数据样本，运用O'Halloran 的理论框架，来探究其概念意义及多模态语篇中多符号资源如何相互协作、共同构建整个语篇意义。语篇言语和图像内容简要描述见第 200、201 页表 5。

4.2 语篇的概念意义分析

电视广告语篇是一种更为复杂的多模态语篇，因为它涉及多个模态种类，有着多种符号资源，有图像、文字、声音及非语言结构等，共建一个动态的而非静止的语篇或交际事件。由于语篇中要素较多，我们分析时借鉴了 Baldry *et al.* (2005) 的多模态语篇聚类划分法，将语篇分为四个聚类：Cluster 1（口头语和非语言因素）、Cluster 2（图像再现意义和身体特征）、Cluster 3（图像特写和文字信息）、Cluster 4（多模态的意义共建和概念隐喻），前三个聚类分别对照语篇的五个场景进行概念意义的分析，最后一个聚类把五个场景视为一个整体进行分析，体现语言、文字、图像共建意义。

Cluster 1 最能体现电视语篇的多模态特性，它是一个动态的事件，所以语言是由语篇参与者中的人物的言语体现，但其言语并不是要交际内容的全部或只是一小部分，其余的意义是通过我们能够看到的人物的肢体语言、副语言、空间及时间语言等非语言交际来动态地传递信息，两种形式相互协作共同完成叙事。S1 中婴儿表情的变化从哭到笑，是参与者的心理过程描述，它的环境成分就是另一参与者（祖）用筷子蘸菜汤的动作；同时也可用作格分析法解释，作格分析关心的是造成一个动作的原因是自身还是外部，即施事 + 中介。祖（施事）成为婴儿（中介）哭（动作）的外因。S2 体现了典型的经验意义，即人们用语言来谈论他们对世界的经验（包括内心世界）。在母女对话中有四个物质过程（妈妈教你、你用筷子、拿筷子、我夹不起）、两个行为过程（哭着说怎么办、笑）、一个关系过程（我们是中国人）和存在过程（事实：中国人都要用筷子的）。S3 中孙的两个表情的变化（“茫然不悦”到“边吃边笑”）本身可以视为心理过程（孙成为“感觉者”而茫然、不悦）+ 行为过程（孙是“行为者”）。S4 有一个行为过程（我回来了）、一个认知心理过程（就知道你爱吃）。这个场景下的非语言因素应该引起我们注意：一是母子拥抱；二是母用方言，子用普通话进行交际。中国人的传统性格是含蓄、不善于表达内心情感，即使爱人或母子（成年子女）之间很少会

表 5：电视语篇的文字描述

序号	时空	参与者	话语转写	场景、情节	文字信息
S1	广州西关、家、喂婴儿	祖、孙、筷子	孙：（哭） 祖：好味道啊（方言） 孙：（笑）	祖用筷子蘸各种汤水喂孙吃、孙由哭到笑（表情特写）	启迪
S2	上海长宁、家、饭时	母、女、筷子	母：今天妈妈教你用筷子吃饭好吗 / 这样拿筷子（方言） 女：（委屈地哭）我就夹不起来 / 怎么办（普通话） 母：我们是中国人 / 中国人都要用筷子的 / 好 / 吃到了吧（方言） 女：（自豪、满足地笑）	母示范女拿筷子夹菜、女失败、哭、女吃到菜、满脸泪痕地笑（特写）	传承
S3	福建永定、故居大院、大家庭团圆饭	祖孙三代、全家人、筷子	父：等一下 / 要让爷爷先吃（方言） 祖：祝大家万事如意（方言） 孙：（拿起筷子迅速地夹菜、开心地笑）	大庭院、洗筷子（特写）、聚餐桌上孙拿起筷子夹菜、父阻拦、孙茫然不悦、祖说祝酒词、举杯开宴、孙快速夹菜、边吃边笑（特写）	明礼
S4	佳木斯东胜、雪地、乡村、回家路上、家、做饭中	母、子、筷子	子：妈 / 我回来了（普通话） 母：这回回来多住些天啊（方言） 子：行（普通话） 母：就知道你爱吃这个（方言）	雪地里、子拎行李向村子走去、遇乡邻打招呼、子推门到家、母子相拥、子帮母拭泪、母备饭菜、外面烟囱、屋内油锅和筷子搅拌鸡蛋（特写）、子夹口肉吃、母子笑（特写）	关爱

（待续）

（续表）

序号	时空	参与者	话语转写	场景、情节	文字信息
S5	四川宜汉、小胡同、庭院、年夜饭	独居老王、邻居老汉及家人、筷子	邻居老汉：哎 / 老王 / 走走 / 到我家去吃饭（方言） 老王：（拒绝）真的 / 我正烧着饭呢（方言） 邻居老汉：我知道 / 做就做了 / 多个人多双筷子 / 走走（方言） 邻居老太：客气什么呀 / 多双筷子嘛 / 今天过年 / 高兴 / 高兴（方言） 老王：（边拭泪边大笑）	小胡同里、欢声笑语、大人孩子拎着礼物进庭院、门口老王表情忧伤、强装笑脸打招呼、老王转身回家、邻居老汉强拉老王去自己家、添一双筷子（特写）、吃年夜饭、老王拭泪（特写）、天空燃放烟花、老王及邻居欢快地抬头观看（特写）	睦邻 一双筷子 / 承载中国数千年的情感 / 有滋有味 / 幸福中国味

拥抱，除非在特别的情况下，如庆祝、灾难或生死离别等情形下。这里的原因是什么呢？我们从母子间一个用方言一个用普通话来解释。方言的使用在整个语篇中几乎贯穿始终，方言更多的是体现人际关系和交际双方的情态，但是在多模态语篇中同时也具有交待强化小句环境成分的作用和揭示情节的隐性背景信息。S2 和 S4 中都有一定的体现，S2 中母亲说的是方言，女（大概 3–4 岁）说的却是普通话，说明其出身及教育背景；S4 中儿子回到老家对母亲说的也是普通话，可能是离家太久，很难一下子转换语码，这也正好解释了母子见面后的拥抱以及母亲拭泪的肢体语言。语音可能有了变化，但没有变的是喜欢母亲准备的饭菜的味道，其中既有隐喻成分又有逻辑语义关系的体现。S5 中言语较多，经验意义不太好分析，有一个言语过程（说话内容：老王，走走，到我家去吃饭）、物质过程（我正烧着饭呢）、心理过程（我知道……）。但是逻辑语义关系和依赖关系很明显：老王一人——所以请他到家里吃饭——但老王正做饭——做就做了——多双筷子嘛——今天过年——所以高兴，这使得语篇的接续和连接性很强。

Cluster 2 涉及的身体特征是一系列的参与人物的手势、身势、面部表情、动作、移动等，这和视觉图像场景中的移动 – 动作 – 事件 – 状态序列形成互补的关系；图像的再现意义体现在一定场景中，场景包含一定的人物和对象在一定的背景下的移动 – 动作 – 事件 – 状态序列，图像的逻辑关系体现在在一定场景、次场景中的人物、对象、背景之间的时间、空间或因果关系。如，S1 和 S2 中婴儿或女孩的表情从哭到笑的变化和通过用筷子吃到食物之间的因果关系；S3 中男孩拿筷子的表情变化，其茫然不悦源于父亲的阻拦，开心的笑源于夹到了菜；S4 中子拎行李、S5 中大人孩子拎礼物和看烟花以及 S3 中洗一大把筷子的动作构建和强化了事件的背景和情节；特别是 S4 中画面镜头的切换：烟囱 – 油锅和搅鸡蛋的筷子 – 筷子夹肉，体现了图像的场景的变化，时间、空间的变化。

Cluster 3 图像特写和文字信息是把动态的电视画面定格化，转换成具有象征意义的静止画面，从而发现其概念意义的体现。系统功能多模态语篇分析的经验意义是符际间的构思过程，表 5 中各个场景的特写图像里的活动顺序从图片延伸到了语言文字，及物性关系涉及过程、参与者和环境成分的符际间关系。如表 5 中婴儿的笑、女儿的满足、男孩的开心、母子会意的笑和老王拭泪等五个特写画面分别用行草体的文字“启迪、传承、明礼、关爱、睦邻”来诠释，图像被文字语法化或文字被图像视觉化，二者的并置和空间的使用实现了符际间关系，延展了符际间的意义。字体选择为毛笔体行草。从行书的特点看，不温不火，有板有眼，章法不乱。行书基本上中规中矩，靠近楷书叫行楷，靠近草书叫行草。这样的选择使得字体更为美观、动感，与图像融为一体，白色的字体映衬在深色的图像背景上，清晰凸显；从空间位置上看，文字信息主要是辅助图像，强化图像的再现意义。最后一段文字信息："一双筷子 / 承载中国数千年的情感 / 有滋有味 / 幸福中国味"，主要体现的是语篇意义，是对以上内容的重复、照应。

Cluster 4 从整个语篇来分析图像、言语、文字如何共同构建一个完整的意义。在电视广告语篇中，图像和言语之间是相互依存、互补增强的关系，谁也无法替代对方，所以电视语篇不同于静止的平面广告语篇。电视语篇中的图像需要参与者言语进行解读，因为图像意义本身就具有模糊性；言语从交际角度来讲，不仅仅是纯语言的行为，其本身就附带有非语言的特征，这些特征正好可以通过动态的图像同步表达出来。如果在图像、言语的基础上再配上文字，就会起到很好的辅助作用，对意义的构建进一步明确，从而共同构建一个完整的语篇。Cheong（2004）创造性地提出了概念意义在多模态语篇中的五大构建策略：双向意义约束（bidirectional investment of meaning）、语境倾向（contextualization propensity）、解释空间（interpretative space）、语义增加（semantic effervescene）和视觉隐喻（visual metaphor）。双向意义约束指语言文字意义对视觉图像意义的约束，反之亦然。通过双向意义约束，有多种可能性的图像意义被语言语境化，逐渐趋于稳定。语境倾向指在多模态语篇中，语言在多大程度上语境化了视觉图像的意义，即语言和视觉图像相互交错的程度，语境倾向的高低选择具有一定的意识形态含义。

当视觉场景被简化为一个实体存在时，就发生了语义的装换，这就是符号隐喻。表 5 中一个个特写图像通过词汇化被重新构型为启迪、传承、明礼等实体。用作吃饭工具的筷子（目标）却成了中国数千年情感的"感知者"，筷子具有了语法隐喻，感受由筷子给家庭带来丰富情感的新年就是有滋有味幸福中国味的新年。同时，场景、有声图像和文字之间的逻辑关系（叙事、描述或因果关系）通过移动 – 动作序列被含蓄地建立了起来。

5. 结语

文章首先介绍了 O'Halloran 构建系统功能的语言和视觉图像概念意义分析理论框架的过程及理论基础，其理论框架的建构为多模态语篇提供了一个新的视角，成为系统功能多模态语篇分析关注的一个新方向，更是一个难点。接着验证了 O'Halloran 的语言和图像的概念意义系统功能模型对分析电视广告语篇的可行性和可操作性，发现了其对构建概念意义的积极作用。最后讨论了语言、文字和图像多符号资源，如何以各自独特的方式共同构建语篇整体意义。

当然，O'Halloran 的理论模型也存在一些不足，主要还是对语篇定性的研究，多用描写、分析的方法，难免会受到分析者主观因素的影响；缺少更加科学的定量研究，对于语言在语篇中的比例，不同类型的语篇是否有不同的变量、标准等问题没有一个明确的界定；该模型研究对象主要还是静止的语篇，对于如电视广告等动态语篇中口头语、副语言等因素没有细化，使得表达层面的分析在动态的语篇中显得形同虚设。但是，随着越来越多的学者开始关注多模态语篇，其分析方法和理论会进一步完善。

参考文献

Baldry Cheong, Y. Y. (2004). The construal of ideational meaning in print advertisements. In K. L. O'Halloran (ed.). *Multimodal Discourse Analysis*. London: Continuum.

Halliday, M. A. K. (1994, 2000), *An Introduction to Functional Grammar* (2nd ed.). London: Arnold; Beijing: Foreign Language Teaching and Research Press.

Halliday, M. A. K. (2001). *Language as Social Semiotic: The Social Interpretation of Language and Meaning*. Beijing: Foreign Language Teaching and Research Press.

Halliday, M. A. K. (2004). *An Introduction to Functional Grammar* (3rd ed.). Rev. by C. M. I. M. Matthiessen. London: Arnold.

Kress, G. & van Leeuwen, T. (1996). *Reading Images: The Grammar of Visual Design*. London: Routledge.

Kress, G. & van Leeuwen, T. (2001). *Multimodal Discourse: The Modes and Media of Contemporary Communication Discourse*. London: Arnold.

Kress, G. & van Leeuwen, T. (2002). Colour as a semiotic mode: Notes for a grammar of colour. *Visual Communication* 1 (3): 343–368.

Lemke, J. L. (1998). Multiplying meaning: Visual and verbal semiotics in scientific text. In J. R. Martin & R. Veel (eds.). *Reading Science: Critical and Functional Perspectives on Discourses of Science*. London: Routledge. 87–113.

Martin, J. R. (1992). *English Text: System and Structure*. Amsterdam: John Benjamins.

Martin, J. R. & Rose, D. (2003). *Working with Discourse: Meaning Beyond the Clause*. London: Continuum.

Martinec, R. (2001). Interpersonal resources in action. *Semiotica* 135 (1): 117–145.

O'Halloran, K. L. (2003). *Intersemiosis in Mathematics and Science: Grammatical Metaphor and Semiotic Metaphor*. In A.-M. Simon-Vandenbergen, M. Taverniers, & L. Ravelli (eds.). *Grammatical Metaphor: Views from Systemic Functional Linguistics*. Amsterdam: John Benjamins. 337–365.

O'Halloran, K. L. (2004a). *Multimodal Discourse Analysis*. London: Continuum.

O'Halloran, K. L. (2004b). Visual semiosis in film. In *Multimodal Discourse Analysis*.

London: Continuum. 109–130.

O'Halloran, K. L. (2005). *Mathematical Discourse: Language, Symbolism and Visual Images*. London: Continuum.

O'Halloran, K. L. (2007a). Mathematical and scientific forms of knowledge: A systemic functional multimodal grammatical approach. In F. Christie & J. R. Martin (eds.). *Language, Knowledge and Pedagogy: Functional Linguistic and Sociological Perspectives*. London: Continuum. 205–236.

O'Halloran, K. L. (2007b). Systemic functional multimodal discourse analysis approach to mathematics, grammar and literacy. In A. McCabe, M. O'Donnell, & R. Whittaker (eds.). *Advances in Language and Education*. London: Continuum. 75–100.

O'Halloran K. L. (2008). *Systemic Functional-Multimodal Discourse Analysis (SF-MDA): Constructing Ideational Meaning Using Language and Visual Imagery*. SAGE Publicationas: http://vcj.sagepub.com. 443–475.

O'Toole, M. (1994). *The Language of Displayed Art*. London: Leicester University Press.

程锦，(2013)，多模态视频语篇连贯的认知参照点阐释——以一则电视广告为例，《河南科技大学学报》(5)：75–77.

胡壮麟，(2007)，社会符号学研究中的多模态化，《外语教学与研究》(1)：1–8.

李妙晴，(2008)，双重视角下的爱情挽歌——多模态话语分析电影《色·戒》，《电影评介》(7)：32–33.

李战子，(2003)，多模式话语的社会符号学分析，《外语研究》(5)：1–7.

潘艳艳、张辉，(2013)，多模态语篇的认知机制研究——以《中国国家形象片·角度篇》为例，《外语研究》(1)：10–19.

唐青叶，(2009)，《语篇语言学》. 上海：上海大学出版社 .

王红阳，(2007)，多模态广告语篇的互动意义的构建，《四川外语学院学报》(6)：31–34.

韦琴红，(2008)，论多模态话语的整体意义构建——基于一个多模态媒体语篇的话语分析，《天津外国语学院学报》(6)：16–21.

韦琴红，(2009)，视觉环境下的多模态化与多模态话语研究 . 北京：科学出版社 .

杨信彰，(2009)，多模态语篇分析与系统功能语言学，《外语教学》(4)：11–14.

张德禄，(2009)，多模态话语分析综合理论框架探索，《中国外语》(1)：24–30.

张小雁，(2014)，动态多模态语篇的互动意义构建——以关爱老人公益广告《打包篇》为例，《山西农业大学学报》(4)：397–401.

赵秀凤，(2011)，概念隐喻研究的新发展——多模态隐喻研究：兼评 Forceville & Urios-Aparisi《多模态隐喻》，《外语研究》(1)：1–10.

朱永生，(2007)，多模态话语分析的理论基础与研究方法，《外语学刊》(5)：82–86.

社交媒体时代大学品牌传播战略实证研究

——以香港理工大学为例[①]

张 敏

北京信息科技大学

摘要：本文透过大学品牌传播的研究视角，以香港理工大学官方社交媒体平台为例，从社交媒体平台的受众构成、主题分布与品牌形象识别、品牌互动策略三个维度入手，探讨高校应如何应对国家或地区间大学品牌同质化竞争加剧的挑战，借助社交媒体平台构建富有活力的虚拟校园社区，同时实现大学品牌形象的构建与对外宣传，进行有效的大学品牌文化建设与声誉管理。

关键词：大学品牌；社交媒体；形象构建

一、引言

近年来，随着高等教育资源的市场化流动与国际化进程步伐的加快，大学之间的竞争氛围愈加浓厚，“生源、师资、经费、就业机会等主要办学资源”都难以避免的存在校际或学校与其他社会组织间的竞争（吴剑平，2009）。因此，在如以往注重内部建设的同时，越来越多的大学开始尝试通过积极的外宣工作构建有助于突出办学理念与办学特色，在同质竞争激烈的市场化环境下增强辨识度与人才吸引力的高校品牌形象。随着新媒体技术的不断普及，特别是被称为“数字原住民”（Digital Natives）的千禧新生代陆续进入大学，全球各国大学纷纷将目光投向了以社交媒体为代表的内外沟通新渠道。为此，英国《泰晤士高等教育杂志》2014 年推出了高校推特关注排行榜，从社交媒体的使用侧面反映一所大学的品牌影响力和公众关注度。

目前，我国大多数高校的社交媒体使用还处在由个别尝试到整体成熟间的不同阶段，如何将新媒体有机融入到已有的品牌构建战略，发挥社交媒体即时性与互动性强的独特优势，仍是一项充满挑战的任务。在学术研究领域该议题的探讨较多以理论为主，基于理论框架的实证研究尚不多见。香港理工大学于 2012 年

① 本文为北京信息科技大学高等教育研究课题“高校新媒体平台网络形象构建与传播策略研究”（2016GJYB06）的阶段性成果。本文同时得到香港理工大学研究基金（#4-ZZFB）的资助，特此致谢。

提出社交媒体品牌战略，至今已近五年时间。通过实施品牌战略，香港理工大学社交媒体平台已成为我国香港特别行政区最受欢迎的高校社交媒体平台之一。本文将以香港理工大学为例，结合话语分析方法，宏观与微观相结合，详细探讨高校在社交媒体品牌文化传播中如何传递治校育人的核心价值观，如何构建有生命力的虚拟校园。

二、大学形象构建与社交媒体品牌文化传播

大学形象是“大学内在本质特征与外显的社会影响相结合的产物，是社会公众对大学的整体感受和综合评价”（沈红华，2000）。殷朝晖（2005）借鉴企业识别系统（Corporate Identity System）提出大学形象的三个子系统，即以大学精神和办学理念为代表的“理念识别”（Mind Identity），以大学运作机制为代表的“行为识别”（Behavior Identity），以及以校徽、校训、象征性校园建筑物等为代表的“视觉识别”（Visual Identity）。这一分类方法被很多学者采纳，成为高校品牌形象传播的主要理论建构基础。将大学形象传播提升到品牌高度，意味着高校有意识地通过差异化的识别形象定位，将学校的精神内核、校园文化、学科特色、科研育人成果等转化为以品牌为载体的无形资产，塑造良好的组织形象，以实现对内增强组织凝聚力，对外提高组织美誉度与社会竞争力的目标（孙彧，2010）。

大学的品牌建设较大程度上受到高等教育市场化进程的影响，自上世纪90年代开始，一些西方发达国家大学开始通过对外宣工作自上而下的集中式管理实施品牌战略（Bok，2003）。由此产生的直接变化常见于学校对以往各院系自主设计制作外宣材料的做法进行改革，取而代之的是全校统一化、标准化的形象管理。学校为院系及教职员工提供详尽的学校形象使用指南，全面用于网站设计、校徽造型、校园人物风景拍摄、建筑标识、招生宣传材料、幻灯片模板、办公文具等所有可能产生公共传播效果的宣传载体（Mautner，2010）。在强化“视觉识别”的基础上，“理念识别”也成为高校品牌传播的重要策略之一，越来越多的高校开始加强本校的“办学宗旨”（Mission Statement）宣传，“品牌标语”（Tagline）的使用作为“浓缩的大学使命”近年来也呈不断扩大的趋势。

然而，在实施集中统一化的品牌识别战略的同时，国内外不少高校陷入竞争同质化的困境。国外学者 Mautner（2010）、Morrish 和 Sauntson（2012）等人曾对英美两国多所大学的“办学宗旨”进行对比分析，结果发现 excellence（卓越）和 quality（高质量）等抽象词汇的重复使用率很高，真正能给公众留下深刻印象

的学校宣言仍在少数（Mautner，2010；Morrish & Sauntson，2012）。国内高校也不乏相似的情况，在很多高校的校训中，“团结”“创新”等少数几个抽象词汇占据了绝对主导，“千校一面”的现象不容乐观（韩馨娇、崔茂森，2016）。同质化竞争带来的压力成为高校试水社交媒体品牌传播的主要动力之一。社交媒体赋予了包括企业学校在内的各种组织机构与个人用户一样的自媒体平台，它的多媒体及交互属性使得组织机构自我发起的展示和宣传更加真实具体，富于个性化，更具可参与性，品牌形象构建突破了静态宣传难以获得反馈的屏障。同时，多媒体的开放性使得组织机构的信息更加透明，公众通过添加关注能够第一时间获取有关资讯，也可以通过长期关注，点滴积累，感受真实的校园文化。

三、大学社交媒体品牌传播的国内外研究现状

在过去的十年间，随着社交媒体在全球的蓬勃发展，高校拥有自己的官方社交媒体平台已逐渐成为常态。根据国外学者 Raciti（2010）的调查结果，全球主要留学目的地国家与地区，例如北美、欧洲、澳大利亚、新西兰等地未开通社交媒体平台的大学已成为极少数，社交媒体普遍成为大学公共关系部门塑造组织形象的重要手段。国内，以 985 工程大学为例，蒋卓然、刘坚（2012）调查显示，截至 2012 年 8 月仅有 7 所 985 高校未开通官方微博。时隔四年，截至 2016 年 8 月，除国防科学技术大学以外的 6 所大学均开通了新浪官方微博账号，其中上海交通大学官微在四年时间里更一跃成为中国最受欢迎的大学微博平台之一，拥有粉丝关注 41 万，发布微博 1.8 万余条。

回顾近年来国内外开展的高校官方社交媒体平台应用的相关实证研究，焦点主要围绕三方面问题展开。首先，研究关注大学社交媒体平台产出内容代表的主体人群与目标受众。例如，国内学者李长波（2016）提出应用分众理论来解决社交媒体环境下高校形象传播中存在的信息超载、传播障碍与隔阂等问题，准确定位信息接收对象和宣传主体。段婕（2014）引入西方“利益相关者”理论，通过对学校内外部利益相关者的梳理，提出了大学声誉管理的动态模型。实证方面，加拿大学者 Belanger 等（2014）收集分析了 106 所加拿大高校 6 个月内的脸书（Facebook）更新内容，从中归纳了高校社交媒体沟通的四类主要利益相关者，分别是教职员工、在校生、校友、预期就读生（本国学生、海外留学生）及家长。研究同时指出，尽可能的提高教职员工的参与对学校的品牌建构非常重要，而在校生与毕业校友作为学校的“品牌大使”，最能代表学校的核心价值。其次，研究关注高校如何利用社交媒体平台塑造差异化的品牌形象。例如，国外学者 Steele（2008）通过研究发现不同类型的大学倾向于根据各自的品牌定位侧重发

布不同类型的内容。精英型大学更加侧重展示学校的优势科研领域与教师取得的研究成果，而校园型大学更乐于分享丰富多彩的校园活动，对外展示学生能从中获得的美好的大学生活体验，从而突出各自的品牌定位与办学特色。第三，研究普遍关注高校在社交媒体平台沟通中互动性的实现与评价。互动性是社交媒体区别于传统媒体最重要的属性之一，没有互动存在的社交媒体无异于将其等同传统“一对多”的大众广播，大学依然扮演着单向的信息发出源角色，社交媒体时代的“对话回路”（Dialogic Loop）难以发挥其在营造值得信赖、有归属感的公共关系中的重要作用。

国内学者翁李焱、黄二宁（2013）曾对北京师范大学和复旦大学两所重点大学的新浪官微进行了跟踪记录，归纳发现大学官微原创内容以讲座预告、校园通知为主；贴近师生学习生活的话题互动性更强；发布时间集中在上午 8 点至下午 5 点之间；新闻类微博多通过超链接提供延伸阅读，与学校官方网站实现联动。与此同时，研究也指出了高校微博平台有关互动性的明显不足，例如两校的微博转发都远高于原创内容，在搜集的 58 条微博中，转载微博占 47 条，“官方微博转发多于原创，会影响其在粉丝中的权威性和公信力，进而降低粉丝对微博的关注度”；下班后微博发布数量锐减，而据新浪网提供的调查数据结果，微博用户互动意愿最强的时间段在 17 点至 23 点，上班时间段推送微博较难满足粉丝的互动期待。此外，微博的时效性、新闻性不足，随意性较大、缺乏固定栏目，重对外传播、轻对内反馈等问题也引起了研究者的注意。

四、基于香港理工大学社交媒体战略的实证研究

基于对过往文献的梳理，本文从实证研究的视角提出以下研究问题：

1. 我国大学社交媒体平台发布内容的利益相关者是如何构成的？其构成特征对高校品牌形象传播有何意义？

2. 大学社交媒体平台发布的原创内容主题如何分布？如何实现大学形象识别子系统的有机统一，多方位塑造大学形象？

3. 大学可以借助哪些沟通策略提高社交媒体平台的互动性，积极调动各方利益相关者成为大学品牌传播的践行者？

本研究选取香港理工大学（以下简称理大）作为实证对象，主要出于两点考虑：首先，理大是目前我国为数不多的将社交媒体作为品牌战略写入学校官方文件的高校之一。2012 年，理大对外公布了最新的五年“战略计划”（2012/13 至 2017/18），其中正式提出将发挥理大作为中国与世界的桥梁角色，树立独特大学品牌，并将社交媒体、校级统筹的品牌推广及校友网络作为三大支撑战略。第

二，经过近五年的社交媒体品牌传播实践，理大已成为香港高校在社交媒体平台上收获点赞数量最多的大学，理大作为高校品牌传播案例具有较高的研究价值。自 2015 年 7 月 20 日至 2016 年 3 月 8 日，理大在社交主页的获赞量突破 5 万升至 6 万。在此 8 个月时间里，理大共更新了 128 条消息，合计 10253 词，平均每条更新长度约 80 词。理大的官方社交媒体平台更新频率约为隔天一次，与内地大学相比频次较低，但全部以一手原创内容为主，学校在品牌宣传的策略执行中有意识规避转发内容过多，信息过载可能冲淡原创内容的问题。集中的原创内容也为展开实证研究创造了较为便利的条件。本研究以上述两个时间为节点，期间覆盖一个完整的教学学期，可全面了解一所大学在开学迎新、期中期末、假期等不同阶段与师生及公众的互动情况。

1. 大学社交媒体平台受众分析

针对大学社交媒体平台发布内容的利益相关者构成，研究者参考了 Belanger 等（2014）的分类方法，结合我国院校的实际划分为五类，即在校生、校友、预期就读生、教职员工及综合群体（包含两个及以上标注群体或没有明确目标指向的群体）。图 1 展示了对所搜集语料进行标注的结果。

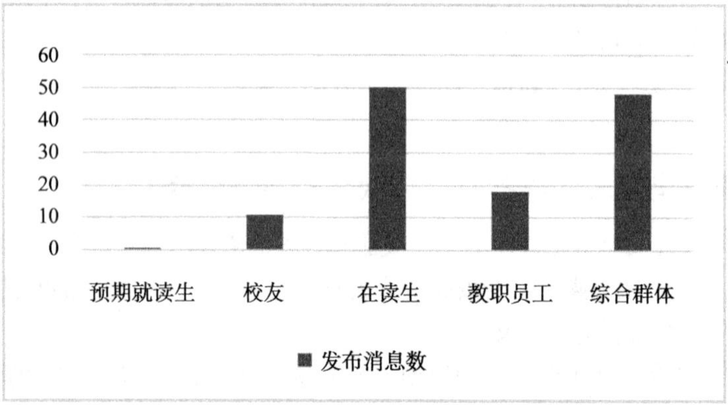

图 1：理大社交平台发布内容利益相关者构成

如图 1 所示，在理大社交媒体平台发布内容利益相关者构成中，在校生是学校最重要的目标受众和宣传主体，共有 50 条更新是与在校生直接相关的内容，这一优先定位也与学校长期坚持构建富有活力的大学生社区宗旨相契合。此外，共有 48 条更新面向广泛的非特定目标受众，突出了大学官方社交媒体平台服务的公共属性。有关教职员工和校友的更新分别为 18 和 11 条，和在校生共同组成了“大学品牌大使”，教职员工连接起科研与教学，校友连接起校园与职场，无形中形成了更广泛的利益相关者网络，大学的品牌声誉有了更多的外部支撑。值得一提的是，同期理大只发布了 1 条与招收硕士生有关的消息，有关预期就读生的宣传较少与理大及很多其他高校单独开设了招生官微有关，相关资讯大多在招生平台上进行专门发布。

2. 大学社交媒体平台内容分布与品牌形象识别

为考察大学在社交媒体平台上如何实现大学形象识别子系统，即理念识别、行为识别和视觉识别的有机融合，大学在各种宣传渠道构建的形象是否保持一致，研究者首先搜集了理大有关办学理念与办学特色等方面的资料作为对比研究的基准。理大在使命宣言（Mission Statement）中指出："理大的目标是以卓越的专业教育、应用型研究、对外合作促进香港与祖国、世界进步的一流大学。培养具有思辨能力、沟通能力、创新的问题解决能力、终身学习能力和道德领导力的毕业生。顺应发展不断变化的社会需求，全力推动知识与技术前沿探索。营造所有学校成员都能通过教育与学术创造卓越的大学共同体。"

卓越的人才培养与科学技术研究是大学的立足之本与最高理想，在理大宣言中，学校在育人方面格外突出了专业教育、思辨、创新、领导力培养等核心价值，而在科研方面格外突出了理大重在应用型研究，"开物成务、励学利民"的自我追求。在社交媒体平台上，抽象的办学思想通过文字、图片、视频等多媒体手段更加生动地传递给世界。为此，研究基于理大的核心价值归纳了 6 类主题内容，以更为细致地分析理大社交主页的更新内容与学校形象识别构建的关系，分别包括大学活力社区、大学社会责任、全人教育发展、专业教育与职业成功、卓越教学与应用研究、大学学术排名。图 2 展示了对所搜集语料进行主题标注的结果。

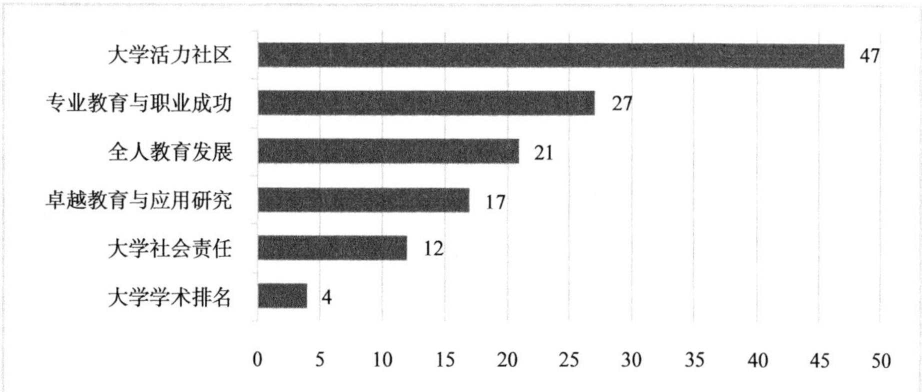

图 2：理大社交平台更新内容的主题分布

如图 2 所示，理大社交媒体平台更新内容中排名第一的是营造大学活力社区的内容，共计 47 条，约占全部消息的 36.7%，即超过三分之一的内容旨在提高大学校园的活力与凝聚力，且大部分活动通过线上和线下相结合的形式。例如学期伊始，理大在社交媒体平台发布了多款以校园标志建筑物、雕塑及校徽、校训为背景的官方电脑桌面供师生下载，在新学期到来之际营造一个回归校园、昂扬向上的教学氛围。这一活动不仅拉近了师生与大学的距离，更借助师生的参与实现了学校视觉识别形象的个体对外传播，取得了良好的宣传效果。

研究还重点考察了学校在社交媒体平台发起的三组专题活动，共累计更新 28 条。三组活动分别安排在学期初、期中和期末，贯穿整个学期，主题分别为“梦想从理大起飞”、“理大 # 校徽 # 红砖摄影比赛”和“理大 2015 最佳科研新闻”。2015 年 5 月，理大推出了品牌新标语“启迪思维 · 成就未来（Opening Mind · Shaping the Future)”。教育联结梦想与未来，通过梦想起飞活动，理大社交主页收到了 3000 多名师生上传的人生梦想，通过平台发布、网友分享、感言、转发，理大以集体智慧的方式，展现了一所大学孕育梦想的温暖和品牌标语的“理念识别”力量。摄影比赛与最佳科研新闻评选活动的设计也同样融入了互动元素，学校的形象构建不再只是学校单方面的官方行为，通过激发师生的参与意识，不仅涌现出很多充满创造力与才华的校园作品，且成功宣传了理大的红砖品牌色彩与标志；科研新闻的评选活动拉近了师生，特别是本科生与各个学科的距离，高技术研究的小众属性通过社交媒体平台以更为科普的形式获得更多公众的了解与支持，极大提高了师生对学校的归属感与自豪感，同时也意味着学校的品牌塑造已进入利益相关者多方参与的互动模式。

除组织校园活动以外，大学的社交媒体平台也普遍承担了学校外宣新闻推送的部分功能。根据 Brown & Dacin（1997）对组织机构外宣形象构建的研究，组织形象主要受到公众对该组织社会声誉的评价影响，而评价结果主要取决于两大因素，即组织机构能力与组织社会责任。在本研究其余 5 个主题内容中，大学学术排名情况，在校生与校友斩获的各类奖项，师生取得的科研成果都集中展示了学校的机构办学实力与竞争力，其中又以专业教育（27 条）及德智体全面发展的全人教育（21 条）为理大的外宣重点，体现了理大以学生为中心的办学宗旨。此外，理大还在社交媒体平台上展示了大学在促进社会可持续发展、节约能源、教育公平、疾病防控、关照弱势群体等社会责任方面的承诺与成绩，从中塑造起有专业能力、有社会担当的大学形象。

3. 大学社交媒体平台品牌互动策略分析

在社交媒体平台内容互动的主题分析基础上，本研究还特别关注了早前研究指出，但较少深入的有关社交媒体平台话语互动的实现策略。良好的平台互动始于线下主题内容的精心策划，线上有吸引力的终端图文组织，乃至发布时段的细心安排。首先，本研究统计了理大社交媒体平台更新的时间分布，结果如图 3 所示。在总计 128 条平台内容更新记录中，发布时段最集中的是晚 6 点至 7 点，共 55 条，其次是晚 7 点至 8 点，共计 24 条，而中午 12 点至下午 3 点，晚 8 点至 11 点更新的内容并列第 3，各为 17 条。参考工作时间来看，75% 的平台内容更新于下班时间以后，学校在更新时段的选择上着重考虑了社交媒体时代用户互动意愿强烈时段集中在晚间的使用习惯，同时尽量避免在学生白天集中上课时段更新对学习产生不必要的干扰。组织机构的内容更新时段形成一定的规律也十分有利于培养固定用户的阅读习惯，从而达到更好的内容传播效果。

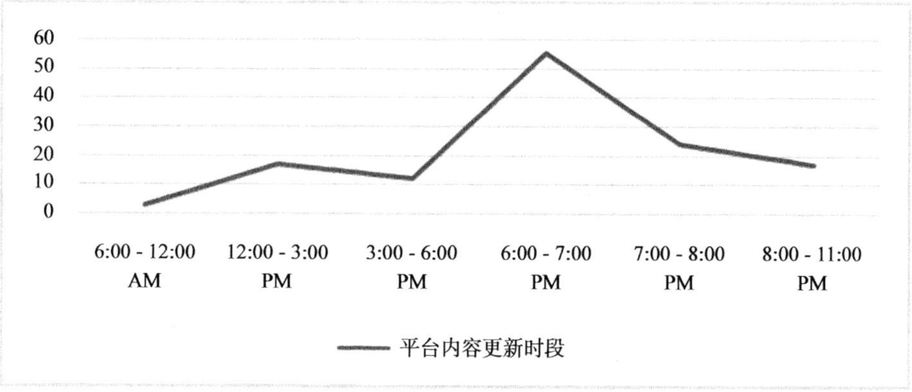

图 3：理大社交媒体平台内容更新时段分布

社交媒体平台更新时段选取策略有助于提高用户推送内容的阅读成功率，而真正实现大学师生与社会公众在平台上的积极互动，激发平台用户参与树立高校的良好口碑，有效的平台沟通策略必不可少。研究总结了理大在社交媒体平台形成突出互动效应的主要话语策略：

1）善用 # 话题标签

在研究搜集的理大社交媒体平台 128 条更新中，共使用了 204 个话题标签，平均每条更新标注了 1.6 个话题标签，排在前四位的话题分别为 # 理大，# 成就未来，# 理大梦想，# 启迪思维。# 话题标签作为社交媒体平台独有的语言形式已成为十分重要的机构品牌自我建构方式，添加 # 话题标签不仅强化了标注主题的可视性，作为可搜索、可参与的热门话题，更有助于推动机构组织名称、宣传口号及大学品牌活动在网络的传播与推广（Page，2012）。例如：

例 1. # 理大 今日与 11 间国际知名大学携手成立“大学社会责任网络”，这个国际平台将联系及促进大学之间的协作，让高等教育学府成为有效的催化剂，为社会发展做出不同的贡献和发挥实质影响。（理大 2015 年 10 月 9 日更新）

例 2. 恭喜 # 理大 泳队代表团郭家辉近日于“第一组长池分龄游泳比赛”创出佳绩，打破男子 200 米蛙泳香港记录！（理大 2016 年 2 月 26 日更新）

2）善用人称传递互动

研究对全部更新的 128 个文本进行了语料检索，实词词频统计结果排在前三位的词汇分别为“理大”（242），“梦想”（148）与“你”（148），其中以代词“你”最具互动性。“你”以极富个人色彩的称谓在社交媒体平台上开启了大学与每一位师生的直接对话，“你”是阅读者内心世界之于自我的投射，善用人称增强了用户角色的带入感，有效激发了用户的反馈意愿，营造了理大与你处处相伴而行，关怀无处不在的虚拟校园氛围。社交媒体平台兼有作为公共宣传平台的大众传播功能，又独具传统媒体难以比拟的“一对一”沟通效果。例如：

例 3. # 理大 新生的你怎样度过大学生涯第一天？有同学参加了开学礼，听唐校长“训示”之余，亦与唐校长合影聊天。（理大 2015 年 8 月 31 日更新）

例 4. 大家是否已成功报名 # 渣打香港马拉松？今年，理大再度与社企 FOODSPORT 合作，将跑手所燃烧的卡路里转化为食物，捐赠有需要人士，让你运动流的每一滴汗更有意义！（理大 2015 年 10 月 15 日更新）

例 5. 过去一年，# 理大 在媒体发布了超过 30 个创新又实用的科研成果，造福社会各个层面。我们精选了其中 10 个最具代表性的科研新闻，哪个最得你心？（理大 2016 年 1 月 5 日更新）

3）善用问答激活互动

社交媒体平台运营方与用户端形成并保持良好互动，既是机构社交媒体战略重要的目标任务，也是评价社交媒体战略实施效果显著的外化标志。理大在社交媒体平台的互动组织中有意识地采用话题激活方式，以目标受众真实需求或社会现实问题为话题切入点，通过加强用户利益相关性提升内容关注度；以解决方案与实际行动为内容核心，树立对师生社会有使命感，有务实作风与办学能力的学校品牌形象。例如：

例 6. 想趁暑假积累国际交流经验？# 理大 举办的国际暑期大学课程正是助你开阔视野，与各地学生交流的好机会，完成课程的同学可获取课程学分，即刻点

击网站了解计划详情。(理大 2016 年 1 月 20 日更新)

例 7. 经历汶川 # 地震 的灾民，如何走出阴霾，重拾精神健康？应用社会科学系副教授沈文伟博士在短片中娓娓道来 # 理大 师生在当地的支援工作。点击链接，了解更多。(理大 2015 年 9 月 21 日更新)

例 8. 香港寸土寸金，市区楼房的租金尤其昂贵，大家有没有想过可以在市区耕种？# 理大 早前举办为期三个月的理大农庄计划“Y 座绿楼”，让职员和学生体验市区农夫的滋味，学习以自然环保和 # 可持续发展 的方式，种植各种植物和蔬果。(理大 2016 年 2 月 12 日更新)

与传统媒体重单向发布、轻双向沟通不同，社交媒体平台的互动属性善加利用，不仅拉近了学校与师生公众的距离，更有助于真实地倾听用户的需求与心声。学校的机构原创内容推送与用户的个体内容生产共同组成了大学社交媒体平台品牌形象的动态构建系统。在社交媒体时代，平台用户的深度互动参与体验是机构品牌形象传播策略能否取得成功的关键因素，对于大学而言，更是通过虚拟校园建设凝聚学校师生、增强身份认同、传播办学理念、推广线下活动的有力助手。理大借助社交媒体平台的互动优势，将大学品牌建设融入师生工作学习生活的日常，而定期更新累积形成的时间轴档案，更成为师生校友公众全方位了解学校历史与发展轨迹的生动见证。

五、结论

本文透过大学品牌传播的实证研究视角，以香港理工大学的社交媒体平台为例，探讨了新媒体时代下，高校如何面对大学品牌同质化竞争加剧的挑战，突破传统媒介静态文本的局限，借助社交媒体平台与师生展开日常对话，构建富有活力的虚拟校园社区，同时实现大学品牌形象的塑造与宣传。研究主要从大学社交媒体平台的受众构成、主题分布与品牌形象识别、品牌互动策略三个维度展开，对媒体平台用户、内容及文本特征进行了深入分析，总结了社交媒体作为机构外宣平台如何进行有效的内容策划与发布。

理大社交媒体平台成功的大学品牌话语构建给我们带来几点启示。首先，大学在制定社交媒体战略时应充分了解社交媒体平台拟服务的目标群体及其在品牌传播中的“品牌大使”作用，营造学校、教职员工、在校生、校友、社会成员多方共同关注并参与品牌形象构建的平台氛围。与此同时，高校的社交媒体品牌传播战略应重视与品牌既有的“理念识别”和“视觉识别”系统的契合，在图文编辑及主题内容策划过程中应紧密围绕学校的办学理念与特色，突出学校的标识形象，准确定位，重视原创内容，在日常更新中保持稳定的品牌图文风格，以增强用户对品牌的认知度与校园文化的辨识度。此外，高校应善于利用社交媒体平台的互动属性，实现话题互动、图文互动、人际互动、人机互动，实现社交媒体平台与网络多元宣传渠道及信息的融合，发挥多媒体平台在高校品牌传播战略中的协同作用。

本研究以香港理工大学一所高校为例，而目前国内外对不同类型或地域大学社交媒体应用的对比研究还很缺乏，相关研究将十分有助于高校在教育全球化竞争中制定差异化的品牌传播战略，希望本研究能为未来相关研究提供一些有益的借鉴与参考，同时为搭建官方社交媒体平台的高校宣传部门进一步加强外宣工作、虚拟校园建设、品牌文化内涵建设与声誉管理提供相关的实证研究支持。

参考文献

Belanger, C., Bali, S., & Longden, B. (2014). How Canadian universities use social media to brand themselves. *Tertiary Education and Management* 20 (1): 14–29.

Bok, D. (2003). *Universities in the Marketplace: The Commercialization of Higher Education*. Princeton: Princeton University Press.

Brown, T. J. & Dacin, P. A. (1997). The company and the product: Corporate associations and consumer product response. *Journal of Marketing* 61 (1): 68–84.

Mautner, G. (2010). *Language and the Market Society: Critical Reflections on Discourse and Dominance*. New York: Routledge.

Morrish, L. & Sauntson, H. (2012). Business-facing motors for economic development: An appraisal analysis of visions and values in the marketized UK university. *Critical Discourse Studies* 10 (1): 61–80.

Page, R. (2012). The linguistic self-branding and micro-celebrity in Twitter: The role of hashtags. *Discourse & Communication* 6 (2): 181–201.

Raciti, M. (2010). Marketing Australian higher education at the turn of the 21st century. *Journal of Business Education & Scholarship of Teaching* (4): 32–41.

Steele, K. (2008). Classifying universities: Institutional brands from the market's perspective. Retrieved March 15, 2016, from https://www.academia.edu/8580030/Classifying_Universities_Institutional_Brands_from_the_Markets_Perspective

段婕，(2014)，我国高等院校声誉管理的动态模型研究，《高教探索》(1)：36–39.

韩馨娇、崔茂森，(2016)，基于品牌战略的高校发展研究——以青岛农业大学为例，《科教论坛》(5)：267–268.

李长波，(2016)，新媒体语境下高校形象传播及其策略研究——基于分众理论的视角，《高教探索》(5)：27–32.

蒋卓然、刘坚，(2012)，微博传播与大学形象构建及传播关系研究，《情报科学》(10)：1538–1541.

沈红华，(2000)，中国研究型大学形象探析，《高等教育研究》(6)：89–92.

孙彧，(2010)，我国大学形象的重塑与传播，《高教探索》(5)：76–79.

翁李焱、黄二宁，(2013)，试论大学官方微博的运营策略，《福州大学学报（哲学社会科学版)》(2)：95–98.

吴剑平，(2009)，我国大学形象战略论纲，《清华大学教育研究》(4)：54–58.

殷朝晖，(2005)，大学形象设计和品牌建设，《内蒙古师范大学学报》(5)：84–86.

体育广告与性别文化研究

沙芮伊
山东体育学院

摘要：以体育为依托的体育广告作为一种时代文化，不单具有宣传推销产品的功能，也能向受众传递拼搏积极的竞技精神，从而形成一定的价值导向和教化功能。文章通过实例分析体育广告中两性形象的塑造及其审美体验，揭示现阶段体育广告存在的“以男性为中心”“以女性为被看群体”等问题，阐明在男性霸权文化下体育广告的审美体验不能停留在寻找感官刺激的低级阶段，更应在满足预期广告行销目标的同时，运用多种有效广告艺术手法提升体育广告的艺术性，引导受众感受竞技蓬勃高尚的体育精神之美，从而树立体育广告未来发展的正确方向，并在一定程度上改变两性关系在体育广告中的不平等性，启发女性参与体育的意识，促进女性体育朝前发展。
关键词：体育广告；性别文化

一、引言

近些年来，体育产业高速发展，究其原因离不开科学技术的飞速进步带来的互联网等媒体宣传范围的扩大化、深入化，大众对于体育运动重视程度的上升，以及各国对于体育事业的政策支持。例如众所周知的奥运会，是国际大型体育盛会，更是媒体的盛宴。奥运会举办期间受众在任何一个时间段可以采取不同媒介方式——报纸、广播、手机、电脑、户外荧幕等查看体育赛事，大众媒体对赛事的播放与宣传为提升受众体育认知起到了推动作用。我国为纪念北京奥运会成功举办，自2009年起，将每年8月8日设置为“全民健身日”。在2014年国务院印发的《关于加快发展体育产业促进体育消费的若干意见》中提出，将全民健身上升为国家战略，“到2025年人均体育场地面积达到2平方米，群众体育健身和消费意识显著增强，人均体育消费支出明显提高，经常参加体育锻炼的人数达到5亿，体育公共服务基本覆盖全民”。各省市体育局开展多种形式的全民参与类体育活动，体育的影响力在中国日益扩大。现在“体育”这一名词已然成为媒体中出现的高频词汇，被越来越多的商家所注意，他们纷纷寻找体育明星代言商品广告，或是将体育元素融入到商品推销广告中，以此来增加商品品牌的曝光率。《富比士》杂志1996年的调查结果显示，美国企业1年约支付超过10亿美元的代言酬劳给两千多名运动员（陈彩香、张立，2001）。而在2013年年底一家名为欧美体育市场（Euromericas Sport Marketing）的体育市场行销机构发布的体育明星广告收入榜的榜单中，将世界体育明星的形象宣传费用以及代言费用等广告收入进行计算排名，得出排行榜，位居首位的是网球名将费德勒，年广告收入达到了6800万美元，依次是NBA篮球巨星科比·布莱恩特6600万美元和勒布朗·詹姆斯6400万美元（据中国日报网，2013)。商家支付高额酬劳的背后则是对体育明星所能带来的商品推销效应的肯定，因此，体育广告成为广告市场中的新星，以视听广告、印刷广告、户外广告等多种广告形式呈现在消费者参与的媒介中，日趋繁荣。

根据Nielsen的数据，2010年美国仅电视体育广告费用支出103亿美元，2011年则达到109亿美元。其中有线电视在这些广告份额中增长最快，同比增长37.3%，相比起广告的年度增长5.9%（据中文互联网数据资讯中心)。体育广告在广告市场中的迅速成长，得益于体育广告自身的审美功能：体育广告能直接展现出人体力量之美，以及强烈的色彩对比，这对于消费者来说具有强大的视觉冲击作用；其次，大多数商家选择采用运动主题制作商品广告，主要原因是看重体育精神，希望通过广告传达出积极向上、奋勇拼搏的正能量，塑造企业的健康、进取的正面形象。例如法国某知名泳装品牌推出的一则平面广告，画面虽简单却过目不忘：主体采用特写手法，表现一名头戴此品牌白色泳帽、配戴泳镜的游泳者，与全黑色背景产生鲜明对比，同时消费者会被游泳者的嘴巴所吸引，原因是游泳者的嘴巴通过照片合成技术，转换成凶猛、尖锐的鱼类牙齿，溅起的浪花在鱼齿上下飞动，没有语言的阐释也能使受众轻易感受到游泳者正全力飞速前进，如同水中鱼一样，游泳对游泳者而言仿佛不是一项运动，而是一种本能，恰恰符合右下角产品的主题“water instinct”，打造出了企业的品牌定位及价值。商家通过运用独特的画面结构布局、新颖的表现手法以及与体育运动完美的融合，使得广告主要诉求内容鲜明、易懂，消费者留有深刻印象，从而对消费者的购买过程起到积极的影响作用。另一方面，良好的传播效果对于品牌的知名度与美誉度的建立与提升产生决定性的影响，有助于企业的品牌构建，是推动企业长期良性发展的助力器。

二、“以男性为中心”和“以女性为被看群体”的问题及其原因

在体育广告市场的繁荣景象中，以女性为载体或是以女性运动员为代言人的体育广告所占市场份额与整个体育广告市场增速并不匹配，并且将女性运动员身体作为广告卖点，堂而皇之冠以“体育广告”之名，这无疑违背了体育广告阐述

的奋发竞技精神，使得女性运动员沦为消费社会中“被观看”的对象。鲍德里亚指出，在消费社会中，“一切给人消费的东西都染上了性暴露癖”。著名网球女运动员小威廉姆斯代言某款电子游戏时，广告商将镜头对准小威廉姆斯紧身连衣与黑色丝袜衬托出的浑圆胸部与臀部，并配有极具挑逗的声效，性暗示色彩十分浓重。结果是，商品特性资讯并不突出。消费者对于小威廉姆斯身体部位的记忆，容易产生对于商品诉求对象的疑问，并加之“色情”评判。像这则广告一样，诉求资讯不明确，偏离品牌定位，则会对广告形成销售力有一定的阻碍作用，更不利于企业品牌形象的创建。而出现这种一味追求视觉快感，以女性身体为诉求手段的体育广告现象，其产生原因有以下三点：

1. 从历史的角度看，体育属于男性，并且是由男性主导着的意识形态。以奥林匹克的发展史来看，“现代奥林匹克之父”皮埃尔·顾拜旦曾说，“女人的荣耀来自生孩子的数量和品质，在体育方面，她最大的贡献是鼓励她的儿子创出佳绩，而不是自己去破纪录。”在当时历史环境下，女人被认为是体育的附属品，顾拜旦“在对待妇女的问题上未能摆脱历史的局限性，他的奥林匹克理想仅限于男子。他认为妇女的作用只是为男运动员喝彩，并为男性优胜者佩戴花环，而绝不能成为运动场上引人注目的竞技者”（孔繁敏等，2006：171）。受古代奥运会的传统制约和影响，女性行为和权利的行使受制于《圣经》传达出的“男人高贵，女人卑贱”的意识，女性参与体育竞技运动的意识觉醒较晚。女性首次进入现代奥运会赛场是 1900 年在法国巴黎的第 2 届奥运会上，当时虽然顾拜旦及国际奥委会反对女子参加奥运会，但作为东道主的法国率先打破两千年来对妇女的禁锢，派出女性运动员参加网球与高尔夫球的比赛，打破了女性被奥运会排斥的局面。1908 年的伦敦奥运会，女性参赛终于得到了国际奥委会的批准，奥运会逐渐步入性别平等的发展阶段。2012 年伦敦奥运会终于迎来了这样的时刻：所有的奥运代表团均有女性运动员参赛，其中女性运动员所占比例达到 44%。奥运会性别平等的脚步行走了一百多年，并一直在向前行走。这不难看出性别平等在体育运动中依旧是一个棘手的问题，“即使在大众体育如此普及和存在教育修正案第九条（Title IX）的美国，体育大部分时候也都有男女之分。无论在竞赛还是消费上，体育主要还是一个由‘性别地理’指导的消费领域”（Wenner，1998）。女性在“以男性为中心”的体育世界里，成为一个“缺席”者，即便在妇女运动的推动下有了一定的发展，但在父权制控制的时代，建立女性话语参与权，参与体育事业发展决策过程，依旧需要未来一段时间的奋斗。因而，体育历史留给社会的是“女性有别于男性”以及“男性是体育的掌控者”的观念，这种观念深深植根在当代男权文化中，同时女性在父权统治下一步步弱化自我的存在价值及社会贡献。两者造成“男性排斥并忽略女性参与体育”“女性被迫放弃并远离体育”的局面，最终导致参与体育的女性群体，甚至是整个女性群体缺失“被关注”。

2. 社会性别理论揭示，两性之间的不平等关系在本质上是权力关系的反映，隐藏在整个人类社会的一切领域，包括经济、文化等方面。男女两性所表现的角色并不是生来就有，性别角色跟生理无关，而是在后天所处的社会文化的框架中定型。如上所述，现代奥运会经过一百多年女权主义运动，才于 2012 年伦敦奥运会上实现男女参与人数趋于平等。另外，现今国际奥委会中女性委员 12 名，仅占到 10% 左右，这说明女性在体育事业上的领导权与决策权上受到不公正待遇。国际体育社会学学会（ISSA）主席伊丽莎白・派克教授，曾在访谈中提到，“男女运动员或运动队在经费和赞助上仍存在差异，很多体育赞助商认为赞助女性运动员受益不大，对妇女竞赛的支持力度也明显小于男性。又例如，在媒体报导和宣传方面，对男子专案的关注度还是要高于女子专案”（董进霞等，2014）。所以说，体育中“男占主，女为辅”的性别偏见认识是社会的产物。在男性主宰社会主要价值的背景下，两性依靠性本能的驱动对于异性身体的好奇心受到男权的禁锢，产生窥视的需求。但“在穆尔维看来，窥视是一种男性的快乐，说明窥视者拥有对被窥视者的权利。这种窥视的快乐来自男性对于女性身体的观看……”（陈龙，2009：244）。国际羽毛球联合会规定，在国际顶级羽毛球赛事上，女性羽毛球运动员必须身穿裙装，而这样做是为了使“女子羽毛球能够获得更高的国际影响力和知名度”，国际羽联专案总监达伦・帕克斯针对“穿裙令”解释道，这可提高女子羽毛球比赛可看性（据凤凰网，2011）。媒介传播所表达的资讯始终处在男性观看女性身体，女性用男性化的眼光审阅自我身体阶段，将样貌俊美的女性形象固定为受众接受的刻板印象，身体变成了仪式的客体。而为满足人人皆有的最低层次的生理需求而占有达到最大化的行销效果，广告作为一种特殊的为商品的行销服务的资讯传播活动，直接与利益相挂钩，毫无疑问会选择身体叙事来迎合受众窥视的欲望。据一项调查研究表明，在女性代言广告中“女性暴露度高于男性 5.12 个百分点，暴露较多的部位依次是肩部 28.05%，腿部 18.96%，胸部 14.03%……女性角色的暴露部位多是为了引起受众对产品或广告的注意”（孙萍萍，2008）。在伦敦奥运会上，一家博彩公司将二维码印在两名英国女排选手的比基尼短裤上，观看者若拍摄到二维码就可以直接通过网路登录公司网站。直接将女运动员的臀部作为广告的投放场所，无疑是商家利用男性窥视经验，将女性身体敏感部位划定为代表审美趣味的符号，进行争议性的企业宣传。这种“媒介体育中呈现出性别属性的叙事特征是常见的，当女性出现在体育商品推广的文本中时，她们通常会被归为两个相对立的典型形象，即‘小妞’和‘婊子’”（劳伦斯・文内尔，2012）。而正是如此将女性身体商品化、极力追求视觉快感的体育广告在大众媒体上频频出现，成为企业广告低劣的“创新点”而备受追捧。

3. 从企业角度来说，企业进行产品宣传是为追求最大化的经济效益，因而，如何使得广告赢得大范围的社会关注度，进而让消费者对此广告内容留有深刻印象，是广告企业进行市场营销的主要目的。市场营销理论阐述了影响消费者购买行为的三个因素，即人的需要、欲望和需求。广告正是运用其强大的资讯传递功能，刺激其需求，提升购买欲望，从而提醒、说服、诱导消费者的购买行为。所以，广告是否吸引消费者眼球，是一则广告是否能最大效应激发消费者购买动机的关键点之一。鲍德里亚在《物体系》中曾说，在消费社会中，人的身体和性成了最具有符号价值作用的符码。产品企业及广告商纷纷瞄准“最具有符号价值的身体与性”，将他们与宣传产品生硬“安装”，产出以低俗方式出现的高曝光率广告。但是，这种以暴露女性敏感部位，无视女性体育运动的积极向上的体育精神的做法，势必会将企业品牌导向偏离社会主流价值观的后果，对于企业或是广告商长远发展造成不利影响。另外，体育广告的深远作用是促进体育发展，带动人们对体育精神的追求，而性别化消费的体育广告，是一种缺陷教学，在这种教学中妇女们获知她们身体各个部位有待完善，不尽如人意。在接受“教学”过程中，女性受众不自觉地与体育广告中性感女性运动员的身体相比较，从而以男性眼光自我评价，实质上又是对男权和人类性欲要求的服从。服从意味着接受，女性接受性别化消费的广告，并以旁观者身份观看，以服从者身份改变对自我身体的审美标准，又在一定程度上默认并承认了企业与广告商性感营销的手段，使得冒犯女性运动员身体的体育广告频繁出现在消费者的面前。

三、体育广告与性别文化发展的建议

基于上述原因，针对目前部分体育广告的审美经验处在男性霸权文化下寻找感官刺激的低级阶段，提出两点未来体育广告发展的对策与建议：

1. 从尊重女性独立存在与自身价值角度出发，体育广告应避免过度消费女性身体，主动探索女性参与体育的竞技精神，全面展现女性自身价值。从广告策划上改变为满足受众窥视欲望为噱头的广告主体，“摧毁我们现在所体验的快感，并用一种新的快感取而代之，那就是让我们祛除以前所熟悉的快感，以形成一种没有权力优势的新的观看方式”（陈龙，2009：245）。这种“新的观看模式”从迎合男性审美口味的枷锁中挣脱出来，体现女性作为独立体育参与人的身份认同。世界著名媒体文化研究者和批评家尼尔·波兹曼在其一本名为《童年的消逝》的书中指出，在人类传播方式急剧变化的环境下，媒介资讯伴随儿童的成长，导致青少年彻底失去了童年。这意味着青少年通过媒介广告过早了解成人世界中出现的两性与性欲，并被迫接受社会固有的刻板印象。因此，出卖女性运动员身体部位的体育广告，会潜移默化地告知青少年受众女性运动员性感可能比赛场表现重要，或是女性参与体育是拿来给男性看的。在当今社会虽然无法创造一个没有媒介的环境让青少年健康成长，但是，媒介本身应该具备行业自觉性，规范媒介资讯，减少媒介广告对于儿童的心理虐待。另一方面，社会管理者应制定相应的政策法规，从根本上杜绝低俗体育广告的产生。作为女性运动员，特别是体育广告女性代言人，在接受体育广告拍摄邀请时应对其内容进行审核，本着以体育广告的重要功能之一是展现勇敢、蓬勃、高尚的体育精神为原则，切勿盲目追求一时的经济利益，而损害自身的女性形象。

2. 通过妇女运动的长期努力，世界各体育组织提供给女性越来越多参与体育的机会，以此来促进女性体育的发展。亚洲足球联合会规定，自2015年起，将每年的3月8日设定为亚足联女足日，并推出“女孩足球节”活动，加强足球运动在女性中的影响力，推动亚洲女足的发展。2010年，全国妇联和国家统计局联合组织实施了第三期中国妇女社会地位调查，此次调查报告中显示，我国目前有55.2%的女性进行体育锻炼，其中经常锻炼的占14.9%。女性消费者是未来体育广告的一大重要消费群体，更希望看到的是传递正能量的广告内容。女性突破男性统治的体育界限，需要的是开始行动的勇气，或是继续下去的坚持。2015年全球某知名运动品牌推出的以“better for it / 只为更赞”为主题、以女性运动场景为内容的体育广告受到外界一致好评。其中中国媒体播放的1分钟左右广告中，女足国家运动员李佳悦、演员王珞丹、设计师沈梦云、滑板艺术家周文、时尚博主陈泱瑾等出演挑战体育健身的平凡女性角色，广告在一句句“我可以的”的默念中拉开序幕，几位来自不同职业的女性为了克服体育健身的困难，一次次战胜自己的身体极限，结尾以一句“我做到了!”的激励话语收官，表达出女性为了更好的自己所付出努力的精神，这是体育精神的真实写照，对于带动更多的女性参与体育运动起到了积极作用。细数此品牌在女性体育运动上的成绩，可以追溯到20世纪70年代，之后在1995年秋季，该品牌打造一则以“If You Let Me Play / 如果让我去运动”的广告，从不同肤色、不同人种、不同年龄阶段阐明运动带给女性的好处，激励女性参与体育运动，这条广告被《今日美国》(*USA Today*)的读者评选为1995年年度最佳广告。“该品牌公司总裁兼首席执行官马克·帕克认为，一些迎合女性消费者的努力让公司受益匪浅……‘希望到2017财年，我们的收入可以再增加20亿美元，达到70亿美元’”(据新浪网，2014)。由此可以看出，正确把握目标消费者的真实心理需求，而非受控于社会强加安置的刻板印象，对于广告的传播力发挥极其重要的作用，同时也是企业获取广告利益，构建品牌文化的有效途径。

总之，在体育运动普及化、大众化的当下，女性逐渐从“被体育排斥”的历史枷锁中挣脱出来，并逐步参与到体育运动中来。但在另一方面，过度商业化的体育广告瞄准女性运动员或是体育广告女性代言人的身体部位，将其以商品化形式展现在受众面前。面对体育广告的低俗化趋势，女性运动员需审核代言广告内容，维护自身女性形象，同时企业与广告商应尊重女性在体育舞台上的独立性，迎合女性消费群体的购买需求，塑造两性的平等权力关系，深入挖掘宣传商品与体育要素之间的内在联系，融合广告的创新艺术手法，最大限度增强体育广告传播力，使之成为促进女性体育发展的有效工具。

参考文献

Wenner, L. A., (1998), In search of the sports bar: Masculinity, alcohol, sports, and the mediation of public space. In G. Rail (ed.). *Sport and Postmodem Times: Culture, Gender, Sexuality, the Body and Sport*. Albany: SUNY Press. 301–332

陈彩香、张立，(2001)，体育明星广告市场探析，《天津体育学院学报》(2)：38–41.

陈龙，(2009)，《传媒文化研究》. 北京：中国人民大学出版社 .

董进霞、陆地、李璐，(2014)，全球化世界中的体育与国家认同、伦敦奥运及女子体育——国际体育社会学协会主席 Pike 女士、副主席 Jackson 先生学术访谈录，《体育与科学》(1)：86-90.

凤凰网：http://fashion.ifeng.com/news/detail_2011_03/21/5273469_0.shtml

孔繁敏等，(2006)，《奥林匹克文化研究》. 北京：人民体育出版社 .

劳伦斯·文内尔，(2012)，媒介体育、性别、体育迷与消费者文化：主要议题与策略，《成都体育学院学报》38(3)：7–15.

孙萍萍，(2008)，广告传播中的性别定型分析，《昌吉学院学报》(1)：1–4.

新浪网：http://tech.sina.com.cn/it/2014-10-25/07079732032.shtml

中国日报网：http://www.chinadaily.com.cn/hqgj/jryw/2013-11-07/content_10522184.html

中文互联网数据资讯中心：http://www.199it.com/archives/22939.html

浅谈言语交际过程中词语的变异现象

翟志祥
南京晓庄学院

摘要：言语交际过程中词语的变异是普遍存在的语言现象。分析探讨词语变异的原因、类型及特征，并对词语变异现象作出展望，具有深刻的现实意义。
关键词：词语变异；词语系列化变异

“言语变异是语言运用中对语言基本运用单位的变通，词语变异则是语言运用中词语的变通使用”（刘静敏，2004）。“词语变异一产生，就以自身的特质区别于其他语用现象。它以语言常规为参照，具有与之相对的区别性特点”（同上），词语变异的运用可以使人们在言语交际过程中获得最佳表达效果。任何语言中，言语交际过程中的词语变异都是一种积极的语言现象，对此进行研究具有一定的现实意义。下文拟从词语变异的原因、类型和特征等方面作初步探讨，同时对词语变异现象作出展望。

1. 词语变异的原因

首先，从语言本身的角度看。一方面，词语变异是语言本身不断发展变化的结果，在语言诸要素中，词汇是最活跃的因素，社会的发展和进步，随时反映在词汇的变化和发展上；另一方面，语言本身的不自足性决定了词汇系统呈现出开放的态势，在言语交际过程中产生词语变异现象。主要表现为吸收和引进外来词，创造新词，旧词赋予新义等。如“迷你”，这一音译最早见于我国香港地区，意为“微型的”，吸收进来之后，跟着又产生了“迷你裙”“迷你收音机”“迷你手表”“迷你辞典”“迷你电池”“迷你车”“迷你冲印系统”等系列化的词语变异。因此，词语变异现象的产生是语言发展的必然。

其次，从社会的角度看。一方面，经济的发展，社会的进步，使得人们的生活品位越来越高，精神上的束缚也越来越少，在这种社会环境中，语言的发展环境也变得自由宽松，人们往往追求语言的创新而不满足于传统固有的表达方式，词语变异的运用也就日益流行发展起来；另一方面，社会变革是多方面的，生产力的发展也是快速的，新事物、新概念层出不穷，这就要求词汇系统及时反映这些变化以适应人们言语交际的需要，因此，词语变异在人们言语交际过程中得到广泛应用。

再次，从语用的角度看。随着社会的发展，文化水平的提高，人与人之间的交际更加注重语言的品味。词语变异是一种特殊的言语现象，它那新奇的形式和鲜活的效果被人们特别是有知识的年轻群体所推崇。在进行言语交际时，面对不同的交际情景，人们往往运用词语变异方式，这也符合了当代人的交际心理：人们需要有创意地进行言语活动，从而达到最佳的表达效果。

2. 言语交际过程中的词语变异

2.1 词语变异的类型

目前，人们在言语交际过程中运用词语变异的现象愈来愈广泛。现将词语变异类型进行分类和举例。

2.1.1 词语的超常搭配

词语的超常搭配就是指超出常规语法和逻辑意义上的词语搭配现象，[①] 下面讲的是在超常搭配基础上通过比喻来产生新义的一类。

如"打摆子政策"里的"打摆子"，原来是指一种忽冷忽热的急性传染病，即疟疾。现在用它与"政策"超常搭配，比喻政策的变化无常；再如"豆芽学科"里的"豆芽"原来是指一种蔬菜，即用黄豆、黑豆或绿豆过水发芽而成，芽长两三寸，也叫豆芽菜。现在用它与"学科"超常搭配，比喻不很重要的课程或科目。类似的还有"大肚子信箱"（比喻不按时开取，信箱内信件大量积压）、"候鸟型人才"（比喻根据某地经济发展的需要聘用，并在完成项目后去留自由的人才）、"跳板婚姻"（比喻为达到某种目的而缔结的毫无感情基础的婚姻关系）、"豆腐渣工程"（比喻劣质工程）、"蜻蜓干部"（比喻到基层后不真正联系群众，不深入调查研究的干部）、"跳楼货"（比喻大幅度降价的商品）、"金点子"（比喻特别好的主意）等等，这些加点的词语原来都与各自后面搭配的词语毫无关系，而现在通过超常搭配产生了新义，这样不仅生动形象，也增强了表达效果。可见，词语变异是增强语言表现力的一个重要方法。

2.1.2 词语运用范围变异

词语运用范围变异主要是指一个词的意义概括的范围与原来的指称的范围有所差异。

---

① http://.cersp.com/userlog19/49741/archives/2007/366483.shtml

例如，“下海”一词在19世纪30年代出现时指“戏曲界业余演员搭班正式成为职业演员”。1949年以后，流行在港台的“下海”泛指女子沦落风尘，而在内地，“下海”一词就消失了。80年代末，内地再度出现了“下海”，指科技人员离开研究单位，自己去办公司，搞实业，具有“冒风险，赚大钱”的含义。90年代初，“下海”又解释为各行各业中放弃原来的工作而经营商业的行为（陈建民，2000：4）。在此，我们可以看出：“下海”一词的运用范围在变化并扩大，这种词语变异现象反映国内在建立市场经济初期，一些公职人员自愿扔掉铁饭碗，纷纷走向市场，投身到涌动的商业大潮中去的社会巨变。

再如“软着陆”。1993年我国因经济过热现象曾引发通货膨胀，党中央及时采取措施，狠抓金融整顿工作，不到半年时间，通货膨胀和经济发展的速度就稳定下降，化险为夷，人们用“软着陆”去描述这种现象。而“软着陆”原来是航天术语，专指航天器由于采取了减速等措施而安全降落。“婆婆”一词，原来指丈夫的母亲，在我国传统的文化里，“婆婆”往往附上了独断专行的文化色彩，近年来，有人把对下面瞎指挥和不明智、不民主的顶头上司也称为“婆婆”。“内功”原指锻炼身体内部器官和内部功能的武术或气功，现在借指企业良好的内部机制，因此，把企业建立良好的内部机制称为“练内功”。

不难发现，“软着陆”“婆婆”“内功”这些词的词义与“下海”一样，运用范围都有所扩大，是词语变异运用的一种体现。再如，“效应”原指物理、化学的作用所产生的效果，如“光电效应、热效应、化学效应”等，现在指某个人物的言行或某种事物的发生、发展在社会上引起的某种反响或产生某种效果，如“轰动效应、名人效应、明星效应”等；“力度”是音乐术语，原指音乐作品表演时音响的强度，分最强、中强、渐强、中弱、更弱、最弱，由最强到中强到渐弱、最弱，力度逐渐消失，现阶段“力度”已指许多社会现象，包含“强度”和“功力的深度”的意思，如“加大改革力度”和“增强打假（指打击假冒伪劣商品）力度”；“输血”指把健康人的血液输入病人体内，现在也可用于从外部给企业援助；“造血”指肌体自身制造血液，现在也称企业依靠自己的力量，通过内部调节，保持自身的活力。由此可见，词语运用范围的变异使现代汉语词汇得到了进一步的丰富和发展。

2.1.3 词语系列化的变异

所谓词语系列化变异，是指以新事物、新现象的出现为契机，按照语言系统的类比规则合成一群新词或新的短语（陈建民，2000：8）。

以“软”字和“硬”字为例。如火车客运方式“软席”“软座”“硬卧”。建国前，火车座位分为“头等卧车”“二等卧车”和“三等卧车”三等，直至建国后搬用了苏联的火车客运方式，才有了“软”“硬”这样的术语，因为火车的座位和卧铺不再分为三等了，只分为两类：“硬”的（低级的）和“软”的（高级的）。19世纪60年代电子技术突飞猛进，现代汉语词汇库中出现了“软件”一词，“软件”是相对于“硬件”说的，是指装载程序的设备。70年代以后日本科学界提出“软科学”一词，可能是从“软件”派生的（陈原，1983），即处理信息的科学。同样还有上文提到的“软着陆”（航天术语，指航天器由于采取了减速等措施而安全降落）。自从我国实行了对外开放政策，慢慢地人们言语交际中出现了“硬通货”和“软饮料”这样的词，“硬通货”指可以兑换的外币或外汇；“软饮料”指不包含酒精的饮料，如“葡萄汁”“橙汁”等。近来又出现了“软包装”（不用金属或玻璃容器装置，而用塑料、铝箔等“软性”材料包装）的饮料，如“酸酸乳”等。

再如，从“文盲”一词，产生了“科盲（缺乏起码科学知识的人）、音盲、法盲、舞盲、药盲、机盲、股盲、电脑盲、外语盲、统战盲从等词。从“的士”（出租小汽车），产生了“打的、叫的、坐的、拦的、打面的、打摩的、打残的、打火的、打豪的、打夏的（指夏利汽车公司的出租车）、的哥、的姐、的爷（指出租车司机）、的票（出租车的报销凭证）”，还有非机动车词语系列化的变异现象，如“打马的、打骆的、打板儿的（坐平板三轮车）、打驴的（骑小毛驴）”等等，不过对于运用在非机动车方面，情况少而已。近年来，有人甚至称坐飞机为“坐飞的”了。据于根元《1991汉语新词语》统计，这样系列化的新词约占全年新词总数的14%左右（陈建民，2000：9）。

词语系列化的变异现象出现在生活中的各行各业，随处可见。如有了“歌星、影星”，就跟着出现了“舞星、笑星、奥星”；有了“欧洲游、自驾游”，就出现了“自助游、红色旅游（参观革命纪念景观）、太空游”等。近几年，由于强调搞活流通领域，也产生了许多带“商”的词语，如“商海、商战、商德、商誉、商风、商检、商展、商贸、商场（指商业界）、商亭、商摊、商厦、商业街、商业写字楼、商品房、商品菜、商业广告、文商、房地产商、外商、港商、台商、游商（指流动商贩）”等等。这些系列化词语在社会经济大变动的影响下，正呈现出一种流行的趋势。1988年农业部提出一项关于发展副食品生产、保障城市供应的计划，这项计划被称为“菜篮子工程”（《人民日报》1988年7月8日）。如“上海的‘菜篮子工程’包括建立副食品生产基地……实行产销一体的体制改革等”（《人民日报》1988年10月20日）。不久，出现了“米袋子工程”，后来出现了“温饱工程”“送温暖工程”“康居工程”“再就业工程”（分流安置社会无业人员和企业下岗、待岗人员就业）、“幸福工程”（资助全国贫困母亲）、“希望工程”（为解决贫困地区100万失学儿童享受教育的基本权利而兴起的活动）、“素质工程”（一项旨在提高受教育者自我素质而开展的大规模的教育工作）、“211工程”（21世纪全国建设100所重点大学）、“民心工程”（为老百姓办实事，得民心的工程）、“零点工程”（北京抢救京剧遗产），还有促进精神文明建设的“五个一工程”（最初指每年创作出一部好电影、一部好电视剧、一首好歌、一本好书、一篇好论文）。人们把精神产品的生产也看作一种工程，希望抓实抓出成效。

随着网络技术的发展和普及，一方面，人们在虚拟网络世界的言语交际中也运用了新的称谓词语，如“网民”“网友”“网恋”“网虫”等；另一方面，社会上出现一批经济实力较为雄厚、在一定领域内能呼风唤雨的人物，人们对这批特殊身份的人必须命名，既要语义上表现出人物特定的内涵，又要在形式上显示出新生性。如生活中，你可以发现以“爷”相称的词语系列化变异也很多，即“款爷”（大亨）、“倒儿爷”（倒买倒卖者）、“股爷”（股票的炒家）、“宰爷”（向买东西或接受服务的人索取高价者）、“板儿爷”（三轮车工人）、“的爷”（出租车司机）、“侃爷”（爱闲聊、神吹的人）、“息爷”（坐吃利息者）、“导爷”（导购商品者）、“冒儿爷”（傻头傻脑、没见过世面的人）、“捧爷”（马屁精）、“柳爷”（玩弄女性者）、“托儿爷”（从旁诱人受骗上当的人）、“班爷”（靠办各种培训班赚钱的人）、“揽爷”（以欺骗手段招揽生意、从中渔利的人）、“包爷”（包揽案件，从中周旋而得到好处的人）、“卡爷”（以权势卡人者）等等，这种词语变异所独具的魅力在于使人耳目一新。

2.1.4 校园词语变异

近年来，随着大学生这个特殊群体生活的丰富多彩以及思想的开放与活跃，在大学校园内流行着一些特殊的词语，这些词语大都具有新颖、生动、简洁、幽默、形象等特点。

例如：“半月谈”，即校园内的闪电式的爱情，半个月就谈一次恋爱（例句：大学四年，谁没有几次“半月谈”）。“打酱油”，2008年度十大网络流行语之一。传统解释：以前的酱油都是零卖零买的，自己拿着瓶子到商店，你要多少，人家就给你称多少，这就叫打酱油。网络用语：网络上不谈政治，不谈敏感话题，与自己无关，自己什么都不知道，就用此话回帖而已，相当于“路过”。“打酱油”实际上就是无奈的意思，或者也可以解释为无力解决的问题或者事情。学生参加某些考试，估计考不好就说：“我是来打酱油的。”“擦筷子”，指考试前的恶补、复习（例句：要考试了，得好好“擦筷子”了）；“恐高症”，本来是指害怕攀高，这里指担心别人的分数超过自己（例句：这么认真，你不会是有“恐高症”吧）；“放飞机”，指答应了人家又食言，即言而无信（例句：你不是前天就已经答应我了吗，怎么现在又“放飞机”)；“吹水”，表示说谎（例句：他那个人总是“吹水”，不要理他)；“三点式”，指往返于教室、宿舍、食堂之间，与穿着无关（例句：大学生活真没意思，整天“三点式”，太没意思了)。

青年学生说话具有很强的情感性，想要把话说到位，达到尽善尽美，以获得感知和共鸣的效果。例如“种草莓”，(指对男女接吻的一种浪漫称呼)；“日久生虫”(此处的虫，乃情也)；“早恋黄昏恋”(早晨锻炼，晚上锻炼)；“熊猫馆”(男生对女生宿舍的昵称，用于女生少的院校，反之亦然)；“研究生”(并非指学历，而是“烟酒生”的谐音，特指那些不思上进，整日与烟、酒为伴的人）等（陈建民，2000：7)。除此以外，校园词语变异还有“觉皇（打瞌睡的人)、大喜（洗）之日、奋（粉）发图强（涂墙)”等等。

校园词语变异绝不仅仅在于语言变异的标新立异而令人耳目一新，还在于特殊的语言变异所包含的文化内容，与我们本身日常学习生活密切相关，赋予我们这一特殊群体的心理和年龄特性，迎合了现代社会青年人渴望摆脱束缚创造自我的心态。这些校园词语普遍简洁、精炼、生动，易为青少年接受，还能活跃气氛、减压、调侃、掩饰隐私，所以学生一传十，十传百，很快就成了校园内的流行词语。

2.2 词语变异的特征

词语变异不同于常规语言的特点。常规语言是稳定的、规范的、全民的；词语变异则超出了语言常规，并且只存在于特定的语境中，具有超常性、独特性、临时性等特点。

2.2.1 超常性

超常性是对逻辑事理的超越。例如前面提到的“蜻蜓干部”，“蜻蜓”是一种昆虫的名称，“干部”是指担任一定的领导工作或管理工作的人员，两者没有任何关系，但这里用“蜻蜓”修饰“干部”，比喻“到基层后不真正联系群众，不深入调查研究的干部”，含义生动形象，这种超常的组合产生的比喻义增强了表达效果。词语变异的超常性还表现在将现实生活中许多不符合生活事理的现象表达得“栩栩如生”。例如：“我们就走这一条公路去石湖。远远望见渺茫的湖水安静地躺在那里，清风徐来，水波不兴。”(郑振铎《石湖》）这里的“湖水”是无生命的自然物，而“躺”则是人的行为，石湖无论如何也不会像人一样躺在那里。但这里形成主谓结构的词语超常组合，把“湖水”拟作人，给“湖水安静地躺在那里”这一不能实现的生活事理赋予了艺术真实感。可见，词语变异增强了语言的表现力，具有超常性的特点。

2.2.2 独特性

独特性是相对于常规语言来说的，指词语变异运用形式的新奇独特，内蕴丰富深邃。言语活动中，常规语言因为经常使用，太为人们熟悉而缺乏新意。清人李渔在《闲情偶寄》中说过："人惟求旧，物惟求新。新也者，天下事物之美称也，而文章一道，较之他物，尤加倍焉。"词语变异运用，创造出种种变异表达方式，给人以新鲜、奇特的感受。例如："在理性上，我愿意'有婿无类'，做一个大大方方的世界公民。但在感情上，还没有大方到让一个臂毛如猿的小伙子把我的女儿抱过门槛。"（余光中《我们的四个假想敌》）这里的"有婿无类"就是由"有教无类"变异而来，这样的词语变异不仅形式新奇独特，更有了风趣幽默、引人深思的效果。值得指出的是，词语变异运用还具有十分独特的内蕴。常规语言的内蕴往往是一览无余，明白清楚，而词语变异使得具有明确内涵的词语表义模糊，不确定，它发人深思，引人入胜。例如"几个女人有点失望，也有些伤心，各人在心里骂着自己的狠心贼。"（孙犁《荷花淀》）从字面上看，"狠心贼"指无情义的人，借助语境，它在这里是指"丈夫"。而"狠心贼"和"丈夫"，一个无情无义，一个有情有义，这样的用法可以使人们发挥想象，体会"狠心贼"的丰富内蕴，体验女人当时的心情和对丈夫的感情。所以说，词语变异运用具有独特的内蕴。

2.2.3 临时性

临时性也是词语变异的特点之一。有些词语变异运用往往存在于特定的语境中，并且在特定语境中发挥言语功能，给读者以一次性"消费"，缺乏常规语言的稳固性。例如校园词语变异中的"擦筷子""恐高症""半月谈"等。当然，词语的变异尽管具有临时性特点，但这并不妨碍它有可能进入词汇系统，也就是它的个体有时也会获得人们的承认，从而具有相对稳定性。例如，毛泽东《改造我们的学习》里创造的"有的放矢"本是仿照"无的放矢"临时造出来的，属于偶发词。可是，后来这一新的成分被广泛应用开来，最终为社会所接受，可见词语变异的临时性并不是绝对的。

3. 词语变异现象展望

词语变异作为言语交际过程中的一种积极的语言现象，丰富了语言的表达力和适应言语交际的需要，并丰富和发展了词汇系统。词语变异对社会也产生积极的影响，这表现在具有特殊表现力的词语变异个体获得社会的承认，并广泛使用开来。当然也会有消极的一面，词语变异有可能冲击语言的规范化建设，如校园词语变异现象良莠不齐，尤其是负面词太多，做为一名教育工作者，为了青少年学生的健康成长，更应该认真地研究言语交际过程中词语的变异现象，深入探讨词语变异产生、存在的原因和条件，只有这样，才能正确评价词语变异运用的优劣，才能灵活地运用语言，充分发挥词语变异的言语交际功能。

参考文献

曹炜，(2003)，《现代汉语词汇研究》. 北京：北京大学出版社.

陈建民，(2000)，《汉语新词语与社会生活》. 北京：语文出版社.

陈原，(1983)，《社会语言学》. 上海：学林出版社.

刘静敏，(2004)，词语变异的特点与功能初探，《山东社会科学》(9):126-128.

齐沪扬、邵洪亮、丁婵婵，(2004)，沪上在校青年新词语使用情况探微，《修辞学习》(1):36-38.

中国社会科学院语言研究所词典编辑室编，(2001)，《现代汉语词典》. 北京：商务印书馆.